生命化社会の探究と
コミュニティ

―明日の福祉国家と地域福祉―

内藤辰美 著

恒星社厚生閣

はしがき

　現代が歴史の転換期にあることは衆目の一致するところである．いまわれわれの社会と国家はそのなかにあって進むべき方向を模索する．途方もなく大きい歴史の力がわれわれの社会と生活を揺さぶり，社会と生活の再編・再建を要求する．しかし，その再編と再建という作業を，どこから，どのように着手すべきかとなると，簡単に回答を許さない．
　その作業と方法が1つでないことは明らかである．グローバライゼーションの影響はこれまでになく大きく，社会の仕組みがますます複雑になり，生活の多様化が進行する現在，その作業を1つのアプローチだけで遂行できるとは思わない．本書において，私は，コミュニティを重視し，社会と生活の再編・再建をコミュニティから始めようと主張する．もちろん，それは，コミュニティが万能であると主張するものでも，その他のアプローチを排除するものでもない．コミュニティは現代におけるわれわれの生活にとって，明らかに，部分的存在である．しかし，コミュニティには，過剰な期待をかけることを戒め，その活用を図るならば，捨て難い魅力がある．
　今日のコミュニティが孤立して存在しないことは常識に属している．日常生活とコミュニティは世界の動きに連動し世界の動きに反応する．それはコミュニティを形成するもろもろの主体が世界とつながり，世界と一体化して呼吸しているからである．そしてそのことは，コミュニティの運動が世界を変える可能性をもっていることを意味している．
　市場原理主義に導かれた現代文明は，自然環境を破壊し，社会構造を流動化させ，人格構造を歪めている．そしてしばしばわれわれの生命を危機にさらし，生命感覚の希薄化を進めている．現代文明の成果に目を見張りながらも，それを礼賛するわけにはいかない事態を目撃する．われわれが社会と生活の再

編・再建を意識するのはそうした事態があまりに深刻なためである．物質文明と行動文化・精神文化はますます乖離し，われわれを五里霧中の状態においている．文明と文化の「再考」は避けて通れない．そうしたなかに，今回の大震災と原発事故は発生した．被災地の深刻な状況に関心が寄せられ多くの支援がなされている．それは日本民族が誇りにしてよい崇高な行動である．そうした状況の前にしてみれば本書の位置はいかにも小さい．多くの復興プランが出され，それに対する人々の注目が集まるなか，はたしてこのような試みがどれほどの意味をもつのか．そう思うことがある．しかし，その一方，未曽有の出来事を経験したいまだからこそ，改めて，冷静に，地道に，日本の再生・再建を考え抜くことが必要ではないか，そのようにも考える．

　以下，簡単に，本書における私の主張を記しておくことにしよう．

　コミュニティは文明と文化の再考に有効である．コミュニティを舞台に再考の作業を進めたい．コミュニティを文明と文化の接点に位置する環境とみて，あるいは1つの実験室とみて，社会と生活の再編・構築を進める窓口と考えてみたい．そこは，生活の再構造化を追求し，伝統的文化の再生をはかり，新しい文化＝公共的市民文化の形成を具体化する基点である．

　現代は国家の万能化を促した．それ自体1つの社会である国家が他の社会の機能を吸収し肥大化した．その万能化した国家，肥大化した国家の危機＝福祉国家の危機が叫ばれて久しい．危機をもたらした内容は複数であろうが，敢えて一言をもってすれば，万能化し，肥大化するなかで，福祉国家が制度的な進化の軌道を見失い，福祉国家を支える前提である，「活力ある社会」から距離を置いている事態を指摘できるであろう．制度的進化の軌道を正しく認識し，活力ある社会の実現を促すために，万能化し肥大化した現代国家のありようを見直し，「社会の復権」を促す必要がある．私見によれば，地域福祉は福祉国家の限界を社会の復権において実現しようとする試みの1つである．社会の復権と福祉国家の再編・再構築という課題を，コミュニティという実験室を通して追及しようというのが私の認識である．

　われわれはこれまで，時代に中心的な生き方や文化を，たとえそれに不都合を感じていても，変え難いものとして受け容れてきた．いったん受容した社会と生活を主体的に構成し直していくという姿勢に欠けていた．構造化された生

活を変えることは難しいと考えてきた．しかし人間は主体的存在である．歴史は，人間が，幾多の不都合な状態を改善し新しい状況を創り続けてきたことを教えている．生活を主体的に創り変える＝再度構造化する試みも，公共の領域における文化＝公共的市民文化を創出しようという試みも，いまわれわれの前にある不都合な状態を克服しようという，自然な，あるいは単純な営為である．もちろん，自然なそして単純な営為とはいえ，その試みが容易なものでないことは明らかである．それだけに，その営みは，しばしば，リーダーとリーダーシップの問題に逢着する．創造にはリーダーが不可欠であり，必然的にリーダーを要請する．当然，リーダー論も積極的・多元的に展開されなければならない．

　もちろん，コミュニティの重要性を過度と思われるほどに説く私といえども，社会の復権と福祉国家の再編・再構築という作業を独りコミュニティのみに託すことを考えていない．国家の再編・再構築にはリージョナリズムの構想が必要である．リージョナリズムは，国家の再編と再構築，地域の再生と社会の復活という作業に有効である．私見によれば，コミュニティと国家は，リージョナリズムを介在させることによって，新しい視点をもって追及されるに違いない．私にはそういう期待がある．リージョン政府の創造は1つの提案である．

　以前，カー，E. H. は，「歴史家の任務は，過去をつくり変えることではなく，過去を受け容れて，そのなかから，意味があると思われるものを分析し，現代社会に見られる根本的変化と，その背景にある遠い昔からの過程とを取り上げて，これを明らかにすることであります．そうすれば，これ等の変化から生まれた現代の諸問題を解決する方法についても，1つの見方が生まれてくるでしょう」と主張した（Carr 1951: 29）．私は，その仕事の一端を社会学の研究者も担わなければならないと考えている．

　現代文明はいくつかの落とし穴をかかえている．生命感覚の喪失という事態もその1つである．われわれは，いま，生命感覚の喪失という現代文明の落とし穴と対峙して，福祉国家を含む制度を進化させなければならないという課題の前にある．その意味で言えば，コミュニティ論は現代文明を意識した文明論的視野をもって展開されることになろう．

付言すれば，私は，10年ほど前，『地域再生の思想と方法―コミュニティとリージョナリズムの社会学』（恒星社厚生閣，2001）を刊行する機会に恵まれた．本書は前著を意識して書かれている．問題意識を継続させた姉妹編として高覧を賜ることができれば幸甚である．

本書の完成にあたり，まず，これまでご指導をいただいてきた高橋勇悦（東京都立大学名誉教授，鈴木広（九州大学名誉教授），お二人の先生に感謝したいと思う．また，怠惰な私にまとめの作業を進めるよう激励を続けてくれた吉原直樹氏，研究者はこうあるべしという生き方をもって日頃より私を励ましてくれている葛西大和氏，二人の畏友にも感謝したいと思う．そして何よりも感謝すべきは恒星社厚生閣 片岡一成社長の理解と支援である．氏は丁寧に初出原稿に目を通され，多くの示唆を供された．本書は2011年3月の刊行を予定していたが大震災の影響で少しばかり遅れることになった．厳しい状況のなかで本書の刊行に支援を惜しまなかった恒星社厚生閣には特別の敬意を表したい．

なお，松原日出子氏（松山大学准教授）と佐久間美穂氏（日本社会事業大学社会事業研究所共同研究員）のお二人には，多忙の中，引用・参考文献の確認などで貴重な時間をいただいた．記して感謝したい．

2011年9月

内藤辰美

目　　次

はしがき ……………………………………………………………… iii

I部　生活の再構造化と地域福祉　　1

1章　福祉社会の形成とコミュニティ　　3

 1.1　社会の復権と地域福祉　　3
 1.2　福祉国家の限界と再編　　3
 1.3　福祉社会と地域福祉　　6
 1.4　福祉社会と公共的市民文化　　10
 1.5　生活の「再」構造化と自由選択行為主体　　13
 1.6　福祉社会・コミュニティ・ネットワーキング　　16

2章　都市コミュニティの現在と地域福祉
―縮む都市と地域福祉に関連して　　25

 2.1　変化する都市と地域福祉―本論をめぐる問題状況　　25
 2.2　福祉国家の再編と社会福祉基礎構造改革　　27
 2.3　地域福祉とコミュニティ―コミュニティの可能性　　29
 2.4　公共的市民文化の形成・生活の再構造化と地域福祉　　33
 2.5　都市政策と地域福祉―都市政策における地域福祉の位置と課題　　39

3章　生協とコミュニティ
―生活の再構造化・公共的市民文化の形成とNPO　　49

 3.1　『宣言』とコミュニティ　　49
 3.2　21世紀のコミュニティ　　50
  (1) 実態概念としてのコミュニティ　　50
  (2) 期待概念としてのコミュニティ　　50
  (3)『宣言』はコミュニティを，コミュニティは『宣言』を求めている　　52
 3.3　コミュニティと生活協同組合―1つの教訓と1つの示唆　　52

(1) 町内会の教訓　　　　　　　　　　　　　　　　　　　52
　　　(2) 住民調査の示唆　　　　　　　　　　　　　　　　　　54
　3.4　生協の成果と課題―生協とコミュニティの発展的関係構築のために　57
　　　(1) 歴史的成果の確認と現実機能の強化　　　　　　　　　57
　　　(2) 共立社の課題―期待機能へのアプローチ　　　　　　　58
　3.5　21世紀のコミュニティと生協　　　　　　　　　　　　　60

4章　生命化社会の構築と伝統文化
　―豊かさと生活の再構造化のために　　　　　　　　　　　　65

　4.1　問題の所在　　　　　　　　　　　　　　　　　　　　　65
　4.2　高島の歴史　　　　　　　　　　　　　　　　　　　　　66
　4.3　越後踊りと高島　　　　　　　　　　　　　　　　　　　68
　4.4　高島の住民組織・地域活動と越後踊り保存会　　　　　　68
　　　(1) 高島の住民組織と地域活動　　　　　　　　　　　　　68
　　　(2) 年中行事と越後踊り保存会・花火大会　　　　　　　　70
　4.5　地域文化とコミュニティ　　　　　　　　　　　　　　　73
　　　(1) 高島とコミュニティ・アイデンティティ　　　　　　　73
　　　(2) 生命化社会とコミュニティ―伝統文化の現代的意義　　77

5章　生活の再構造化とコミュニティ
　―防災・消防団・コミュニティ　　　　　　　　　　　　　　81

　5.1　問題の所在　　　　　　　　　　　　　　　　　　　　　81
　5.2　災害と社会問題　　　　　　　　　　　　　　　　　　　82
　5.3　コミュニティの現在　　　　　　　　　　　　　　　　　84
　　　(1) 期待と現状　　　　　　　　　　　　　　　　　　　　84
　　　(2) コミュニティの効用とグッド・コミュニティ　　　　　86
　5.4　防災コミュニティの形成と消防団―仙台市の場合　　　　88
　　　(1) 常備消防体制の確立と消防団　　　　　　　　　　　　88
　　　(2) 消防団の現状と課題　　　　　　　　　　　　　　　　89
　　　(3) テーマ・コミュニティ：「防災コミュニティ」　　　　99
　5.5　安心・安全社会の構築生命化社会の構築とコミュニティ―まとめに代えて　101

II部　公共的市民文化形成とコミュニティ　　109

6章　公共的市民文化の形成とコミュニティ　　111

- 6.1　戦後日本の理想と現実　　111
- 6.2　都市型社会への移行と市民文化論　　112
  - (1) 都市型社会と市民文化論　　112
  - (2) 伝統的市民文化と公共的市民文化　　113
  - (3) 都市の文化的重層性と実証科学　　114
- 6.3　市民文化と地方都市—山形市の場合　　115
  - (1) 多選首長都市の市民文化　　115
  - (2) 第13回山形市長選挙と「市民の会」　　117
  - (3) 佐藤幸次郎市長の再選と辞任　　118
- 6.4　公共的市民文化の形成とコミュニティ　　119
  - (1) 伝統的市民文化と地方都市　　119
  - (2) 都市の歴史的個性と公共性　　120
  - (3) 伝統的市民文化の効用と限界　　121
  - (4) 公共的市民文化の形成とコミュニティ　　122

7章　公共的市民文化の形成と郊外　　127

- 7.1　郊外・都市・社会体制　　127
- 7.2　〈郊外〉という鏡—鏡のなかの光景　　129
- 7.3　郊外をめぐる自治体と国家　　133
- 7.4　郊外をめぐるアメリカと日本—豊かさと公共的市民文化の可能性　　140

8章　新しい地域的共同と地域リーダーの可能性
　　　—公共的市民文化の形成とコミュニティ　　151

- 8.1　社会変動・社会解体・地域リーダー　　151
  - (1) 現代と社会変動　　151
  - (2) 社会解体と地域リーダー　　152
- 8.2　地域リーダーの類型と変容　　156
  - (1) 地域リーダーの類型　　156
  - (2) 地域リーダーの変容　　159
- 8.3　地域社会における「新しい共同」と地域リーダーの可能性　　162

  (1) 地域社会における「新しい共同」と地域リーダー 162
  (2) 新しい地域的共同と地域リーダーの可能性 164

9章　「日本」福祉国家の再編とリージョナリズム
 ——市町村合併の歴史的課題 173
 9.1　いまなぜ「市町村合併」なのか 173
 9.2　市町村合併における理想と現実 175
 9.3　コミュニティ・リージョン・リージョナリズム 178
  (1) コミュニティとリージョン・リージョナリズム 178
  (2) 国家の再生と中央—地方関係の再編 182
 9.4　コミュニティとリージョナリズムの可能性—まとめに代えて 183

付章　生命化社会の探求とコミュニティ 189
 1　問題の所在 189
 2　生命化社会への前進と福祉国家 193
  (1) 近代社会の誕生—生命化社会への前進 193
  (2) 近代社会への危機意識と福祉国家 195
 3　生命化社会の形成とコミュニティの可能性 197
  (1) 産業革命と田園都市—生命化社会への憧憬 197
  (2) 福祉国家の二面性—水俣に映された現代国家と地域社会 198
  (3) 生命化社会とコミュニティの可能性 202
 4　福祉国家再編の射程と文化的目標の再設定 204

初出と解題 217

Ⅰ部

生活の再構造化と地域福祉

1 章
福祉社会の形成とコミュニティ

1.1 社会の復権と地域福祉

本論は現代日本における福祉国家の限界と福祉社会の形成にかかわる若干の考察である．周知のように，福祉国家と福祉社会はその文化的目標と福祉のあり方に対する理解を異にする．すなわち，福祉国家は中央政府によって用意される制度的サービスを基盤とするのに対し，福祉社会はコミュニティを中心とするあるいは住民・自治体による，互恵的・自発的な福祉サービスを重視する．

私見によれば，地域福祉は，「社会の復権」（万能化し絶対化する国家の相対化）を求める運動であり，福祉社会実現に向けたひとつのアプローチと理解することができる．いうまでもなく，福祉社会はコミュニティの活動を活性化させ，人々の生活を再構造化するいくつかのアプローチを要請する．ネットワーキング＝社会関係の再編と創造を通じた新しい価値の創出運動も現代日本における福祉社会と地域福祉の創造に有効・不可欠な手段である．

1.2 福祉国家の限界と再編

福祉国家から福祉社会への転換が論じられて久しい．福祉国家から福祉社会への転換は，それが，現状の福祉国家を肯定的に超えようとするものであれ否定的に修正しようとするものであれ，ともに，福祉国家の機能的限界という認識に基づいていると受け止めることができよう．もちろん，現状の福祉国家

——現代国家——が多くの課題を抱えている以上，あるべき国家像をめぐり肯定的見方と否定的見方が交錯するという事態は十分予想されるところである．しかしながら福祉国家についていえば福祉国家そのものを否定的にみる見方は例外的なものだといってもよい．福祉国家に対する批判的な見方も，大勢は，福祉国家そのものの否定ではなく，福祉国家のあり方——福祉国家の現状——に対する批判である．

　この点に関連して少しく述べよう．富永健一によれば社会保障制度は産業化の帰結である．富永はいう．産業化は経済発展や政治発展の面で飛躍的な進歩をもたらした反面，社会‐文化的機能に関しては基礎集団・基礎社会の衰退という状況をつくりだしてきた．このいわば進化のおとし穴ともいうべき産業社会の弱点に対応するための政策的対応が社会保障制度なのである．

　続けて富永のいうところを聴こう．彼は日本型福祉社会論にふれて次のようにいう．日本型福祉社会論の中心主張は，日本の家族が3世代世帯によって高齢者ケアの負担を引き受けていること，および日本の企業が労働者福祉の負担を引き受けていることの2つを主要な論拠として，日本では国家が福祉政策をとらなくても家計と企業の自助努力によって福祉社会がすでに実現されているとするところにある．しかしこの論議は，日本産業社会がいま経験しつつある転換の意味を正しく認識しておらず，目下消滅しつつあるものあるいはほんらい目的を異にしているものをあてにして，福祉国家政策の機能的代替物に見立てるという錯覚におちいっている．産業化の帰結としての普遍的な構造変動効果を日本社会だけがまぬかれるというようなことは，およそ原理的にありえない（富永1988）．

　この富永健一の指摘は福祉社会を論ずる場合の2つの前提——相互に関連する2つの前提——にふれているという点できわめて示唆に富む．2つの前提とは，第一に，産業社会における社会保障制度の不可避性（社会保障制度の位置あるいは意味の客観性）という前提であり，第二に，産業社会における福祉国家の位置という前提，すなわち，富永の表現を使えば，「目下消滅しつつあるものあるいはほんらい目的を異にしているものをあてにして，福祉国家政策の機能的代替物に見立てるという錯覚である」という言葉に示される前提である．以上における富永の指摘は福祉社会論の展開にあっても念頭におかれなけ

ればならない.

　確かに，福祉国家の限界は明らかである．しかし福祉国家を素通りした福祉社会論の展開は許されない．福祉国家から福祉社会へという認識には福祉国家の成果——制度的保障——を否定するという内容はおそらく含まれていない．もちろんその一方，福祉国家の現状を批判的に再編するという前進的試みを否定する内容も含まれていない．福祉社会は現実的条件を直視しつつ福祉国家の限界を克服し，福祉の意図するところ，すなわち，"WELFARE"の意味するところを追求する営みとみることが妥当である.

　ところで，いま，福祉国家から福祉社会へという流れ，あるいは方向を福祉国家の発展と認識した場合，福祉社会は福祉国家の限界を補うだけでなく，現状の福祉国家とは一段異なる〈質的〉充実を志向ないし展望するものと理解してさしつかえないように思われる．もしそうした理解がないのであれば，敢えて，福祉社会という言葉を充てることもなく，福祉国家の発展という表現で十分である．その場合〈質的〉充実に込められるところは多様であるが，いずれにせよ，それが，単に，社会保障制度の充実や生活状況の改善を超えたところに求められていることは理解されなければならない．そうした認識に立っていえば福祉国家から福祉社会への転換は，より高次の福祉国家に向けて，福祉国家の質的転換を意図して設定される文化的目標の追求である．周知のようにマートン, R.K. は適応の問題をとりあげた論文のなかで，文化的目標と制度的手段の関係に言及した．新たな文化的目標の設定は，それに対応した制度的手段の確立を求める．福祉国家から福祉社会への転換は文化的目標の再設定とそれに伴う制度的手段の再編・確立として理解することが可能である（Merton 1957）．それを，いま，ジャノウィッツ, M. の言葉で補足すれば，「福祉国家が抱える諸困難は，供給だけを増加したとしても解消しない．というのは，社会福祉に対する需要を再構造化する必要があるからである．……問題は，人々の欲求を再構造化しうる新しい制度構築の可能性にかかっている．〈良い社会〉ということばの定義と内容，ならびに道徳秩序が直接に関係してくる」（Janowitz 1976）ということになろう.

　文化的目標を〈なに〉に設定するか，おそらく，そこにこの問題をめぐる社会と国家の特性があり，論者のレベルでいえば各論者個別の認識が存在する.

私は，福祉国家の限界を意識する福祉社会の文化的目標を人間の生命と生命感覚を重視する「生命化社会」の実現と，協同と責任を重視する「公共的市民文化」の創造に求めたい．前に，富永健一は，産業化のおとし穴に言及した．私が富永の見解に教えられるのは，彼が，産業化は経済発展や政治発展の面で飛躍的な進歩をもたらした反面，社会―文化的機能に関しては基礎集団・基礎社会の衰退という状況，おとし穴をつくりだしたとみている点である．問題は基礎集団・基礎社会の衰退というおとし穴の中身である．私見によれば富永の言う「おとし穴」のなかで最も深刻なものは，生命と生命感覚に対する関心の欠如であり，協同と責任に裏打ちされた文化の衰退である．かつての基礎集団・基礎社会は，旧い形のものではあったけれども生命と生命感覚に対して〈社会的〉な関心を有していた．そして協同と責任の文化を有していた．産業化と産業社会はそうした旧い形の関心や文化を壊し衰退させてきた．もちろん，新しい制度が綻びを補完したがそこには何かが欠けている．制度や機能集団の簇生に逆行してますます大きく後退したところのもの，それが，生命と生命感覚であり協同と責任である．いまや，生命と生命感覚の軽視はますます顕著になり，協同と責任の放棄は世代・社会階層の別を問わず目撃される事態である．それは福祉社会の建設にとってはもちろん，福祉国家の存続基盤をすら危うくしかねない社会問題，繁栄を誇る産業福祉国家日本の深層部に根差した最も深刻な社会問題である．そうした認識に立てば，福祉国家の超克を謳う福祉社会は，なににもまして，現状の社会と国家に蔓延する生命感覚の喪失および協同・責任放棄の文化に対し，その清算を宣言しなければならないし，同時に，「生命化社会」の実現と「公共的市民文化」（歴史を創りかえる協同と責任の文化）の創造とを福祉社会が目指す二大文化的目標として設定し，それに迫る方法を獲得しなければならない．

1.3 福祉社会と地域福祉

当然のことながら福祉社会への接近には複数の途があるにちがいない．それは福祉社会の内容に幅と奥行きがある以上当然である．地域福祉からのアプローチとでも呼び得るものも〈そのひとつ〉である．なにゆえに，福祉社会と地

域福祉なのか．一体，「地域」なるものの〈なに〉に，福祉国家を超えて福祉社会の形成に迫る可能性を認めることができるのか．煩わしさを厭わず少しく複数の主張に学ぶことにしよう．

「最初は入所施設の福祉活動に対する用語として，地域社会の住民を対象とする福祉活動を意味したり，また在宅福祉と同義語として使われていた．しかし今日では〈地域福祉〉は在宅福祉サービスと明確に区別せられる固有の思想と目的をもつことになった．もっと厳密に言えば，地域社会の住民の自発的協同によって，地域社会における社会関係，すなわち障害者・老人を含めて地域住民が社会生活上の基本的要求を充足するために，制度的機関・団体との間にとり結ぶ社会関係の改善を目的とする活動が，地域福祉なのである」(岡村 1990)．この説明を，在宅福祉と同義語であった地域福祉が固有の思想と目的をもつことになったのは，社会生活上の基本的要求充足を地域住民の自発的協同，社会関係の改善によって遂行しようという〈思考の転換〉にあると理解すれば，地域福祉の求める〈福祉〉は制度や制度的機関を主体とする福祉以上に地域住民の自発的協同を主体とする福祉，それを志向する福祉だということになろう．地域福祉におけるそうした認識はノーマライゼーションという考え方によっていっそう明確にされている．「ノーマライゼーションの考え方に基づくと，正常な地域社会における普通の生活の常態づくりが，その目的である．……このような地域福祉＝地域における社会福祉は，そこに生活する地域住民の主体的，自立的な家庭や地域社会を維持，発展させていくという営為，すなわち自助，共助の努力が人間の生活にとって基本的な前提であるという認識にたっている．そして各種の公的制度は，地域住民が主体的に営んでいる生活のなかで，どうしても自助，共助の努力だけでは不足してくる部分を補完するものととらえることができる」(根本 1981)．地域福祉の意義と意味は，以下における阿部志郎の説明に耳を傾けるときさらに明快である．「地域福祉の考え方は，極めて素朴な理念に基づいて形づくられてきました．その一つは，福祉の問題は，ニーズが発生するもっとも近いところで解決にあたるのが望ましい．そして，その場は，人々が生活している地域社会であるという考え方です．もう1つは，ニーズをもつ人々を，まず，地域住民のひとりとして理解しようという発想です．地域は，福祉ニーズの発生の場です．そこで，地域をニ

ーズの解決の場とするとともに，予防の場としたらどうかというのです．施設中心の福祉サービスのあり方は，人間の生活という面から考えるときわめて不自然であり，地域社会の中で処遇できるものならその方が自然であるという考え方が一般的になってきました．地域福祉は，福祉ニーズを地域社会の問題として理解し，その解決に地域住民の参加を求めるとともに，ニーズを持つ人を施設サービスの受け手から地域の中の施設，そこでの生活者へと変えようというのです．さらに，そこには，地域社会を基盤として，行政・施設等の社会福祉体系の再構築と地域社会の中心的存在である住民の主体的な福祉活動の展開の必要性を相関して，地域福祉が登場してきたといってよいでしょう．地域福祉の概念はまだ一定していませんが，以上の点をふまえて，つぎのように規定できると思います．〈住民参加による福祉活動を基盤として，福祉機関や施設等の社会資源を動員して，福祉ニーズの充足を図り，地域の福祉を高める公私協同の体系である〉」(阿部 1982)．

　以上にみた三者の見解には，それぞれ，なにゆえに福祉社会と地域福祉なのか，地域の〈なに〉に福祉国家を超えて福祉社会の形成に迫る可能性を認めることができるのか，その問いに対する回答がある．地域における福祉こそ福祉社会の基盤であるという回答がある．福祉社会の形成とは，阿部志郎の簡潔な定義が示すように，福祉の主体をもっぱら制度や施設にしたがって国家・自治体の主導に求めるという姿勢を改め，福祉社会実現のための実践的空間を社会的資源を有する地域社会に求め，かつ資源動員の主体，福祉の担い手を地域という具体的生活環境を共有する住民に設定し，そこに公私協同の体系を創りあげ，福祉ニーズの充足を図る試みである．その試みは，また，地域を単に福祉ニーズを解決する場にとどめず，予防の場にもしようという意欲的な試みである．そこには，明らかに，国家の機能拡大に対抗する，社会復権の志向がある．

　もちろんこうした認識が，もっぱら理想に傾斜し現実から著しく乖離しているのであれば，それは理念が勝ちすぎた思考というべきであろう．しかしいまや現実もそうした意味の福祉社会を否定しない．「高齢者や障害者に対する世話のあり方」に関連して用意された調査の設問に対する回答がそれを示唆している．調査の結果をみると（図1-1），家族と国・自治体が一体になり，それ

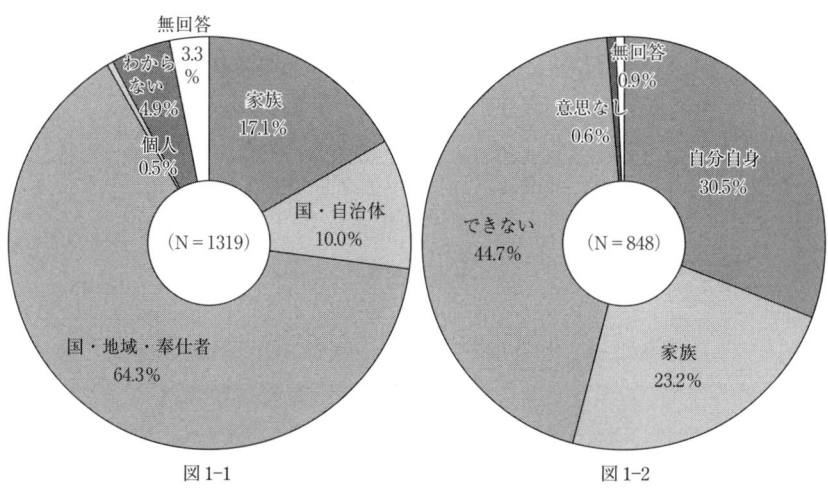

図 1-1　　　　　　　　　　　　　図 1-2

に近隣やボランティアが加わってという考え方［国・自治体・地域・ボランティア］（64.3％）が一番多く，［原則として家族］（17.4％），［原則として国家・自治体］（10.0％），［原則として個人］（0.5％）はそれぞれ多数を形成していない．もちろん1つの調査結果をもって断じることは危険であるが，公私協同の体系を創造することの必要性はこうした住民意識にも読み取ることができる．確かに，［国・自治体・地域・ボランティアで］という考え方は，それがはたして可能なことかというところまで考慮に入れた場合，不安がないわけではない．前の設問に続くもう1つの設問とその設問に対する回答をみよう（図1-2）．「自分や自分の家族がボランティアとして活動することができるか」．その結果は実践が必ずしも容易でないことを示している．「自分ができる」（30.5％），「自分ができなければ家族の誰かができる」（23.2％），「したい意思はあるが自分も家族もできないかもしれない」（44.7％），「自分も家族もする意思がない」（0.6％）という結果がそれである．［したい意思はあるが自分も家族もできないかもしれない］という回答が4割を超えていることは記憶されなければならない．しかし，反面，［自分ができる］・［自分か家族の誰かができる］という数字が5割を超える人にあることも事実であり，［国・自治体・地域・ボランティアで］という可能性がまったく閉ざされていないことも

示している（内藤1994）．いうまでもなく地域福祉は福祉社会の形成において一部を構成するにすぎない．上記の調査と設問の回答は，さらに，地域福祉に関係した一部にすぎない．それをもって地域福祉や福祉社会を論ずることには限界があろう．しかしそれにしても，いまや地域福祉が，したがって福祉社会の形成が，もっぱら理想の域にないことは明らかである．

1.4　福祉社会と公共的市民文化

　福祉国家を質的に充実させるという試みは，国家のあり方を変える国家再編・改造の作業である．しかしそれは狭く中央政府や中央政府に関係する改革だけを指してはいない．国家の改造・再編は自治体改革を含む，中央－地方関係の再編である．おそらく中央政府の改革は自治体改革と一体である．自治体の改革と自治体における機能水準の向上なしに，そしてその基盤をなす住民の自治能力の向上なしに，中央政府の改革と福祉国家の質的充実はなしえない．

　少しく敷衍しよう．介護保険制度の導入は，再編を要請される福祉国家の映（日本における福祉国家の変容）である．自治体を保険運営の主体，実施主体とし，家族介護から社会介護に大きく転換を図る介護保険制度の発足は，まさに福祉国家の構造変革を意味するものであり，従来の中央－地方関係からみれば大胆とも思われる方針の転換である．もちろん，ここで，「大胆とも思われる」というのは地方分権化に十分な保障と見通しが与えられたという意味ではない．むしろ，その逆で，分権化の内実を欠きながら進められているこの制度の危うさのことである．もちろんこの制度の危うさを地方分権化にのみ求めることはあやまちというべきであろう．この制度の危うさは，この制度を国民が必ずしも十分に理解していないというところにも認めることができるし，また，その実施も間近に迫った段階で，突如，制度に手直しを求める政治家・政党の発言があり，この制度を第一線で支える現場に大きな戸惑いを与えたことに示されるように，この制度の主旨を十分理解できない政治家・政党が存在することにも認めることができる．そうしたことに加えて，この制度には運営主体となる自治体による保検料・サービスの格差が予想されるという深刻な問題もある．本来，地方分権の内実化を前提に円滑な運営を予想することのできる

この制度が地方分権の内実化を得ぬまま進められているという事態，あるいは家族介護こそ介護の本質と言わぬばかりの（少なくともそう誤解される可能性のある）政治家・政党の突然の発言を契機に制度に手直しが図られるという事態は，前にみた富永健一の認識，目下消滅しつつあるものあるいは本来目的を異にしているものをあてにして，福祉国家政策の機能的代替物に見立てて進めるわけにはいかないという認識に重ねてみても疑問の少なくないものである．もちろん，私のこうした発言の意図には，家族の存在を軽視するという内容は含まれていない．また，日本型福祉社会にふれた稲上毅の指摘，「日本の福祉社会像は，〈福祉国家〉の一方的な膨張（さきの表現でいえば〈高福祉－高負担〉とも，また伝統的な〈家庭内サービス供給〉あるいは表面的にはその対極に位置づけられる施設収容主義（両者には重要な共通点がある）とも異質である．もちろん福祉国家がどうでもいいとか，あるいは家庭内サービス供給や福祉施設の充実がどうでもいいとかいうのではまったくない．しかし来るべき福祉社会像は，結局のところ，ある種の〈日本型福祉社会〉であるほかはないように思われる」（稲上 1991）という指摘を否定するものでもない．確かに，日本の福祉社会が現実的諸条件を踏まえて追求される以上，実現される福祉社会は〈日本型〉のそれである．しかしそのことは日本の福祉が家族介護を原則として行なわれるということではない．日本の福祉社会は機能を縮小させる方向に動いている家族に期待し後戻りする形で追求されるのではなく，国家と自治体の関係再編を図りつつ，自治体の自立と機能強化を進める方向を軸にして追求されることになろう．少なくとも住民意識の調査にうかがうかぎりそうなのである（内藤 1994）．

　話を自治体改革に向けよう．自治体改革へのアプローチは複数である．いま，福祉社会と地域福祉を想定し，自治体改革に言及すれば，福祉における公私協同の体系を創造するという作業は，自治体が国家に従属するという認識に立つ限り難しい．しかし，一方，公私協同の体系の創造は，自治体が福祉社会の実現に向けた地域福祉の実践主体となるにふさわしい力量をそなえないかぎりこれまた難しい．自治体が名実ともに福祉社会・地域福祉の運営主体としての機能を果たしえないかぎり難しい．それは自治体における組織機構の改革といった問題にすり替えることのできない問題である．かつて文化行政というこ

とがしきりに言われたことがある．文化行政が意味するところは複数である．私の理解に近い考えは，文化行政を，「自治体を新しい創造体に変えていくものであり，行政の体質改善である」とみる見方である（田村 1981）．文化行政とは，人間の理解と，住んでいる人々の感覚的世界を大切にして，コミュニティ建設の仕事を進める行政のことだと理解することにしよう（内藤 1987）．人間の理解と，そこに住んでいる人々の感覚的世界を大切にしてコミュニティ建設の仕事を進めるという認識は，福祉社会・地域福祉の担い手たる自治体にとって決定的に重要である．このように文化行政を規定し，自治体の現状に照らした場合，はたして自治体の現状＝あり方は承認されるものであろうか．自治体改革はいまだ途上にあるという見方は衆目の一致するところであろう．いま，そうした認識すなわち自治体改革が途上にあるという認識に立つ場合，自治体改革において求められる課題を明確にすることが是非とも必要である．ここでは，これまでにみてきた地域福祉に対する定義，例えば，〈住民参加による福祉活動を基盤として，福祉機関や施設等の社会資源を動員して，福祉ニーズの充足を図り，地域の福祉を高める公私協同の体系である〉という阿部志郎の定義を念頭におき，自治体改革において求められる課題を「公共的市民文化」の形成に求めることにしよう．

　地域福祉を高める公私協同の体系の創造，したがって福祉社会の形成はそれを創るにふさわしい市民と文化的風土を得て可能となろう．地域福祉の実践と福祉社会の形成は公共的市民文化（市民と文化的風土）の形成なしに遂行することが難しい．いずれの都市いずれの地域にも個性的な市民文化すなわち「都市住民や地域住民にみられる固有のあるいは特徴的な行動様式や価値体系」が存在する．それはしばしば都市や地域の個性として貴重な存在である．仮に，いま，それを伝統的市民文化と呼べば，伝統的市民文化を喪失した都市や地域はしばしば個性に乏しく魅力的存在であることができない．しかしそうした伝統的市民文化のもつ豊かさとその伝統的市民文化が公共的問題の解決に発揮する強みとは必ずしも重ならない．生活と歴史に深く根差した伝統的市民文化の存在が公共的問題の解決に阻害要因となっている場合も少なくない．ここにいう公共的市民文化とは，ネーダー，R. の「公共市民」（Neder 1971）（自分や自分の家族のことに関心を集中させる市民「私的市民」とは対照的な，公共の利

益を考えることのできる市民）やベル, D. の「公共家族」を意識した概念である．「公共家族についての論議の根本は，社会の正当性（根拠ある価値観）を再び確立することである．正当性とは，制度を持続させ，人々がそれに喜んで従うことを可能にするものだ．したがって，公共家族の概念とは，社会を1つに結びあわせるものを政治体制のうちに見つけ出そうとする努力である」(Bell 1976). いま福祉社会という新しい社会の形成とそれに向けた実践，地域福祉に求められているものは，社会の正当性を再び確立するための価値・合意＝公共的市民文化である．

公共家族がますます重要な役割を演じる現代，協同と責任という原則に立って公共の問題を管理ないし運営することのできる市民の存在は不可欠である．そうした市民の新しい行動様式やそこに形成される価値・合意を「公共的市民文化」と呼ぶことにしよう．そうした市民と市民文化の存在なしに，国家の位置と機能を相対化させ，自治体を都市ないし地域運営の主体にまでに高めるという課題を達成することは難しい．もちろん，誤解のないようにいえば，公共的市民文化は，人間の理解と住んでいる人々の感覚的世界を大切にして都市の運営を図るという文化行政を否定しないし，生活と歴史に根差した伝統的市民文化の存在も否定しない．むしろそれを都市や地域の個性として尊重する．当然のことながら公共的市民文化は市民生活全体を包摂しない．それは公共領域の問題解決に新しい規範を求めるものである．

1.5 生活の「再」構造化と自由選択行為主体

福祉社会・地域福祉は，公私協同の体系の創造とともに，住民の意識改革とライフスタイルの変革を求めている．自治体の改革も福祉社会・地域福祉における公私協同の体系の創造も住民の意識改革とライフスタイルの変革なしに行なうことは難しい．一方，住民の意識改革やライフスタイルの変革には自治体の改革，福祉社会・地域福祉における公私協同体系の創造が必要である．自治体の改革あるいは福祉社会・地域福祉における公私協同体系の創造と住民の意識改革やライフスタイルの変革とを切り離して考えることは正しくない．状況は一面固定的であるが，他面流動的である．創造を課題とする人間にとって状

況の変革は不可避の継続的な作業である．ファーガソン，M.がアクエリアス（Aquarius）に求めたような未来への希望と期待が，創造と状況の変革に至る途を閉ざさない（Ferguson 1981）．ここでは未来への希望と期待を生み出す「関係」の回復・創造に状況変革の始源を求めたい．創造と状況の変革は，おそらく，双方向性の，多面的にして多元的な実践，「関係」の増殖・拡大を媒介に成し遂げられるものである．それは決して一方向の矢印であるいは直線的な問題解決志向で実現されないものである．

　社会関係の回復と新たな社会関係の創出を意識して，ここでは，生活の「再」構造化を問題にしよう．われわれの生活は，歴史の規定を受けて，あるいは経済的・政治的・文化的な規定を受けて，時代・社会に固有な形を有している．近代という時代と社会に支配的な社会構造と価値体系がこの時代と社会に特有の生活様式と生活の構造を創り出し，その結果，特有のアイデンティティ，バーガー，P.のいう，異様に未確定，異様に細分化，異様に自己詮索的，異様に個人中心的というアイデンティティを創り出す（Berger 1973）．現代における生活は，細分化された労働，制度化された教育，浪費という豊かさ，万能国家の崇拝，持つ様式の一般化，接触項の縮小・人間関係の省略，様々な文化装置等，複数の要因により構造化され，構造化された生活が，逆に，社会構造を支える機能要件になるという相互規定的構図を示している．いま，生活の「再」構造化において意図するところは，それら現実の生活を規定する構造諸要因，諸条件の見直しであり，そこから展望する新たな生活のあり方である．当然，そこでは，生活におけるトータリティの回復，制度化された教育に対する信仰の打破，無駄と浪費が社会構造を維持しているという呪縛的思考からの解放，絶対化された国家の相対化，ある様式（Fromm, E.）における効用の発見，そして関係回路の増設と接触項の創造等々が考察と検討の対象となろう．

　ところで，生活の「再」構造化において意図するところが，生活の社会的再生産に絡む構造の検討であり，構造に規定されている意識の解明であるとすれば，これまでに蓄積をもつ生活構造論の成果に学ぶところが少なくない．とりわけ鈴木広の展開する生活構造論は，生活の「再」構造化に有用な視点を有している．鈴木の主張を聴こう．「われわれはまず生活主体を労働者としてでなく生活者として，つまり彼自身の主観的状況判断と目標設定に基づいて，生活

様式を選択・創出・維持していく，自由選択行為主体として把握する．かれがいかなる目標設定にかかわり，どんな生活態度と生活様式を創出・採用し，総じていかなる主体性として社会的世界とのあいだに連動関係を維持しつつ，生活しているかをとらえるために生活構造というタームを使用する」（鈴木 1986）．鈴木が生活構造を自由選択行為主体としての生活者という視点から捉えるとき，そこには生活の「再」構造化を可能にする人間の存在をみることができる．いま，自由選択行為主体としての生活者が，生活の「再」構造化を意識して行なう行為を「生活構成行為」と呼ぶことにしよう（内藤 1996）．生活を構造化している既存の条件と対峙して，生活構成行為は生活の「再」構造化に可能性を有している．生活構成行為の多様な発現が，やがて，諸制度の変革や地域自治体と国家の関係を再編するという構想力——社会学的想像力——の発揮はいまや時代の要請である．かつて，パーク（Park, R.E.）が述べた，「制度は創意が加えられ凝集されることを通じて成長する」（Park 1986）という指摘を想起しよう．パークの意図を汲みとれば，より高次の文化的目標に対応する制度的手段の創出は，鈴木のいう自由選択行為主体としての生活者が，われわれの言う生活構成行為を通じて，生活の「再」構造化を進めるときに実現されるであろう．

　もとよりそうした認識に対しては，それを〈観念的〉だと指摘する向きもあろう．現状の構造が再構造化されるプロセスが決して容易なものではないことを自覚すれば，そうした向きにも一定の理解は可能である．しかしそれを不可能なことと断ずることも軽薄である．生活構成行為の多様な発現ないし拡大は，いまや決して珍しいものではない．現に，新しい価値を追求して生活の「再」構造化を志向する運動が存在する（Peterson 1980；佐藤 1988）．近年，地域組織型の集団が衰退の方向を示すのとは対照的にボランタリー・アクションや趣味が導く生活領域は拡大の傾向にある．そのことはますます高揚をみせている〈まちづくり〉運動にもみることができる．まちづくりが，東京都谷中地区（谷中・千駄木・根津地区）の例にみるように，義務感や悲壮感からではなく，しばしば地域への愛着や参加を通じて得られる情緒的満足に価値を認める人々によって進められているという一面に注目が必要である（小浜 1994）．ボランタリーなそして言語媒介的な交流が情緒的安定と精神的満足度を高める

うえに効果をもつことは〈言語〉がもつ本来的機能に照らしてみても説明可能である（内藤 1982）．

1.6 福祉社会・コミュニティ・ネットワーキング

すでにふれたように，いまや，生命・生命感覚の軽視と，協同・責任の放棄はますます顕著である．それは福祉社会の建設はもとより福祉国家の存続すら危うくする深刻な社会問題であり，決して軽視することができない．繰り返し言えば，福祉国家の超克を謳う福祉社会は，現状の社会と国家に蔓延する生命・生命感覚の軽視や協同・責任放棄の文化を清算し，「生命化社会」の実現と「公共的市民文化」の創造とを，福祉社会が目指す二大文化的目標として追求しなければならない．そしてそれに迫る思想と方法を獲得しなければならない．ノーマライゼーションの思想と地域福祉，地域福祉を支え動かすコミュニティの形成はそうした思想と方法の一環に位置している．

ここで，地域福祉とコミュニティについてふれたひとつの発言に注目しよう．「地域福祉・コミュニティ・ケアとは，家族や地域に責任をもたせるということでなく，コミュニティでの生活が人間性の基盤であるという立場から，そこで人間らしく生活ができるように，行政も，施設，専門家も，そして近隣，家族も協力するということである」（富田 1995）．単純明快である．この内容は一定年齢以上の子供にもわかる．しかしである．もしかするとこの主張のなかにある〈現実〉は，子供にとって理解が難しい．昨今コミュニティから距離をおく彼らにコミュニティでの生活が人間性の基盤であると説いてみても戸惑いを覚えるかもしれない．大人にしても，行政・施設・専門家，そして近隣・家族が協力するという場合の〈協力〉についてイメージし難いかもしれない．回りくどい言い方をやめて直截に言えば，今日多くの若者が，そして若者に限らず多くの住民が，コミュニティを自己の大切な生活空間として意識することのできる状況におかれているかどうか多分に不安である．この点に関していささか心もとない資料であるが参考に供しよう（図1-3，表1-1）．

この資料からコミュニティにおける中学生の位置をうかがうことが可能である．社会関係において空疎なコミュニティの姿が浮上する．少なくとも3世代

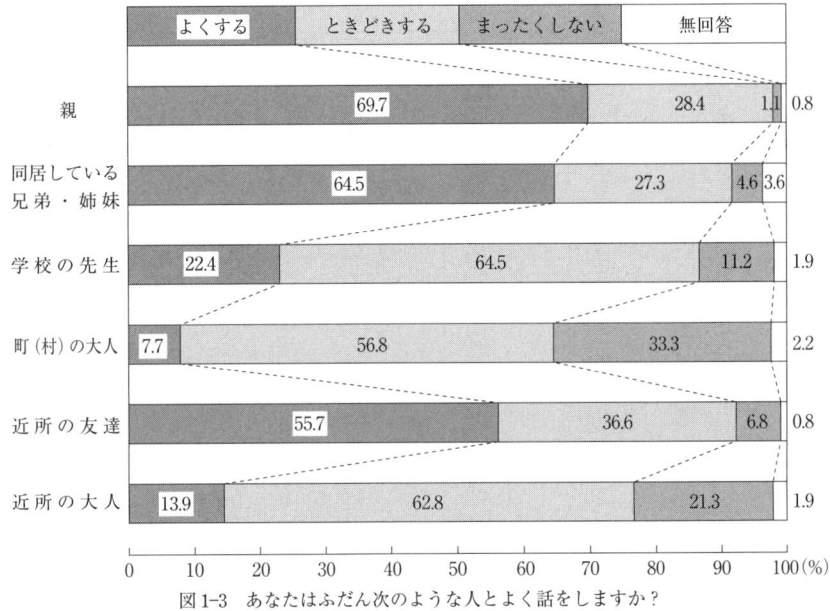

図1-3 あなたはふだん次のような人とよく話をしますか？

間の交流や関係という視点で見るかぎりそうである．コミュニティは，本来，3世代交流という実体のある関係において維持され，したがって地域福祉に対しても機能すると考えられるのであるが，いまコミュニティにはそれがない．世代分断的状況は，わが国に限らず先進文明国にみられる歴史の趨勢である（Reich 1970）．福祉問題に限らず，コミュニティが機能し維持されるためには，コミュニティは機能人口（活動人口）をもたなければならない．そしてそれと併せて，コミュニティは対内的・対外的に交流を得て交流人口をもたなければならない．「コミュニティとは，単に快適な生活をエンジョイする場ではなく，人間が人間を相互に守る場と認識するところから始まる．つまり，住民の利害差を隠蔽する自生的，自然発生的共同体としてでなく，意図的，主体的に利害差を明確にしたうえで，連帯を"形成"する場と理解するのである」（阿部 1986）．コミュニティについて諸説引用を繰り返せば際限なく続く．ここでは，われわれの理解する定義を明示しよう．「コミュニティとは，一定の地域に住まう人々とその地域に共属の感情を持つ人々が，そこを拠点に，生活

表1-1 （町村別）あなたはふだん次のような人とよく話をしますか？（%）

町・村	親 よくする	親 ときどきする	親 まったくしない	親 無回答	同居している兄弟・姉妹 よくする	同居している兄弟・姉妹 ときどきする	同居している兄弟・姉妹 まったくしない	同居している兄弟・姉妹 無回答	学校の先生 よくする	学校の先生 ときどきする	学校の先生 まったくしない	学校の先生 無回答
飯豊町	56.9	40.4	1.8	0.9	62.4	26.6	5.5	5.5	16.5	67.0	12.8	3.7
中山町	70.1	29.2	0.6	—	62.3	31.8	4.5	1.3	6.5	76.6	16.9	—
大蔵村	82.5	14.6	—	1.9	69.9	21.4	3.9	4.9	52.4	43.7	1.0	2.9

町・村	町（村）の大人 よくする	町（村）の大人 ときどきする	町（村）の大人 まったくしない	町（村）の大人 無回答	近所の友達 よくする	近所の友達 ときどきする	近所の友達 まったくしない	近所の友達 無回答	近所の大人 よくする	近所の大人 ときどきする	近所の大人 まったくしない	近所の大人 無回答
飯豊町	15.6	49.5	30.3	4.6	53.2	36.7	9.2	0.9	22.9	49.5	24.8	2.8
中山町	0.6	51.3	48.1	—	50.6	40.9	8.4	—	4.5	68.2	26.6	0.6
大蔵村	9.7	72.8	14.6	2.9	66.0	30.1	1.9	1.9	18.4	68.9	9.7	2.9

協力と交流を対内的・対外的に実現し，日常生活を営んでいる具体的な環境であり，生活主体が，その空間を日常的に自己の存在と結びつけ，そこに意味づけをなしている意味空間すなわち空間的に意味のある世界である」（内藤1996）．

　おそらく地域福祉は，最も簡易に，創造的コミュニティの創出を通じた福祉社会形成へのアプローチと理解されるにちがいない．もしそうであれば，コミュニティは，しばしば考えられてきたように受け身の存在としてあることを許されない．コミュニティは福祉社会の形成に向けた，すなわち生命化社会の建設と公共的市民文化の創造に向けた実験室あるいは運動の拠点とならなければならないからである．そうした認識に立つ限りコミュニティは生活を守るコミュニティから生活を創るコミュニティへ，生活の「再」構造化を促すアクティブなコミュニティへと転換させられなければならない．いまや，生活を守るということと生活を創るということは同義語である．生活を守ることのできるコミュニティは生活を創ることのできるコミュニティでなければならない．確かに，コミュニティは，時折疲れ衰弱した表情も示すけれども，コミュニティの本性は，われわれの定義にみたように，決して弱々しいものでもないし防御的

なものでもない．それは，本来，対内的・対外的に開かれた存在であり，交流を前提としたアクティブな存在である．コミュニティをそのようなものとして認識すれば，コミュニティの射程は日常の生活空間から世界にまで拡大されるであろう．

　もちろん，そのためにコミュニティは機能的存在であることが必要である．そしてコミュニティを機能的存在とするための知恵と具体的手法が必要である．〈ネットワーキング〉はその知恵であり，ひとつの具体的手法である．ネットワーキングを単なるコミュニケーション回路の創設と理解してはならない．それは創造のための，既存の関係や集団・組織や制度のあり方を，したがって生活主体の生き方を，根源から問う「問」と「創造」の手法である．それは，生活の「再」構造化を促し，コミュニティの再生を通じて地域福祉を具体化し，自治体改革を進め，福祉社会形成に展望を拓くための知恵であり方法である（Lipnack and Stamps 1982；今井・金子 1988）．

　福祉社会，地域福祉とネットワーキングに関してもう少し述べよう．顧みれば福祉国家は，制度の整備を標準的・画一的に進めてきた．福祉社会はそこから一歩進んで，キメの細かい対応を意図している．前にみたジャノウィッツ，M. の指摘，「福祉国家が抱える諸困難は，供給だけを増加したとしても解消しない．というのは，社会福祉に対する需要を再構造化する必要があるからである．……問題は，人々の欲求を再構造化しうる新しい制度構築の可能性にかかっている．〈良い社会〉という言葉の定義と内容，ならびに道徳秩序が直接に関係してくる」（Janowitz 1976）という指摘に再度注目しよう．福祉社会の目標は単なる供給を超えたところにある．それは人々の欲求を再構造化しうる新しい制度構築の追求，〈良い社会〉に向けた道徳秩序の創造におかれている．ボウルディング（Boulding, K.E.）のいう〈愛のシステム〉を念頭において言えば，福祉社会の形成は，したがって地域福祉の実践は，愛のシステム，すなわち「そのなかで個人が自分自身の欲求と他人の欲求とを一体視するに至るようなシステム」の形成に向けた作業を求めている（Boulding 1970）．愛のシステムを創るという作業は，間違いなく，福祉社会，生命化社会形成の中心に位置している．

　地域福祉の基本線は，地域的生活社会を住民の愛情と知恵と力でつくりあげ

るところにある．住民ひとりひとりが「気づく主体」から「築く主体」へと成長するところにある．地域生活のあり方を根本的に問い直し，歴史上これまでになかった生活関係の〈質〉をつくりあげようとするところにある．そしてそれを可能にするのはボランタリーな行為，制度的行為とは次元を異にするボランタリーな行為であると，越智昇は主張する（越智1990）．地域福祉にしても，愛のシステムにしても，福祉社会にしても，それを現実のものにするためには思想，越智昇のいう，地域生活のあり方を根本的に問い直し，そして，歴史上これまでになかった生活関係の〈質〉つくりあげるための思想がなければならない．いまその点に関していえば，地域福祉が，したがって福祉社会の形成が，それを支えるノーマライゼーションの思想を根底においているということは重要かつ重大である．おそらく，ノーマライゼーションとボランタリー・アクションの2つは愛のシステムを創り福祉社会を形成する両輪である．思想を欠いても行動を欠いても愛のシステム創りはできないし福祉社会の形成は進まない．しかし，もうひとつ，そこにネットワーキングがなければ前進することが難しい．前進のためにはノーマライゼーションという思想を浸透させボランタリー・アクションという行動原則を有効に発動させる知恵と方法が必要である．ネットワーキングへの期待がそこにある．

　いま，ネットワーキングに期待が寄せられるのは，ネットワーキングが，関係性の回復や創造に向けた，そして市民の成長や成熟に向けた多くの契機を宿しているからである．生活の「再」構造化を促す契機，住民ひとりひとりを「気づく主体」から「築く主体」へと成長させる契機，ノーマライゼーションという思想とボランタリー・アクションという行動原則を接合・機能させ，コミュニティに愛のシステムを形成する契機，スティグマ（Stigma），すなわち，属性ではなく関係を表現する言葉としてのスティグマ（Goffmann 1980）を克服して，福祉社会・生命化社会を構築する契機，協同と責任を基盤におく公共的市民文化の形成とそれを通じて自治体改革に迫る契機などがそれである．ネットワーキング，それは，地域福祉を通じてわれわれが追求する福祉社会・文化的目標としての，「生命化社会」と「公共的市民文化」創造に迫る戦略的概念である．当然のことながら「生命化社会」の建設と「公共的市民文化」の創造はそれに迫る思想と方法そして具体的手法を欠いて実現は難しい．

福祉国家は 20 世紀における人類の偉大な発明であった．福祉国家はこれまで基礎集団がもっていたいくつもの機能を吸収し，巨大化した．いまこの福祉国家なしにわれわれの生活は成り立たない．しかし，その国家の機能拡大が，社会の喪失を招いてきた．福祉社会への希求と地域福祉への期待は，ある意味で，社会の復権を求める運動である．福祉社会の追求は，「市民社会の国家による置きかえ」に抗し，「市民社会の衰弱」（Gorz and Bosquet1975＝1980）を阻止する運動と理解することが可能である．

補 注

本論において使用した図表および調査については次の報告書を参照されたい．

図1-1・1-2：山形県福祉人材センター，1994，『福祉人材需要動向調査報告書』．本論では省略されているが，上記報告書には属性別にみた結果がある．

図1-3・表1-1：山形県商工会連合会，1994，『活力ある地域づくりをめざして—中山町・飯豊町・大蔵村—』．

注

1) 社会学的にみれば，国家は機能集団のひとつである．したがって部分社会である．「社会を関係的行動の体系として見れば，国家は，国家的行動の体系，すなわち一つの社会である．ドイツ国家学の考えているような〈全体〉社会ではなく，一定の特殊行動の体系，すなわち〈部分〉社会である．国家行動は比較的広汎な範囲にわたっているので，そしてまた国家的支配者の行動および意識は，地域的にも，生活そのものに対しても，大きく広く支配しようとする意図の下に，権力関係の強化を求めているので，おのずから，〈国家〉といえば，人間行動の全体を包括した組織形態であると主張する．しかし事実としての国家は〈国家的〉なる特殊行動の組織，すなわち〈部分〉社会であることは，学問社会とか，商．工業社会とかいわれるものと異なるものではない」（長谷川 1951）．部分社会である国家の万能化と絶対化が社会の衰弱を導いているところに現代の特徴がある．福祉社会の追究はそうした現代に対するひとつの挑戦である．

参考文献

阿部志郎，1986，「セッツルメントからコミュニティ・ケアへ」阿部志郎編『地域福祉の思想と実践』海声社．
────他，1982，『地域の福祉を考える』朝日新聞厚生文化事業団．
Bell, D., 1966・1976-7, *Culturaul Contradictions of Capitalisum*, Basic Books, Inc.（＝1976，林雄二郎訳『資本主義の文化的矛盾（上・中・下）』講談社．
Berger, P., B. Berger and H. Kellner, 1973, *The Homeless Mind : Modernization and Consciousness*.（＝1977，馬場恭子・馬場伸也・高山真知子訳『故郷喪失者たち—近代化と日常意識—』新曜社）．
Boulding, K.E., 1968, "Social and Economic Studies", *Beyond Economics*.（＝1970，公文俊平訳『経済

学を超えて』竹内書店).
Ferguson, M., 1980, *The Aquarian Conspiracy*.（=1981，松尾弐之訳『アクエリアン革命』実業之日本社).
Goffmann, E., 1963, *Stigma : Notes on the Management of Spoiled Idetity*.（=1980，石黒毅訳『スティグマの社会学―烙印を押されたアイデンティティ―』せりか社).
Gorz, A. and M. Bosquet, 1975, *Ecologie et Politique and Ecologie et Liberte*.（=1977，高橋武智訳『エコロジスト宣言』技術と人間).
長谷川如是閑，1951．『日本の国家―その成立・発展の特殊性―』弘文堂．
今井賢一・金子郁容，1988，『ネットワーク組織論』岩波書店．
稲上毅，1991,「福祉国家・福祉社会・社会意識」隅谷三喜男編『社会保障の新しい理論を求めて』東京大学出版会．
Janowitz, M., 1976, *Social Control the Welfare State*.（=1980，和田修一訳『福祉社会のジレンマ―その政治・経済と社会制御―』新曜社).
Lipnack, J. and J. Stamps, 1982, *Networking*.（=1984，正村公宏監/社会開発統計研究所訳『ネットワーキング―ヨコ型情報社会への潮流―』プレジデント社).
Merton. R, K., 1957, *Social Theory and Social Structure*.（=1961，森東吾・森好夫・金沢実・中島竜太郎訳『社会理論と社会構造』みすず書房).
内藤辰美，1982,『現代日本の都市化とコミュニティ』渓泉書林．
――，1987,「まちづくりと文化行政」関東学院大学経済研究所『総合研究「かなざわ」―新・金沢八景づくりをめざして―』関東学院大学経済研究所．
――，1994,「山形県民の福祉意識」山形県福祉人材センター『福祉人材需要動向調査報告書』．
Neder R, 1971, *What can just private citizen do? Ralph Neder wrges you to become a Public citizen*, New York Times. 3. Nov.（=1972野村かつ子訳『アメリカは燃えている』亜紀書房).
根本嘉昭，1981,「地域福祉」岡光序治編著『都市と福祉』ぎょうせい．
岡村重夫，1990,「地域福祉の思想と基本的人権」『日本の地域福祉』日本地域福祉学会．
小浜ふみ子，1994,「文化誌が繋ぐ地域社会―『谷中・根津・千駄木』・『青山タウン・レポート』―」倉沢進編『地域社会を生きる』現代のエスプリ328．
――・内藤辰美，1996,「地域社会の変化と新たな社会構成」小笠原浩一編『地域空洞化時代における行政とボランティア』中央法規出版．
越智昇，1990,『社会形成と人間―社会学的考察―』青峨書房．
Park, R, E., "The City as Social Laboratory".（=1986，町村敬志訳『実験室としての都市』御茶の水書房).
Peterson, E., 1980, *People Power. What Communities are Doing to Counter Inflation*, U.S.Office of Cousumer Affairs.（=1983，野村かつ子・冨田晶志監訳『ピープル・パワー』亜紀書房).
Reich, C., 1970, *The Greening of America*.（=1983，邦高忠二訳『緑色革命』早川書房).
佐藤慶幸編著，1988,『女性たちの生活ネットワーク―生活クラブに集う人びと―』文眞館．
鈴木広，1986,『都市化の社会学』恒星社厚生閣．
田村明，1981,「行政の文化化」松下圭一・森啓編著『文化行政・行政の自己革新』学陽書房．

富永健一，1988，『日本産業社会の転機』東京大学出版会．
富田富士雄，1995，『コミュニティ・ケアの社会学』有隣堂．

2 章

都市コミュニティの現在と地域福祉
──縮む都市と地域福祉に関連して

2.1 変化する都市と地域福祉──本論をめぐる問題状況

　周知のように,経済成長を基底にした成長社会・近代は,都市の膨張・拡大を実現した．トフラー,A.(Toffler 1980＝徳山 1981:44)の見方に従えば,それは彼の言う,〈第二の波〉の時期に該当する．ハワード,E.(Howard 1902＝長 1968:31)の掲げた田園都市が「理想」にとどまり,郊外の爆発的拡大を生起させたことが,なによりもよくその事態を物語る．そして,いま,「第二の波」に代わる「第三の波」が世界を包摂し,「第二の波」において形成された都市像は急速に変容を経験しつつある．

　「第三の波」の時代の都市,成熟社会における都市は,「第二の波」の都市が示した外延化,無秩序な拡大という事態と距離をもつ．成熟社会と「第三の波」の都市に期待されるのは,そして事実「第三の波」の都市が追及するのは,規模の拡大よりも機能密度の高さであり,ハードで機械的なあり方ではなく,ソフトで人々の感受性や情緒的満足を満たすようなあり方である．一例を挙げれば,第二の波の象徴であった移動,その一形態である「通勤」と,その過酷なありよう,すなわち,「通勤地獄」という言葉に象徴される,日々の肉体的・精神的抑圧から勤労者を解放し,そこで意味なく消費されてきた(いる)時間を高度な能力の開発や充実した生活に向けて有効活用できるような都市の追求である．都市は,いま,物理的にも社会的にも再建されなければならない転換期を迎えている.

　新しい社会像,新しい都市像が求められている要因をいくつか並べてみよ

う．数多く想定される要因のうち，指摘されるのは，先進諸国で顕在化している情報化社会といわれる高度産業社会の進展であり，高齢・少子化という人口構成における変化であり，世界を包摂する市場の勢力であり，そうしたなかで露わになった国家の限界という事態である．先進諸国を離れて世界全体を見るとますます深刻化する人口爆発と地球規模の環境・資源問題がこれに加えられる．成熟社会が含意するところは，そうした歴史の動きを踏まえた社会と都市の再編である．それは，言葉を換えて，「第二の波」が示した「発展なき成長」，すなわち，「成長をもっぱら量的基準に求める思考と行動様式」の限界を意識した，あるいはそれに懐疑を抱くことに始まる社会と都市の追求である．

若干の確認が必要である．都市は社会の下位体系．上位の体系である社会体制の変動が下位体系としての都市のあり方を規定する．しかし，このことは都市がもっぱら社会体制に従属しているということではない．都市が社会の新しいあり方を導くという面もある．同様なことは国家と都市についてもいうことができる．社会と都市，国家と都市のあり方は相互に規定的である．都市のあり方は社会・国家に規定される一方，都市のあり方が社会・国家のあり方に作用する．都市・国家・社会の関係は，現在，国際社会にも深く規定されており，三者は国際社会の動向を敏感に反映する．

今日，成長社会とその成長社会にあって拡大・外延化する都市を生み出してきた「与件」＝資源・環境，人口，技術・知識，市場・国際関係等に大きな変化が生じている．いまや新しい文化的目標の設定と制度的手段の構築(Merton 1949：34)が求められる時代となった．〈質の高い都市〉や〈地域福祉〉への強い関心はそうした与件変動，時代背景のなかに登場しているとみなければならない．そうしたなかに登場する「縮む都市」は，決して衰退する都市を意味していない．むしろ逆であって，それが理念とするところは，そして意味するところは，「量的に拡大する都市」から「質的に発展する都市」へ，あるいは「ハードで機械的な都市」から「ソフトで人々の情緒的満足を満たすような都市」へ，言葉を換えて，「生命と生命感覚が重視される都市」への転換である．そうした動きは，既に早く，シューマッハー, E.F.（Schumacher 1973＝小島 1986：43）やポラニー, K.（Polany 1957＝吉沢 1975：40）そしてイリッチ, I.（Illich 1974a＝大久保 1979；Illich 1969＝大久保 1985：32）という

人々の主張に見られたし，遡ればマンフォード，L.（Mumford 1938＝生田 1974：38）やハワード，E.（Howard 1902＝長 1974：31）が強く意識していたところであった．

2.2 福祉国家の再編と社会福祉基礎構造改革

　福祉国家は久しく〈危機〉のなかにある．しかし福祉国家の危機を特別の事態と考える必要はない．およそ社会的に形成され構造化されたものは，与件，すなわち，社会と生活に一定の構造を与えている諸条件が変化することに伴って変化する．それは自明なことであって国家も例外ではない．福祉国家もそれを規定してきた与件に変化があれば現状を維持することができない．与件の変化は福祉国家の造り替え，〈再編〉を要請する．再編に向けた制度改革は不可避となる．

　社会福祉事業法の改正（2000 年，平成 12 年）は，いわゆる社会福祉基礎構造改革として，福祉国家の再編と福祉理念の転換——文化的目標の再設定——を求めている．周知のように現代国家＝福祉国家は，この国家に与えられた最もシンプルな定義，「福祉国家とは，さしあたり社会保障制度を不可欠の一環として定着させた現代国家ないし現代社会の体制を指す」（運営委員会 1984：9）という指摘が示すように，社会保障の充実を図り，その基礎を固めてきた．その福祉国家を生み支え発展させたのは，何よりも，現代の資本主義あるいは市場経済型の産業社会である．そうであれば，あるいは逆に言えば，福祉国家の限界と危機は，現代資本主義の限界と危機，市場経済型産業社会の限界と危機そのものである．福祉国家の再編を意図した社会福祉基礎構造改革は，現代国家と現代資本主義が直面する限界と危機を意識した対応である．福祉国家の再編は現代国家と現代資本主義に対する危機意識に発した福祉パラダイムの転換であり，現代国家と現代資本主義の存続を狙いとした文化的目標と制度的手段の再設定である．そうであるがゆえに，福祉は，これまでにもまして「市場的」となり，福祉そのものが市場経済型産業社会にとって不可欠の存在となるのである．そしてそこにおいては，「措置的」要素を強く宿していた旧型福祉国家の対応が，「選択的」要素をもった市場型へと移行するのである．端的に

言えば，いまや，福祉は「ビジネス」として営まれ，成長が期待される産業分野となったのである．

　もとよりシステムとしての国家＝福祉国家はそれを社会システム総体という視点から見た場合，それは，ひとつのサブ・システムである．サブ・システムとしての福祉国家が，他のシステムとの連関において存在する以上，福祉国家の見直しと再編が，社会システム総体の見直しと再編にかかわることは明らかである．ボウルディング，K.E.（Boulding 1968＝公文 1970：27）流に言えば，いかなる社会もポピュレーション・システムなしに，また，交換のシステムなしに維持されることは難しい．その物質的前提（社会がよって立つ基盤）なしに社会の存続・発展は望めない．しかし社会の存続・発展はポピュレーション・システムや交換のシステムだけで実現されるわけではない．脅迫のシステム，すなわち権力による統制や調整なしに社会の安定を確保し，社会を維持・発展の軌道に乗せることはできない．もちろん社会の安定や維持・発展について言えば，学習や教育という価値共有・伝達にかかわる学習のシステムの存在も不可欠である．同様に社会的連帯の醸成・高揚，情緒的満足の確保などの必要に照らした場合，自己と他者を一体化させるところの，愛のシステムが必要である．肝心なことは社会が複数のサブ・システムからなる複合的統一体であるということへの理解である．市場はその性質上，多分に競争的であり，権力は多分に強制的である．それゆえに市場や権力による統制は，市場や権力のシステムを維持し再生産するためにも，市場から相対的に独立しているシステム，学習のシステムや愛のシステムを求めている．福祉国家は，市場と権力から相対的に独立しているシステム，学習のシステムや愛のシステムをその再生産に巧みに組み入れた，ひとつの歴史的発明であった[1]．

　現代国家は，市場を基盤にしながら，権力を行使して秩序の維持を図らなければならない一方，広範な階層や世代の間に社会的連帯を実現しなければならないという，極めて困難な問題，容易ならざる課題を抱えている．市場と権力は社会体制と国家を維持するうえで必要不可欠なものであるけれども，決して万能なものではない．一見万能と受け止められる市場も広義の社会的連帯や社会的調和という点では限界をもった存在であることが明らかであり，われわれの生活が，すべて，市場に依拠しているわけでもなければ市場で満たされてい

るわけでもない．市場には「市場の失敗」といわれる事態もあり，市場原理で解決できない問題がある．社会的弱者の問題も市場原理をもってしては解決が難しい．福祉が「社会的弱者」を強く意識し，社会的弱者への対応において福祉に期待が寄せられるのは，市場原理では社会的弱者の問題が解決されないからである．市場原理の限界を自覚し社会的弱者の問題を克服するためには，市場的合意とは異なる次元・位相の国民合意，私の言う，愛のシステム形成に対する合意が必要である．この合意の形成は意図的・自覚的な試みであるから，その形成には学習と学習を効果的ならしめるシステムが求められることになる．福祉国家は，それが国民合意＝国民の同調と承認によってその存立基盤を獲得する以上，学習のシステムが位置するところは非常に重要である．

2.3 地域福祉とコミュニティ──コミュニティの可能性

福祉国家の再編を意図する社会福祉基礎構造改革は，その柱のひとつに，自治体を核にした「地域福祉」を位置づけた．そうした地域福祉の位置づけは，地域福祉が，これまでの漠然とした期待の域を超えて，制度・政策の中核に置かれるようになったことを意味しており，その限りでも画期的なことと言わなければならない．そして，それだけに，地域福祉については概念の明確化を図る作業が急がれるように思われる．

地域福祉に関しては，これまで多様な解釈が見られた．我が国においてはこの概念が，当初，「在宅福祉」と同じ意味で使われていたこともある（岡村1990：6）．もちろん在宅福祉は地域福祉の一部を構成しているから決して見当違いではなかったにしろ，在宅福祉をイコール地域福祉と理解する立場はあまりに狭い理解である．地域福祉については「定説としての定義はなく，地域福祉学なる学問体系も存在しない」（杉岡2001：9）という認識や，「地域住民の福祉を実現する政策目標を指す広義の解釈から，地域社会における社会福祉活動に至るまでの諸説があり，定説は確立していない」（阿部1988：2）という指摘があり，研究者の間においても，今日なお，完全な一致はみられない．しかし，それでは見当がつかないほどに混乱しているかといえばそれほどのこともない．「地域福祉とは，自立生活が困難な個人や家族が，地域において自立

生活ができるよう必要なサービスを提供することであり，そのために必要な物理的・精神的環境醸成をはかるとともに，社会資源の活用，社会福祉制度の確立，福祉教育の展開を総合的に行う活動と考えることができる」（全社協 2001：11）という指摘や，「地域福祉という概念は，ある一定の地域社会において望ましいとされる快適水準に住民もしくは地域の生活が達していないとき，その生活の改善・向上を生活者主体，住民主体の視点に立脚しながら国・地方自治体，住民組織，民間団体が協働して，在宅福祉サービスを含む社会福祉サービスの拡充を図ろうとする個別的，組織的，総合的な地域施策と地域活動の総体ということができる」（牧里 1999：22）という理解には，かなり重なる内容がみられるのである．

　地域福祉に関する私の理解（概念規定）については後に譲り，ここでは，まず，地域福祉の基盤をなすと考えられている「地域」・「コミュニティ」についてふれておくことにしよう．なぜ，地域福祉に〈コミュニティ〉の概念をもち出すのか．コミュニティは地域のいまある姿を示す実体概念であると同時に，そのあり方に理想や期待を込めて使われる期待概念でもある．基礎社会衰耗の法則（高田 1936：12）が歴史的な現実と認められる現在，地域社会への期待は新たな装いをもって，また，それにふさわしい概念をもって提示されることが望ましい．コミュニティはそうしたなかに，地域の実態と地域に新しいありかたを求める期待のなかに，登場し活用されている概念なのである．地域社会のありように実態面と期待面を認め，それを合わせて問題にしようとするとき，〈コミュニティ〉あるいは〈地域・コミュニティ〉という概念の活用が考えられるのである．

　しかしながら，これまで，コミュニティの概念についてはその活用に疑問が提起されてきた（羽仁 1968：21；中村 1973：20）．しかし，その一方で，この概念について優れた検討と整理もなされてきた（新 1998：1）．そうした動きについては直接ここでの課題としない．ここでは，コミュニティ概念の活用というわれわれの目的から，コミュニティに対するピンカー（Pinker 1982：39）の，シンプルな問題提起をとりあげることにしよう．ピンカーは以下のふたつの理由，すなわち，(1) コミュニティは過去のものであり現実には多くを期待することができない，(2) コミュニティの概念には曖昧さが残るというふたつ

の理由から，コミュニティの可能性に対して懐疑的な態度を示している．地域福祉の曖昧性と抽象性を克服するためにもコミュニティ概念にまつわる「不信」は払拭されなければならないし，ピンカーが抱く疑問についてはそれを解消しなければならない．確かにピンカーの指摘には傾聴すべきものがある．「基礎社会衰耗の法則」（高田 1936）は明瞭な事実であり，コミュニティを過去のものだとするピンカーの指摘には説得力がある．しかし基礎社会衰耗の法則が歴史的に観て趨勢であるとしてもコミュニティがまったく過去のものになってしまったわけではない．コミュニティが過去のものになってしまったかどうかについては，富永健一の指摘する「機能集団の代替不完全性」という指摘もあり，慎重な判断が必要である（富永 1988：14）．テンニース，F. が「ゲマインシャフトは古くゲゼルシャフトは新しい」（Tönnies 1887＝杉之原 1957：45）というとき，歴史がゲゼルシャフトの方向に動いていることを意味しているが，ゲマイシャフトがある日突然消滅するわけではない．社会の機軸がゲゼルシャフトに移行するということは，ゲマインシャフトが消えてしまうことを意味していない．ゲゼルシャフトの時代においてもゲマインシャフト的なものは残るし，ゲマインシャフト的な要素に対する希求は消えることがない．

　結論を言えば，コミュニティは必ずしも過去のものではなく，近い将来を展望した場合，むしろ期待されるものである．トフラーによれば「第三の波」の時代においては人々のコミュニティで過ごす時間が増大し，その結果，コミュニティが復権する可能性があるというのである（Toffler 1980＝徳山 1981：44）．もちろん，その場合，復権するコミュニティは歴史的概念としての「共同体」ではないし，共同体的要素を多分に残した過去の地域社会のことでもない．したがって今日そして将来において求められるコミュニティの機能はきわめて部分的なものである．しかし部分的であるということは重要でないということではない．コミュニティの機能は，たとえそれが部分的なものに留まるにせよ必要なものである．ジャノウィッツ，M. の発見「有限責任のコミュニティ」は，そのことを示唆している（Janowitz 1952：33）．おそらく，部分的あるいは限界をもった存在ということで言えば，家族も，国家も，市場もその機能は部分的である．それらは，それぞれ単独で，われわれの生活を包摂することができない．素朴・単純に考えてみても，家族・国家・市場のいずれもが単

独では生活を完結させることのできない部分的な存在である以上，それらを補完する〈何か〉が必要である．コミュニティは〈何か〉のひとつである．もちろん，コミュニティそれ自体も部分的存在であり，コミュニティによって生活における完結性が保障されるわけではない．それにもかかわらず，コミュニティには，家族，国家，市場の限界を補完する役割が期待されている．コミュニティは，これに過剰な期待をかけることを戒めながら活用すれば，家族，国家，市場では満たされない，生活上の必要な機能を担うことのできる，〈捨て難い〉存在なのである[2]．

　それではピンカーの行なったもうひとつの指摘，コミュニティ概念にまつわる曖昧さについてはどうか．確かにコミュニティは多義的に解釈され，概念として曖昧さを残してきた．しかし，そのことをもってコミュニティの有効性を否定するのは行き過ぎである．しばしば曖昧だと指摘されるコミュニティの概念であるけれども，マッキーバー,R.が規定したように，「本来的に自らの内部から発し（自己のつくる法則の規定する諸条件のもとに），活発かつ自発的で自由に相互に関連し合い，社会的統一の複雑な網の目を自己のために織りなすところの人間共存の共同生活」(MacIver 1917＝中 1975：35) と理解すれば，別段理解困難なこともない．また敢えて言えば，これまで地域コミュニティの本質として指摘されてきた地域性や共同性を意識しながら，より柔軟な概念規定を試みることも許されるであろう．例えばコミュニティに以下の定義を与えることで，コミュニティは概念の曖昧性という指摘から解放されるのではないか．「コミュニティは，一定の地域に住まう人々とその地域に共属の感情をもつ人々が，そこを拠点に，生活協力と交流を体内的・対外的に実現し，日常生活を営んでいる具体的な環境である」(内藤 2001)．環境とは何か．生態学の規定によれば，「環境とは，具体的には生活の場である．具体的な存在としての生活体は，つねに生活の場においてある．生活の場とは，かれの生活に必要な，またなんらかの関係をもつ，もろもろの事物によって構成されたところの，具体的な空間である．生活体は，生活の場において，その場の個々の構成物と，機能的に連関しあうことによって生きている．というよりは，むしろじつは，そういう過程それ自身が，いきているということの内容なのである」(梅棹 1976)．

環境としてのコミュニティは生活の質にかかわる，1つの，重要な生活構成枠である．コミュニティを，生活構成枠のひとつと認識し，それのもつ複合資源を活用することによって，生活の「再」構造化に道を拓くことができるのではないか．企業の成長に外部経済が寄与したように，世帯・生活者にとってコミュニティは生活の質にかかわる環境＝外部経済である．外部経済＝環境としてのコミュニティのありようは生活の質に大きく影響する．都市的生活様式論（宮本 1980；倉沢 1977）が喚起した注意もその点にあった．都市的生活様式論について言えば，それが生活における公共領域の拡大とそれがもつ意味を説いていた限り，必然的にコミュニティ論・自治体論と連結するものであった．コミュニティを家族，国家，市場の限界を補完し，より積極的には，家族，国家，市場のあり方に影響を与え，「新たな生活の形」をつくる契機として，すなわち，生活の「再」構造化を促す契機として位置づける試みはますます追求されてよい．いま，コミュニティ・ケアを「家族や地域に責任を持たせるということでなく，コミュニティでの生活が人間性の基盤であるという立場から，そこで人間らしく生活が出来るように，行政も施設，専門家も，そして近隣，家族も協力するという事である」（富田 1995：15）と考えれば，コミュニティ・ケアが目指すところは，ここにいう生活の「再」構造化と重なるにちがいない．

以上のようにみるならば，ピンカーのコミュニティに対する疑問は，傾聴に価するものの，全面的に肯定され難いものであることが判明するであろう．

2.4 公共的市民文化の形成・生活の再構造化と地域福祉

地域福祉はそれを大局的に眺めてみれば戦略的な位置にある．まず，福祉国家の再編という大きな役割があり，それに関連して，公共的市民文化の形成を通じた自治体改革と生活の再構造化に対する挑戦がある．福祉国家の再編と地域福祉を，単に，財政的な危機に直面した現代国家の対応策という理解に留めてはならない．一体，福祉国家の再編という試みは，現代国家とそれを包む社会体制とを創造的なものにつくりかえる新たな試みなのであって，地域福祉は，そこにおいて必然的に位置づけを得るものなのである．地域福祉の狙いは

公共的市民文化の形成（新たな国民合意）を媒介にした愛のシステムづくりであって，その両者はいずれも，生活の「再」構造化を射程に置く野心的な企てなのである[3]．

　地域福祉とは何か．ここで私の考える地域福祉の概念を提示することにしよう．「地域福祉とは，日常生活のなかで生命が軽視され生命感覚が失われていく現状を直視し，自治体を拠点に，公・私・共が一体となって公共的市民文化を育み，地域の特性と住民ニーズを踏まえて資源の動員を図り，福祉サービスを用意しつつ，コミュニティを基盤に愛のシステムとりわけ「言語」媒介的なそれを創出する試みであり，かつ，そうした試みを契機に，市場原理に支配され，巨大な文化装置に操作されている現代の生活に「再」構造化を求め，延いては，福祉国家の構造変革までを射程におさめようとする，意欲的にして持続的な営為である」．生命と生命感覚の重視，公共的市民文化の育成，資源動員と福祉サービスの提供，愛のシステムの創出，生活の再構造化がコミュニティ・自治体を基盤に一体として追及されるところに地域福祉は存在する．なお，ここにいう公共的市民文化と愛のシステムについては，「愛とは総じて私と他者が一体であるという意識のことである．だから愛においては，私は私だけで孤立しているのではなく，私は私の自己意識を，私だけの孤立存在を放棄するはたらきとしてのみ獲得するのであり，しかも私の他者との一体性，他者と私との一体性を知るという意味で私を知ることによって，獲得するのである」（Hegel 1821＝藤野 1967：30）という理解と，フロムの言う〈精神の健康〉，「人間主義的な意味における精神の健康とは，次の諸点にある．つまり，人を愛する能力，創造する能力，家族や自然にたいする近親相姦的きずなからのがれること，自分をその能力の主体及び行為者として経験することにもとづく同一感，自分の内心および外界の現実を把握すること，つまり客観性と理性の発達などである．……精神的に健康なひとは，愛情，理性，および信仰によって生きるひとであり，自分の生活も仲間の生活も尊重するひとである」（Fromm 1955＝加藤 1974：29）という理解を記憶することにしよう．公共的市民文化は公共の領域において形成が期待される文化であり，決して私的領域における文化や伝統的な文化を否定しない．公共的市民文化の形成にはヘーゲル，G.W.F.の言う〈愛の意識〉，フロム，E.の言う〈精神の健康〉が不可欠であ

る．私の考える公共的市民文化は，上記，フロムの，人を愛する能力，創造する能力，家族や自然に対する近親相姦的きずなからのがれること，自分をその能力の主体および行為者として経験することに基づく同一感，自分の内心および外界の現実を把握すること，つまり客観性と理性の発達と深く関係する．そして精神的に健康な人は，愛情，理性，および信仰によって生きる人であり，自分の生活も仲間の生活も尊重する人であるという認識を受け入れる．既に記した，ボウルディング（Boulding 1968＝公文 1970：27）のいう〈愛システム形成〉も同様である．公共的市民文化は〈愛の意識〉や〈精神の健康〉なしに構築することが難しい．地域福祉は公共的市民文化の形成までをも射程に入れてはじめて内容豊かなものとなろう．なお，いささか長いこの定義には若干の敷衍・補足—（1）〜（4）—が必要である．

　（1）我が国の福祉が，今後，自治体を中核とした，地域福祉をひとつの柱として展開されるという認識は，必然的に，自治体のあり方を問うことになる．現実に自治体のおかれた状況を念頭において言えば，現状の，国家に従属する自治体のあり方を改め，「自立性」を高めることに期待が寄せられる．問題は自治体の自立に向けた改革であり，それが形式的な分権論では片付かない，現代国家の大改造を課題として含むところの一大事業であることは大方の承認するところであろう．自治体改革は自治体の機構・組織改革にとどまらない．それは，何にもまして，住民自治の原則に立って，公共的問題に対する市民の自覚と行動を求めている．別な言い方をすれば公共市民として自己を意識した健全な市民の存在なしに，さらにはそうした市民による価値の創造なしに，自治体の「自立性」を高め自治体改革を実現することは難しい（内藤 2001：19）．

　地域福祉をもっぱら地域的な福祉サービスの体系として捉える見方は，仮に，それが正当であったとしてもいささか偏狭である．確かに地域福祉には自治体を核として地域における福祉サービスを体系化し充実させるという課題があるけれども，少なくとも，社会福祉基礎構造改革以降における地域福祉について言えば，地域福祉にはより大きな期待がある．

　私見によれば，地域福祉には，地域における福祉サービスの体系化と充実を促すと同時に，一段高い目標，それなくしては福祉社会の形成を実現することが難しい目標，「公共的市民文化の形成」に寄与するという課題（地域福祉の

フロンテイア）があり，公共的市民文化の形成を通じた自治体改革への挑戦という課題がある．現代における生活が，強く，シュムペーター，J. A.（Shumpeter 1918＝木村・小谷 1983：43）のいう「租税国家」，ベル，D.（Bell 1976＝林 1976：26）のいう「公共家族」のもとにあることは明瞭である．現代という時代の特性を「公共的領域の拡大」あるいは「政治の領域の拡大」に求める見方は今日主流をなしている．アレント，H.（Arendt 1958＝志水 1994：25）が労働や仕事と「活動」を対比させ，政治的領域に「平等」問題を持ち込んだのも現代人の生活における「公共領域の拡大」あるいは「公共問題の重要性」を意識してのことであろうし，ロールズ，J.（Rowls 2001＝田中 2004：41）が「公正としての正義」を政治的に構想するのも同様のことであろう．アレントやロールズを引くまでもなく，現代人の生活に公共的領域と政治的領域が深くかかわっている事態は誰の目にも明らかである．そして，そうした歴史的現実が，広く，公共性の検討を求めているのである．いまや公共的市民文化の形成は緊急のテーマと言わなければならない．われわれは，地域福祉を追及しつつ公共的市民文化の形成を図るという課題，言い換えれば，公共的市民文化の形成を図りつつ地域福祉を追求するという課題の前にいる．コミュニティと自治体こそ，地域福祉を展開させ公共的市民文化の形成を育む具体的な空間である[4]．

　(2) 既に述べたように，地域福祉には，現代の社会が規定する生活の型を意識して，生活の「再」構造化を図ろうとする試み，生活の「再」構造化に対する挑戦が求められている．もちろん生活の「再」構造化は現代社会において構造化されている生活の全面的刷新を含意しない．ここにいう生活の「再」構造化は，今日，資本と文化の下で構造化されている生活に地域福祉を差し込むことによって，現実の構造化された生活が，決して，唯一絶対のありようでないことを自覚させ，生活に生命感覚を呼び戻す試みである．ここでは，地域福祉を通じた生活の「再」構造化という試みが，単に個人レベルの問題でなく，都市と社会のあり方にかかわる問題，すなわち，「量的に拡大する都市」から「質的に発展する都市」へ，あるいは「ハードで機械的な都市」から「ソフトで人々の情緒的満足を満たすような都市」，「生命と生命感覚が重視される都市」への転換にかかわる，社会の問題であることを記憶しなければならない．

この点について若干の補足的説明を加えよう．現代に生きるわれわれの生活が，基本的に，「資本と賃労働」に制約されていることは疑いない．否，それどころか，新しい形をとりながら「資本と賃労働」は現代における生活の再生産をますます深く規定しているといってよい．なるほど福祉国家の出現は福祉国家以前の古典的貧困から人々を解放することに貢献したけれども，現代社会における生活の再生産が「資本と賃労働」と無縁でないことは，そしてそれゆえの貧困問題を克服していないことは，格差問題が深刻の度を増し，ニートやフリーターが社会問題と化している現実をみても明らかである．しかし，いまそのことを踏まえつつ，敢えて言えば，現代における生活の再生産が単に「資本と賃労働」の規定するところだけでないことにも留意が必要である．今日，「文化装置」(Mills 1963：36) による生活の包摂はますます顕著である．文化装置は，様々な媒体を活用しながら幸福イメージを刺激して，欲望を肥大化させ，消費を超えた浪費の生活にわれわれを誘い込む．一群の文化装置は，目的と手段の関係を意識の外側に置くことで，あるいは目的と手段とを転置させることで，生活を管理する能力を生活者から剥奪し，個人の無力感を増幅させ，「歴史における個人の位置」を曖昧にするとともに，個人的な問題を社会的な問題として捉える「社会学的想像力」を貧困にするという役割を果たしている．文化装置による社会学的想像力に対する攻撃が公共的市民文化の形成を阻害する要因となっている事態には十分な留意がなければならない．

(3) コミュニティを基盤に公共的市民文化を形成するという課題，生活の再構造化を図るという課題は，改めて，コミュニティを成立せしめているところの「根源的契機」について言及を求めるはずである．コミュニティはそれがどのように規定されようとも，その実質においてみるかぎり「地域的な生活協力」である (鈴木 1969：10)．そしてその地域的生活協力を可能ならしめている「根源的契機」は「言語」である．言語なくしてイメージの交換は存在しないし，イメージの交換なしにイメージの公共化は存在しない (内藤 1982：16)．そしてイメージの公共化なしに協同利害の確認はなく，協同利害の確認がないところに持続的・構造的な共同生活は存在しない．もちろんコミュニティをもっぱら調和と平穏の世界として描くことはまちがいである．そこは時に対立と闘争の世界となる．そうした現実に目を背けコミュニティの可能性を論

ずることはできない．コミュニティの可能性はそうした現実的条件を踏まえて追求されるものなのである．「コミュニティとは，単に快適な生活をエンジョイする場ではなく，人間が人間を相互に守る場と認識するところから始まる．つまり，住民の利害差を隠蔽する自生的，自然発生的共同体としてでなく，意図的，主体的に利害差を明確にしたうえで，連帯を「形成」する場と理解するのである」(阿部1986：3)．協調的であるにせよ対立的であるにせよ，地域的生活協力を現実のものとするには「言語」という「根源的契機」が必要である．コミュニティは存続のために地域資源の動員を必要とし，地域資源の動員のために「機能人口：活動人口」の創出を不断の課題とする（内藤2001：17)．機能人口のゴールは「力の結集」であり，力の結集なくしてはコミュニティを存続させることも制度を進化させることも不可能である．そしてその力の結集は生活の共同を可能にする言語を抜きにしてありえない．加えて言えば，公共的市民文化の形成も，地域における愛のシステムの形成も，ソフトで人々の情緒的満足を満たすような都市の形成も，生命と生命感覚に富む都市の形成も，言語を抜きにしては不可能である．言語，とりわけ対話を媒介しない愛のシステムは，多く，それを支える人々相互の顔が見えないという限界をもつ．介護保険制度はひとつの愛のシステムであるが，それが間接的であるところから，さらには「市場」を媒介に展開されているところから，われわれはしばしばそれが愛のシステムであることを認識しない．愛のシステムとしての介護保険制度は，ともすれば「一体化」から距離を置く．言語と対話を媒介に，そしてコミュニティを基盤に形成される愛のシステムには，相互に，意味ある関係を自覚させ，一体化を関係としても意識としても強化するという効用がある．もちろん，現実の地域福祉は介護保険制度を排除しないし，介護保険制度から距離を置くことを目的としないから，正しく表現すれば，愛のシステムとしての地域福祉は，介護保険制度を含むあらゆる福祉資源を動員して実践されるというのが正しい理解であろう．ただ，愛のシステムとしての地域福祉は，そこに，強く，「意味のある関係」を求めており，愛の求める一体化は「意味のある関係」の構築であるということが記憶されなければならない[5]．

　(4) 愛のシステムに関連し，偏見・差別，社会的排除の問題にもふれておくことにしよう．まず，偏見と差別は異なる概念である．偏見は意識の次元の問

題であるが，差別は行動の次元にかかわる問題である．その両者は密接に関連する．偏見と差別は隣り合わせていて，偏見が差別を導く誘因となり，差別が偏見を助長する要因となる．偏見と差別が社会的排除と社会の分断を導いた例は歴史上少なくない．いわゆる「人種・民族問題」も，その根底に，偏見・差別・排除をおいている．偏見，差別，排除は「愛」と対照的な位置にある．愛が一体化と人間関係の求心化をも求めるのに対し，偏見，差別，排除は分断と分裂，人間関係の遠心化を創り出す．偏見，差別，排除が何に起因するかについては，それ自体，ひとつの論考が用意されてよいテーマであるが，ここでは，さしあたり，市民，国民，人種，民族等々の社会構成員あるいは社会構成集団を，「小利」に向かわせる力が存在すること，存在するという客観的な表現を超えて，「小利」に向かわせ対立と分断を意図し，力の行使を行なう人と集団が存在することについて，特別の注意を促すにとどめよう[6]．

2.5 都市政策と地域福祉
——都市政策における地域福祉の位置と課題

　地域福祉を推進する中核はコミュニティと自治体である．それゆえに地域福祉はコミュニティの福祉であり自治体の福祉である．地域福祉の対象である「地域」と「コミュニティ」については，「地域とは何か」と「コミュニティは何か」という論議，おそらく旧くて新しい論議があるにもせよ，地域福祉は「コミュニティ」と「自治体」を離れて成立しないことは明らかである．

　そのことを認めたうえで，なお，地域福祉を論ずる場合には整理されなければならない問題がいくつか存在する．そのひとつは，児童・高齢者・障害者といった個別の対象（仮に縦の福祉と呼ぶことにしよう）に対し，地域福祉はどのような関係に立つのかという問題である．結論を急げば地域福祉は「横断的な福祉，横の福祉」である．「縦の福祉」が，研究の関心上，「個別福祉課題」を優先させるのに対し，「横の福祉」である地域福祉は，研究の関心上，「コミュニティ」を優先させる．「横の福祉」は「縦の福祉」を扱わないということではないし「横の福祉」と「縦の福祉」の福祉内容に違いがあるというわけでもない．アプローチと力点に違いがあるのである．整理が求められるもうひと

つの点は，地域福祉と地域福祉「論」の関係である．地域福祉は，第一義的に，自治体を拠点にした「コミュニティ」の福祉であるが，地域福祉「論」はコミュニティと自治体を超えて（必ずしもコミュニティ，自治体のレベルに終始しないで），国家・世界をその射程に収めている．地域福祉「論」は，第一義的に，「地域の福祉」を論ずるけれども「地域」を超えて福祉国家を論ずるし世界社会を論ずることがある．否，論じなければならない．それにはふたつの理由がある．それは，ひとつに，自治体がコミュニティと国家を媒介する位置にあるからであり，ふたつに，コミュニティが，今日，自治体・国家を超えて世界に連結しているためである．その意味で，地域福祉「論」は，常に，「対象としての地域福祉」と「方法としての地域福祉」を意識しなければならない．「方法としての地域福祉」は，コミュニティの福祉を第一義的に意識しながら，福祉国家の再編や世界諸地域との連携を考察の射程に収めている．

　以上を意識した場合，地域福祉と都市政策との関係についても言及が必要であろう．新しい社会福祉法は自治体に地域福祉計画の作成を義務づけた．自治体における地域福祉計画は，形のうえで見るかぎり，基本計画の下位計画として位置づけられるであろう．基本計画は地域福祉計画の上位計画と理解されるが，そのことをもって，地域福祉計画が基本計画に従属していると考えてはならない．地域福祉計画は基本計画に対し相対的自立性をもつとともに，より積極的には，基本計画と計画行政の形骸化に歯止めをかけ，基本計画と計画行政を機能させる契機とならなければならない．地域福祉計画を通じて基本計画それ自体のあり方が質的に高いものになるところまでいくということになれば理想的である．これまで大方の自治体では「成長社会」を前提に基本計画を策定した．しかし，いま，状況は大きく変化しつつある．「高質の都市」「ソフトで人々の情緒的満足を満たすような都市」「生命と生命感覚が重視される都市」を目指す基本計画にとって，地域福祉計画は，単に，ひとつの計画以上の重みを有している．端的に言えば，自治体は，「高質の都市」「ソフトで人々の情緒的満足を満たすような都市」「生命と生命感覚が重視される都市」を追求して，地域福祉計画を積極的・有効に活用しなければならない．地域福祉計画は「高質の都市」「ソフトで人々の情緒的満足を満たすような都市」「生命と生命感覚が重視される都市」の追求に貢献することが望ましいというのが私の理解であ

る.

　周知のように，いまや分権化は大きな流れとして認識されるようになった.そして自治体改革は緊急の課題となった．問題は何を改革の課題として意識するかである．その際避けて通れないのは地方自治の位置づけであろう．「シャープにかえれ」(都留 1989：13) は単純な過去への回帰ではない．地方自治を真の地方自治とするためにいかなる制度構築が必要か，その問いに対する根源的な問いである．自治体改革の方向と目的は鮮明・具体的でなければならないし，コミュニティの位置づけも明確でなければならない．地域福祉に焦点を当てた「自治体改革」は自治体が目指す改革を具体的なものとするうえで，また，そこにおけるコミュニティの位置を明確にするうえで有効である．もちろん，自治体改革の課題はより広汎である．自治体と都市政策はコミュニティと地域福祉に深い関心を寄せつつ，自治基盤を固める一方，福祉国家の再編をいっそう具体的にするためにリージョンとリージョン政府の構想にも関心を寄せなければならない．福祉国家の再編を目指す自治体と地域福祉は，内なるコミュニティの形成と外なるリージョン政府の構築というふたつの課題を同時に追求しなければならない．おそらく「ふたつの課題」の追求は「高質の都市」「ソフトで情緒的満足を満たすような都市」「生命と生命感覚が重視される都市」の実現に向けて避けることのできないものなのである（内藤，2001：18）.地域福祉を重要な政策課題として掲げる自治体は，これまで以上に，あるいはこれまでとは異なる，質の高い政策を求められるであろう[7].

　話を本論のサブ・テーマ，「縮む都市と地域福祉」に戻すことにしよう．成長社会が生み出した神話のひとつ，そしてトフラーの言う「第二の波」が追求した中心的価値は，「大きなことはよいことだ」という規模に対する信仰であった．大都市，大企業，大量生産大量消費が善として追及された．そして，質的に高度な都市・ソフトで人々の情緒的満足を満たすような都市・生命と生命感覚が重視される都市の追求は「理想」の範疇におかれてきた．しかし，いま，われわれは規模の大きさが幸福を約束するという考え方に同意しない．無駄の少ない高い質が幸福を約束すると考える．内容のない大きさに同意しない．「縮む都市」という表現には，第三の波のもとで追求される新しい都市のあり方，国家のあり方，社会のあり方が含意されている．日常生活も，都市

も，国家も，社会も新しい形を求めている．規模の縮小と機能密度の低下を混同してはならない．規模の縮小は機能密度を高めるために採用される方針であり，その方針はわれわれを，生命と生命感覚の危機を招いてきたこれまでの都市をつくりかえ，生命と生命感覚に満ちた世界にするという課題の前に立たせている．地域福祉はその一環にある．地域福祉を核に都市（自治体）と国家と社会体制の再編を企てる試みこそ本論のテーマが意図するところである．(1) 巨大都市，(2) 言語喪失状況，(3) 市場・国家支配，(4) 資源浪費・国際的収奪は，私にとって懐疑の対象である（内藤 2001：17）．巨大都市に対する懐疑は，マンフォードが「無秩序の拡大」と呼んだところに，そして何よりもモリス，D.が「人間動物園」（Morris 1969＝矢島 1970：37）と呼んだ都市状況に，言語喪失状況に対する懐疑は貨幣と様々な文化装置による生活支配に，市場・国家に対する懐疑は依存効果による無駄の再生産・生活格差の拡大に，資源浪費・国際的収奪に対する懐疑は地球規模における周辺地域の貧困と資源の枯渇・環境問題において正当性を主張することができるであろう．

　いまや，世紀は，都市文明の再構築を求めている．歴史は〈家族〉を超えたところに家族とは次元と位相を異にする，統合システム，都市国家を生み出した（Coulanges, 1924＝田辺 1961：28）．歴史としての現代は，福祉国家の限界が露呈した，いま，新たな統合システムを求めている．地域の復権と地域福祉は，新しい統合システムの創造に向けた必要不可欠な作業である．「私は，地域的生活社会を愛情と智恵と力でつくりあげよう，といいたいのである．それは住民一人ひとりの成長，〈気づく主体〉から〈築く主体〉への成長にたえず回帰しながら，地域生活のあり方を根本的に問い直し，そして，歴史上もこれまでになかった生活関係の〈質〉をつくりあげようという主張である」（越智 1990：7）．この越智の主張は，大きな文明の動向，歴史の流れのなかで見れば，小さいといえば小さい主張である．しかし，私はそれを大事な主張であると考える．私にとって懐疑の対象である（1）巨大都市，(2) 言語喪失状況，(3) 市場・国家支配，(4) 資源浪費・国際的収奪と対決するひとつの確実な方法をそこに認めることができるからである．

注

1) もとより福祉国家に至る過程は救貧法を中心にした長い歴史がある．例えば，R. Tawney, *Rekigion and Rise of Capitalism*, 1926, New York：Harcourt, Brace,（＝1956-9，出口勇蔵・越智武臣訳『宗教と資本主義の興隆』岩波書店の訳者あとがきを参照されたい．マンフォードは飛行機と田園都市を20世紀における二大発明と指摘した．もしマンフォードの指摘に従うなら，それに福祉国家を加えて，20世紀前半の三大発明と呼ぶことが可能である．

2) そもそも地域福祉が要請される背景には，社会体制の動きに絡む，そして相互に関連する次の動き，すなわち，(1) 家族機能の縮小，(2) 福祉国家の限界，(3) 生活の個人化，(4) 市場による生活の包摂という動きがある．介護保険法もこうした動きのなかに登場した．家族機能の縮小は今日ますます顕著であり「生活」と「福祉」を家族に委ね切ることは不可能である．一方，その機能を縮小させた家族とは対照的に機能を増大させ続けてきた国家にも限界が見えてきた．福祉国家はその財政基盤を無制限に拡大することができないという限界をもつと同時に，その機能をいかに強化させてみても機能集団という基本的性格を変えることはできないという限界も抱えている．生活が個人を単位に行なわれる傾向については，早くから高橋勇悦の指摘するところであった（高橋勇悦「生活と社会関係」倉沢進編『都市社会学』1973年6月，東京大学出版会）．今日生活の個人化はますます顕著であるが，市場による生活の包摂は，個人化と同時に，生活の再生産を中長期的展望のもとに行なうことを困難にする生活視点の〈視近化〉という事態を生起させている．生涯にわたる生活はもとより，近い将来の生活をも展望できない事態は非正規雇用・低所得階層において顕著であるが，事態がその階層に留まらないところにこの問題の深刻さが潜んでいる．次々と新たなイメージ（幸福と楽しさ）を創出し生活者を市場に勧誘する文化装置は，絶えず現状を古いもの，価値の低いものと考える意識を植え付け，諸個人に視近的な意識から行動するよう強要する．それは明らかに〈依存効果〉Galbraith, J.K., *Affluent Society*, Houghton Mifflin, 1958（＝1990 鈴木哲太郎訳『ゆたかな社会』岩波書店）が導く市場経済の本性ともいえる動きであって，その動きは，かつて中間層が保持していたところの，中長期的展望に立った堅実な生活に馴染まない．生活の個人化と視近化は強い市場的要請であって，その要請は諸個人を貨幣媒介的生活形態の信者とする．しかしながら市場原理に依拠するかぎり「格差」問題の発生は必然であり，「福祉問題」を慢性的に誘発することになる．コミュニティを福祉問題解決の切り札だと断言する勇気はない．しかし，市場原理の限界を明らかにするうえでコミュニティが果たす役割とコミュニティに寄せられる期待については関心が寄せられてよい．なお，コミュニティを期待概念として活用する根拠については，部分的ながら，拙稿，「社会変動と地域社会形成」（鈴木広監修『地域社会学の現在』2002年7月，ミネルヴァ書房）においてふれている．

3) 生活のレファレンスとしてコミュニティを評価し，その充実をもって生活の再構造化を促すという発想は決して新しくないけれども，それが必要なことは，コミュニティの関する私の定義に強調されている．もちろん，生活の再構造化の貢献するのはコミュニティだけではない．様々な生活拡充集団があり，非市場的な人間関係がある．生活の豊かさを，もっぱら，貨幣媒介的な関係に求め，市場を生活の質を確保する唯一の手段と考える向きには理解し難いとしても，貧富の問題をフロムの言う「持つ様式」から「ある様式」に転じて眺めてみると，豊かな

生活という風景はかなり変わってみえてくる（Fromm, E. 1976, *To Have or To Be?*, Harper & Row.（＝1977，佐野哲郎訳『生きるということ』紀伊国屋書店）．持つ人を「富者」，持たない人を「貧者」としてみる見方は市場型産業社会では普通のことであるが，この社会の行き詰まりはそうした見方に限界があることを示している．人類学が確認した「互恵」のもつ豊かさに注目が必要である．持たなくとも（個人的に所有しなくとも），あるもの（自然的・物理的・社会的，文化的諸資源）が上手く活用されれば生活の質は向上する．私領域の充実を獲得するために生活の質的向上に資する公共領域の充実がなければならない．そしてそうした認識を広め確立し実践する，新しい共同＝協働と文化を醸成することは急がれるところである．「生活の再構造化」と「公共的市民文化」とは，「地域福祉」とあわせて三位一体である．

4) 本稿の直接課題とするところではないけれども，公共的市民文化の問題を論ずる場合，マルチチュードやガヴァナンスの問題にも言及が必要である．それは，単に，理念の問題でなく，現実の反映なのである．ネグリ, A.（Negri 2005）のいうマルチチュード，「単一の同一性には決して縮減できない無数の内的差異，…（中略）…異なる文化・人種・民族性・ジェンダー・性的指向性・異なる労働形態・異なる生活様式・異なる世界観・異なる欲望など多岐にわたる…（中略）…特異な差異からなる多数多様性」（Negri, A. and M. Harded, *Marutitude : war and democracy in the Age of Empire* 2005, Penguin Books. 幾島幸子訳『マルチチュード──〈帝国〉時代の戦争と民主主義──』2005年，日本放送協会，19-20頁）は歴史の趨勢である．そして，また，ガヴァナンス，「地方政府，企業，NGO，NPO などが様々な戦略をめぐって織りなす多様な組み合わせの総体──対立，妥協，連帯からなる重層的な制度編成」（吉原直樹『都市とガヴァナンス──サスティナブル・モデルを超えて──』鈴木広先生古稀記念論文集刊行委員会編『都市化とコミュニティの社会学』ミネルヴァ書房，2001年，27頁）も歴史の趨勢である．形成が期待される公共的市民文化もマルチチュードやガヴァナンスを外側におくことはできない．

5) 介護保険サービスも愛のシステムのひとつであり地域福祉を構成する．しかしホームヘルパーを介した介護サービスが多分に複雑な問題を抱えていることは専門家の指摘するところである．愛のシステムとして，本来，〈意味ある関係〉であることが期待されているホームヘルプサービスを，その理念に近づけるために＝進化させるために，援助関係の事態に対する継続的な研究が必要である．この点については，松原日出子の一連の研究，松原日出子「ホームヘルパーの任務と役割」（2002年3月），「ホームヘルプサービスにおける援助構築過程についての一考察」（2003年3月），「ホームヘルプサービスにおける援助関係の構築過程」（2004年3月），「ホームヘルパーの自己評価方法に関する実証的研究」（2005年3月，いずれも，社会福祉，日本女子大学社会福祉学会）は貴重である．なお，介護サービスと内容と位相を異にする地域福祉サービスについては金子勇の指摘を記憶に留めたい．「地域福祉サービスは，在宅福祉サービスと施設福祉サービスの両者がもつ専門性に対し，非専門的に補完・代替するところに特色をもつ．それはコミュニティ・アクションの形式をとり，この運動を通じて地域の自律性をつくり上げようとする．非専門的サービスに特化するとはいえ，地域を〈こしらえる〉運動がもつ意味は，素人としての住民個々にとっても，福祉対象者にとっても大きい．なぜなら，コミュニティ・アクションは，それまで〈私〉と〈公〉とに二分されがちであった住民の

生活空間に，〈共〉の存在を強くアピールするからである」（金子勇『年高齢社会と地域福祉』1993年2月，ミネルヴァ書房，265頁）．ここで金子がいう〈共〉の存在が〈意味のある関係の構築〉に重なることは明らかである．
6) 差別の内容は複数であるが共通するのは排除の思想である．「75歳以上は延命治療不要——差別思想を連想」として伝えられた読売新聞の記事（2003年6月24日）を記憶にとどめたい．「【ベルリン＝宮田敬】75歳以上の老人には，人工透析や心臓の手術は無用——自治体財政や健康保険会計の破綻が進むドイツで，社会学者らが医療費抑制のため，高齢者に対する治療を痛みの緩和程度にとどめ，延命治療はやめるべきだとの提言を，公表，波紋が広がっている」．「この提言は，連邦経済相の諮問委員を務める社会経済学者のプロイヤー，F. と，ドイツの社会倫理学会会長のビーマイヤー，J. が，今月初旬に放映された公共テレビの番組で打ち出した．平均寿命に近い年月を生きた75歳以上の人が延命治療や高額治療を望むなら全額自己負担せよというのが骨子」．「しかし，提言は，強い批判を浴びた．その多くは，心身障害者らを，安楽死の名目で大量殺害したり，強制収容所では労働力としての価値を失った者から抹殺するなど，有用か否かで人間の生死を決めていたナチスの選別思想と，提言を結びつけている」．わが国における後期高齢者医療制度が問題視されることと合わせて軽視できない問題とみるべきであろう．
7) 自治体の政策とは何か．以前，私は都市政策を次のように定義した．「都市政策とは，都市自治が主体となって市民の自治能力を活かし，かつ開発し，国家を動かし，世界と連帯し，都市問題の克服に挑戦し，未来を展望しつつ都市の再生と創造をはかる方法の体系である」（『地域再生の思想と方法』恒星社厚生閣 2001年，7頁）．地域福祉を制度化した現在，自治体は，いっそう，市民の自治能力を活かす自治体運営に敏感でなければならない．合わせて，未来を展望する内容に，生命と生命感覚を重視する方針が具体的に記入されなければならない．なお，政策主体としての都市自治体が，その政策を，政策的課題の解決を中長期的展望に立って，あるいは未来を展望して実践する場合，歴史の趨勢に対する認識は不可欠であろう．真の政策主体としての自治体は，国家との従属関係から解放されるだけでなく，企業，NPO，NGO など，様々な主体との間に新しい創造的関係を構築しなければならない．創造的関係の構築に関連して，ここでは，かつて，パーク，R.E. が述べた，「制度は，創意が加えられ凝集されることを通じて成長する」（Park, R.E. *The City as a Social Laboratory*, 町村敬志訳『実験室賭しての都市』御茶の水書房，1986年）という言葉を記憶することにしよう．

引用参考文献

阿部志郎，1988，「地域福祉」仲村優一編『現代社会福祉事典』全国社会福祉協議会．
——，1986，「セッツルメントからコミュニティ・ケアへ」阿部志郎編『地域福祉の思想と実践』海声社．
Arendt, H. 1958, *The Human Condition*, University of Chicago Press.（＝1994，志水速雄訳『人間の条件』筑摩書房）．
新睦人，1998，「コミュニティ・システム分析・アプリオリ—地域コミュニティ・システムの論理（Ⅲ）」奈良女子大学社会学論集，5．

Bell, D., 1966, 1976-7 *Culturaul Contradictions of Capitalisum*, Basic Books, Inc. (=1976, 林雄二郎訳『資本主義の文化的矛盾（上・中・下）』講談社．
Boulding, K.E., 1968, *Beyond Econimics*, The University of Michigan. (=1970, 公文俊平訳『経済学を超えて』竹内書店).
Coulanges, N-D. F., 1864, *La Cité Antique*. (=1944, 田辺貞之助訳『古代都市』白水社).
Fromm, E., 1955, *The Sane Society*, Rinehart & Companny, Inc. (=1974, 加藤正明・佐瀬隆夫訳『正気の社会』中央公論社).
羽仁五郎，1968，『都市の論理』勁草書房．
Hegel, G.W.F., 1821, *Grundlinien der Philosophie des Rechts*, Lasson Aufl. (=1967, 藤野渉・赤澤正敏訳『法の哲学』中央公論社, 386).
Howard, E., 1902, *Garden Cities of To-Morrow*: Faber. (=1968, 長素連訳『明日の田園都市』鹿島出版会).
Illich, I., 1974, *Energy And Equity*, Calder & Boyars Ltd. (=1979, 大久保直幹訳『エネルギーと公正』晶文社).
――，1969, *Celebration of Awareness*: Doulbeday & Company, Inc.. (=1985, 尾崎浩訳『オルターナーティブス』新評論).
Janowitz, M., 1952, *The Community Press in an Urban Setting*, The University of Chicago Press.
倉沢進，1997，「生活の社会化」高橋勇悦編『地域社会』有斐閣．
MacIver, R., 1917, *Community : A Sociological Study*, London : Macmillan. (=1975, 中久郎・松本通晴監訳『コミュニティ』ミネルヴァ書房, 56-7).
牧里毎治，1999，「地域福祉」庄司洋子・木下康仁・武川正吾・藤村正之編『福祉社会事典』弘文堂．
Merton, R.K., 1949, *Social Theory and Social Structure*, Gloenco : Free Press. (=1961, 森東吾・森好夫・金沢実・中島竜太郎訳『社会理論と社会構造』みすず書房, 112-29).
Mills, W., 1963, *Power, Politics and People ― The Collected Essays of W, Mills* : Oxford University Press. (=1971, 青井和夫・本間康平訳『権力・政治・民衆』みすず書房, 322-33).
宮本憲一，1980，『都市経済論――共同生活条件の政治経済学――』筑摩書房．
Morris, D., 1969, *Human Zoo*, Jonathan Cape Ltd. (=1970, 矢島剛二訳『人間動物園』新潮社).
Mumford, L., 1938, *The Culture of Cities*, Harcourt Brace. (=1974, 生田勉訳『都市の文化』鹿島出版会).
内藤辰美，1982，『現代日本の都市化とコミュニティ』渓泉書林．
――，2001，『地域再生の思想と方法』恒星社厚生閣．
――，2001，「日本の再生とリージョナリズム」『山形経済社会研究所年報』山形経済社会研究所．
――，2001，「公共的市民文化の形成とコミュニティ」金子勇・森岡清志編『都市化とコミュニティの社会学』ミネルヴァ書房．
中村八郎，1973，『都市コミュニティの社会学』有斐閣．
National Insutitute for Social Work, 1982, *Social Worker ― Their Role and Task*, Bedford Square Press of National Council for Voluntary Organizations. (=1984, 小田兼三訳「異論的見解：ピンカー教授」「ピンカー教授の署名による覚書」『ソーシャル・ワーカー：役割と任務―英国バークレイ―

委員会報告―』全国社会福祉協議会).
越智昇,1990,『社会形成と人間』青峨書房.
岡村重夫,1990,「地域福祉の思想と基本的人権」『日本の地域福祉』地域福祉学会.
Polany, K., 1957, *The Great Transfomation*, Beacon Press.(＝1975,吉沢英成・野口建彦・長尾史郎訳『大転換』東洋経済新報社).
Rowls, J., 2001, *Jusice as Fairness*：*A Restatement*, Harvard University Press.(＝2004,田中成明・亀本洋・平井亮輔訳『公正としての正義―再説』岩波書店).
Schumpeter, J.A., 1918, *Die Krise des Steuerstaats*.(＝1986,木村元一・小谷義次訳『租税国家の危機』岩波書店).
Schumacher, E.F., 1973, *Small is Beautiful*, Muller & White Ltd.(＝1986,小島慶三訳『スモールイズビューティフル』講談社).
杉岡直人,2001,「現代の生活と地域福祉概念」田端光美編著『地域福祉論』建帛社.
鈴木栄太郎,1969,『都市社会学原理』未来社.
高田保馬,1936,『社会学概論』岩波書店.
Toffler, A., 1980, *The Third Wave*：Willam Morrow & Co..(＝1981,徳山二郎監修／鈴木健二・桜井元雄訳『第三の波』日本放送協会).
富永健一,1988,『日本産業社会の転機』東京大学出版会.
富田富士雄,1995,『コミュニティ・ケアの社会学』有隣堂.
Tönnies, F., 1887, *Gemeinshaft und Gesellshaft ― Grudbegriffe der reinen Soziologie ―*.(＝1957,杉之原寿一訳『ゲマインシャフトとゲゼルシャフト―純粋社会学の基本概念―』岩波書店).
都留重人,1989,『シャウプ勧告と現代の地方自治』地方自治総合研究所.
梅棹忠夫・吉良編,1976,『生態学入門』講談社.
運営委員会,1984,「序論福祉国家をどうとらえるか」東京大学社会科学研究所編『福祉国家1―福祉国家の形成―』東京大学出版会.
全国社会福祉協議会,1984,『地域福祉計画』全国社会福祉協議会.

3 章

生協とコミュニティ
――生活の再構造化・公共的市民文化の形成と NPO

3.1 『宣言』とコミュニティ

　協同組合が,いま,より高次の活動を求めて,コミュニティを射程に入れつつあることは,21世紀におけるコミュニティのあり方に少しく関心を寄せる者にとってきわめて興味深いことである.生活協同組合(生協)の歴史,とりわけ,共立社(旧鶴岡生協)の歴史に照らしていえば,共立社は一貫して活動の基盤をコミュニティに求めており,生協によるコミュニティへのアプローチは特別新しい試みというわけではない.しかし,敢えて言えば,その共立社の場合にしても,コミュニティへの意識と理解に十分のものがあったと断言することはできない.生協のコミュニティへのアプローチにこれまで以上の広がりと深さが求められている状況のなかで,『宣言:協同組合とは何かについて宣言』(ICA総会1995年)が,「協同組合は,組合員に承認された政策にそって,地域共同体(コミュニティ)の持続可能な発展のために活動する」(〈第7原則〉地域共同体への参画)という一項を加えている点は注目に価する[1].生協によるコミュニティへのアプローチは生協にとって新たな展開を画するだけでなく,コミュニティにとってもまた新しい展開を遂げる可能性を宿したできごとである.本論では,生協の活動をコミュニティの視点において検討し,コミュニティのあり方を生協の積極的な参加という視点から検討することにしよう.

3.2 21世紀のコミュニティ

(1) 実態概念としてのコミュニティ

コミュニティとは何か．コミュニティが場所や空間にかかわる概念であることは一般に了解されるところである．しかし，これまでコミュニティには多様な定義が与えられてきたことも事実である．したがって，「生協とコミュニティ」というテーマを設定する場合にも，あらかじめコミュニティの概念に一定の了解を求めておくことが必要であろう．

コミュニティは場所や空間にかかわる概念であるが，それは，単なる場所や空間のことではない．それは人々が共同や協同の関係を形成している場所や空間である．すなわちコミュニティが意味する場所や空間は，人々が生活のために他者と関係をもち交流をしている具体的な場所であり空間である．そうした意味におけるコミュニティの定義を，われわれは，いま，「人間が一定の場所に住所を定めて生活をするということは，単に，そこに巣をつくっているということではない．そこを基盤として他の人々と交流し，社会生活をしているということであって，それがコミュニティである」（富田 1995）という指摘に求めることができる．もっとも今日のコミュニティでは，しばしば，そこに住いを定めていない人々も活動に加わり，定住者との間に一定の共通目的で結ばれた社会関係を形成していることが多い．そのような現象は，将来，いっそう顕著になることが予想される．そうしたことも意識して，私は，コミュニティに，「一定の地域に居住する人々を中心に，その地域に共属の感情をもつ人々が，自己を実現するために，交流し，生活協力を行ない，社会関係を形成している具体的な環境＝生活空間である」（内藤 2001）[1] という定義を与えている．

(2) 期待概念としてのコミュニティ

コミュニティを以上のようのものと理解した場合，次に求められるのは，コミュニティが目指すところを明らかにするという作業である．すなわち実態概念としてのコミュニティから一歩進め，期待概念としてのコミュニティについてもみておくことが必要である．結論的に言えば，期待概念としてのコミュニティに求められるのは21世紀における生活様式の追求である．もちろん21世

紀のコミュニティが目指すところも，生活様式が意味するところも広範である．そうした点を自覚しながら，ここでは敢えて，21世紀のコミュニティが目指すところを次の4点に限定してみることにしよう．

①コミュニティは生活の豊かさを追求する．

コミュニティは，何よりも，豊かな生活を実現するための環境である．したがってコミュニティは物理的にも社会的にも優れたものでなければならない．物理的な側面でのコミュニティは，安全性，効率性，審美性において，いうならばアメニティにおいて優れたものであることが必要である．そして社会的側面でのコミュニティは排他性を克服して開かれたものであるとともに他者の生き方に寛容であることが必要である．排他性の克服と寛容性の獲得を掲げ，目指し，追求するコミュニティは文化的複合性をもった存在であり多様な価値を容認する存在でなければならない．

②コミュニティは日常の生活空間と世界の連結を志向する．

コミュニティが含意する場所＝空間は，日常的生活空間であるが，それはコミュニティがもっぱら狭い範囲の交流を理想としているということや外側の世界と断絶しているということを意味していない．コミュニティは，日常的生活空間を，交流テーマを通じて，世界に連結する．もちろんコミュニティの発信する交流テーマは，資源，環境，芸術，スポーツ等多種多様である．21世紀のコミュニティは，テーマを通じ，世界と連結することで，日常の問題を世界に関連させて理解・解決する方策を探り，世界の問題を日常のなかで理解・解決する方策を探るという方向を採用する．

③コミュニティは市民自治の確立を追求する．

コミュニティは市民と行政の関係をより発展させようと試みる．コミュニティは市民と行政の関係を行政依存から行政活用へと変更し，市民自治を発展させ，自治体の機能強化を追求する．地域のもつ資源を発掘し，有効に活用し，自治体の運営をより効率的，公平なものにするところにコミュニティは位置づけられる．近隣と班や組の文化にあるいは行政の文化に馴染み依存してきたわれわれにとって，近隣と班や組の文化あるいは行政の文化を超えるところに文化創造の主体を求めることは，多分，新しい試みである．

④コミュニティは〈ある様式〉の文化を評価し生活様式を創造する．
　コミュニティは，〈持つ様式の文化〉（西洋の産業社会の特徴であり，金や名声の貪欲な追求が人生の支配的主題となってしまった，物を中心とする社会）を全面的に否定しない．しかし，その限界を意識する．そして〈ある様式〉（人が何も持つことなく，何かを持とうと渇望することもなく，喜びにあふれ，自分の能力を生産的に使用し，世界とひとつになる様式）の文化を重視する．コミュニティは，フロムのいう，〈ある様式〉の文化を正当に評価し，生活のなかに適切に位置づけながら真に豊かさを実感できる生活様式の創造を志向する（Fromm 1976＝1977 佐野哲郎）．

(3) 『宣言』はコミュニティを，
　　コミュニティは『宣言』を求めている

　コミュニティを以上のように理解した場合，あるいはコミュニティの目指すところを以上のような点に確認した場合，コミュニティが『宣言』と協同組合を排除しないことは明白である．排除しないばかりか，協同組合とコミュニティは，相互に，共通の目的の前にあることを意識する．協同組合はコミュニティを，コミュニティは協同組合を求めている．すなわち，コミュニティは協同組合の積極的参加により多元性を獲得し，協同組合はコミュニティからより堅実な発展（機能的な関係構築）に向けて養分を摂取することが可能になる．

3.3　コミュニティと生活協同組合──１つの教訓と１つの示唆

(1) 町内会の教訓
　生協とコミュニティのあり方にひとつの新しい方向性を見出そうとする場合，コミュニティのあり方に影響をもつ地域集団，とりわけ我が国における代表的な地域集団＝住民組織である町内会の現状に一定の検討を加えておくことは有益である．
　町内会は地域集団＝住民組織のひとつである．それは，これまで，他の地域集団にはみられない大きな力を有してきた．そして現に有している．町内会がそのような力を保持してきたのにはふたつの理由がある．ひとつには，町内会

のもつ次のような性格，すなわち，1) 世帯を構成単位としていること（加入は世帯単位であること，2) 複数の機能をもつ集団，多機能集団であること，3) 加入が半ば強制的であること（一定地域への居住とともに加入を求められること），4) 行政の末端機構という一面をもつことといった町内会の性格によるものであり（中村 1965），もうひとつには，町内会がしばしば批判の対象とされながらも，多くの住民により存在意義——その機能——を認められてきていることである．

　しかし，その町内会も，いま，変化を経験しつつある．ここでは，町内会をめぐるふたつの現象に注目しておくことにしよう．ひとつは町内会における現実機能と期待機能の乖離とでも呼び得る現象であり，もうひとつは町内会機能の縮小＝部分化という現象である．

　いま，町内会が現実に果たしている機能を町内会の〈現実機能〉と呼び，今後町内会に期待されている機能を町内会の〈期待機能〉と呼んでみよう．現実機能として顕著な〈行政への協力〉〈清掃・除草〉〈祭り・スポーツ大会〉などの機能が〈期待機能〉では後退し，現実機能としては目立っていない〈高齢者や障害者の世話〉という機能が期待機能として上位にきている他，〈火災・震災の対応〉についても期待機能が現実機能を上回る結果を示している（図3-1）．

　もちろんここでの主旨は，あくまでも，町内会の現実機能と期待機能の間に乖離がみられるということであって町内会の機能が縮小しているということを主張しているわけではない．町内会は依然有力な地域集団であり，複数の機能をもつ多機能集団であるという性格にはなんらの変化もみられない．しかし，その町内会に，機能の縮小あるいは部分化とでも呼び得る現象が現われていることを見逃すことはできない．多機能集団として多くの機能を遂行し，その活動が地域全体を包摂しているかにみえる町内会も決してコミュニティそのものであることはできないのである．いかに有力とはいえ町内会はコミュニティに生息し，コミュニティを支えるひとつの地域集団にすぎないことをわれわれは次の資料から読み取ることができる．図3-2をみよう．「これからのまちづくりの進め方」に現われた町内会長の意識には，町内会が有力な地域集団であると同時にコミュニティにとっては部分的な存在であることが示唆されている．

すなわち,「これからのまちづくりは,行政が計画を立て,町内会と地域の諸団体が協力するのがよい」(33.4％),「町内会が計画を立て,行政の協力を求めるのがよい」(20.0％),「地域の多くの団体で計画を立て,行政が協力するのがよい」(20.8％)という回答には町内会がコミュニティにとって部分的存在であることが示唆されているように思われる.町内会は今後も多機能集団として存続することが予想される一方,コミュニティにおけるその機能(コミュニティにおける影響の範囲)は,部分化すなわち相対的に縮小する方向をとるのではないかという予想も成立する(内藤：2001).

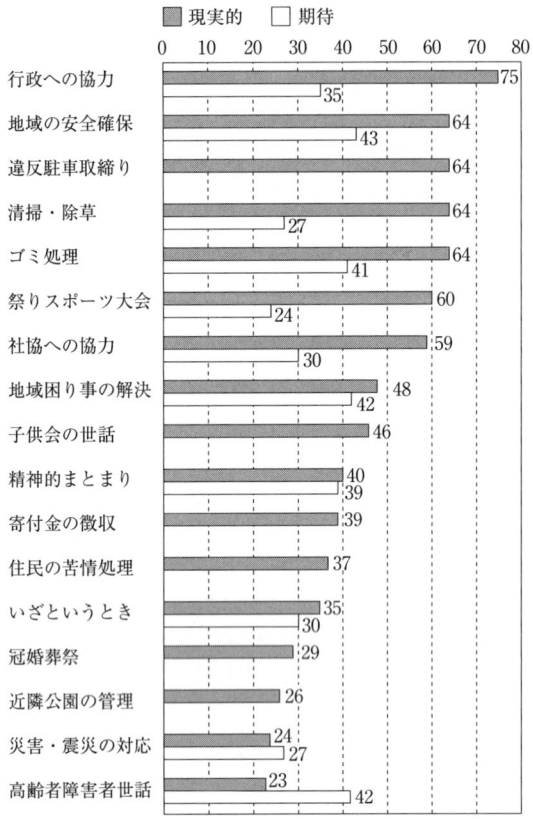

機能	現実的	期待
行政への協力	75	35
地域の安全確保	64	43
違反駐車取締り	64	—
清掃・除草	64	27
ゴミ処理	64	41
祭り・スポーツ大会	60	24
社協への協力	59	30
地域困り事の解決	48	42
子供会の世話	46	—
精神的まとまり	40	39
寄付金の徴収	39	—
住民の苦情処理	37	—
いざというとき	35	30
冠婚葬祭	29	—
近隣公園の管理	26	—
災害・震災の対応	24	27
高齢者障害者世話	23	42

出典：『仙台市における町内会の構成と活動の実態―仙台市町内会調査報告書―』(東北都市社会学研究会,1995年5月).

図3-1 町内会の現実的機能と期待機能

(2) 住民調査の示唆

かつて私が山形市と鶴岡市で行なった調査の結果に目を通してみよう(表3-1).山形市,鶴岡市とも住民の集団参加で一番多いのは町内会である.山形市(68.8％),鶴岡市(71.0％)とも70％の人に町内会への参加がみられる.山形市についてみると,町内会に次いで,趣味の会：グループ(35.9％),同

まちづくりを有効に進めるのには，どのようなやり方が望ましいと思いますか．
あなたの町内会の地域の状況を念頭において，会長さんのお考えに一番近いものを選んでください．

(N = 957)

選択肢	%
行政が中心になって進めるのがよい	6.6
行政が計画を立て，町内会が協力するのがよい	14.8
行政が計画を立て，町内会と地域の諸団体が協力するのがよい	33.4
町内会が計画を立て，行政の協力を求めるのがよい	20.0
地域の多くの団体で計画を立て，行政の協力を求めるのがよい	20.8
町内会が中心になって進め，行政とは独立的に行うのがよい	1.4
地域の諸団体が協力して進め，行政とは独立に行うのがよい	0.4
その他の方法で行うのがよい	0.5
まちづくりを特に進める必要はない	2.1

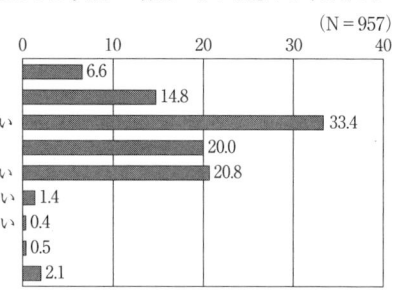

出典：東北都市社会学研究会，1995年5月

図3-2　まちづくりの方法

窓会（32.6％），交通安全協会（24.8％），生協（18.8％）などが上位に位置し，鶴岡市では，生協（37.9％），同窓会（33.1％），交通安全協会（33.1％），趣味の会：グループ（31.0％）などが上位にある．この調査にみるかぎりふたつの都市における生協の位置にははっきりとしたちがいがある．山形市民に比べると鶴岡市民の生活構造にとって生協は大きな役割を果たしている．そのことをみたうえで，市民生活と生協にかかわるもうひとつの面についてみると，鶴岡市民の生活構造に大きな位置を占めている生協も，「あなたが大事にしている団体」では必ずしも大きな存在となっていない．いま仮にそれを，生活構造としての生協と区別して生活構成集団としての生協と呼んでみれば，すなわち，自由選択行為主体としての生活者（鈴木広の言葉）が生活の「再」構造化を意識して行なう行為を「生活構成行為」と呼び，そうした行為によって形成される集団を生活構成集団ぶこと（内藤1996）にすれば，生協には生活構成集団としての位置をどう獲得するかという課題がある．

なお，ここで，共立社の運動と運営に中心的役割を演じてきた班についても若干ふれておくことが必要である．調査によれば，現在，鶴岡市における町内会の班と生協の班はまったく**別組織**の，別の単位である．また，生協の班を構成する会員相互には特別の親しい関係や生協の班員であることを意識した関係があるわけではない．班は生協にとって重要な役割を演じてきただけに，今後，コミュニティのなかで，あるいはコミュニティと生協の発展的関係構築を

表 3-1 山形，鶴岡市民の集団参加

	(MA) (鶴岡市)	(MA) (山形市)
1) 町内会：部落会	103 (71.0)	205 (68.8)
2) 婦人会	21 (14.5)	29 (9.7)
3) 青年団	7 (4.8)	1 (0.3)
4) 老人クラブ	19 (13.1)	43 (14.4)
5) 防犯協会	6 (4.1)	15 (5.0)
6) 生協	55 (37.9)	58 (18.8)
7) 消防団	4 (2.8)	3 (1.0)
8) 無尽：講	2 (1.4)	3 (1.0)
9) 社会福祉協議会	10 (6.9)	8 (2.7)
10) 納税組合	4 (2.8)	8 (2.7)
11) 後援会	11 (7.6)	38 (12.8)
12) 政党	3 (2.1)	14 (4.7)
13) 同窓会	48 (33.1)	97 (32.6)
14) PTA	19 (13.1)	55 (18.5)
15) 交通安全協会	48 (33.1)	74 (24.8)
16) 商工（青年）会議所	8 (5.5)	14 (4.7)
17) 商店会	3 (2.1)	4 (1.3)
18) 同業組合	7 (4.8)	21 (7.0)
19) 農協	1 (0.7)	0 (0.0)
20) スポーツ団体	11 (7.6)	33 (11.1)
21) 労働組合	12 (8.3)	25 (8.4)
22) ボランティアグループ	5 (3.4)	7 (2.3)
23) 市民運動	3 (2.1)	3 (1.0)
24) 趣味の会：グループ	45 (31.0)	107 (35.9)
25) 宗教団体	10 (6.9)	13 (4.4)
26) 職業団体	11 (7.6)	18 (6.0)
27) 体育団体協会	3 (2.1)	6 (2.0)
28) 保健衛生推進委員	5 (3.4)	2 (0.7)
29) ライオンズ：ロータリークラブ	1 (0.7)	9 (3.0)
30) 氏子：檀家集団	13 (9.0)	38 (12.8)
31) その他	3 (2.1)	7 (2.3)

出典：内藤辰美「日本都市と地域集団」鈴木広編『日本都市の社会構造』，
　　　平成1・2・3年度科学研究費総合研究A，研究成果報告書，第4章．

展望するなかで，班をどのように位置づけていくべきかという問題は避けて通れない．将来生協がコミュニティへのコミットをより積極的に展開する場合，班をその中心に据えるかどうかという判断は決してやさしくない．現状に照らしてみる限り生協における班は，生協という組織の班であり，そのままコミュニティの班にはなりにくい状況にある．少なくとも生協の班は，現在，町内会における班のような広がりをコミュニティのなかにもっていないということには記憶が必要である．

3.4　生協の成果と課題
——生協とコミュニティの発展的関係構築のために

(1) 歴史的成果の確認と現実機能の強化

　共立社は，鶴岡市民の生活構造に占める生協の位置にうかがうことができるように，鶴岡市民の生活と密接な関係にある．鶴岡生協＝共立社の発展は，何よりも，生協が鶴岡市民の生活要求を見極め，応えてきたところにある．現実的に機能してきたゆえに生協は鶴岡市民に承認されてきたのである．生協の班は，市民の要求に応え生協の理念を現実化する，あるいは日常化する媒体であった．班は共立社における運動と運営の核であり，班の存在を否定して共立社の歴史は語れない．その意味で班は共立社にとって活動の源泉であり核であった．

　しかし，いずれの組織であれ，組織を維持・発展させるためには，現状＝組織と組織を取り巻く環境に対する厳しい検証と，将来を透視する先見性が必要である．思えば共立社における班はまさにそのような検証と先見性に導かれたものであった．班は，生協を求める市民の存在を生協自らが正しく認識し，それを将来の生協運動と生協運営の核として位置づけた結果，共立社を支える柱となったのである．生協の果たしている現実機能は生協における班の位置とともに確認されなければならない．

　もちろんそのことは鶴岡市における共立社の活動が現状維持であってよいということではない．いまこれまでにない激しい社会変動のなかで，市民の生き方や意識に大きな変化が起こり，市民生活の基盤である地域社会が大きく変貌

しつつある現状を直視した場合，共立社は，これまでの成果とその成果を生み出してきた基盤を，将来を展望するなかで，正しく評価しなければならない段階を迎えている．今日の状況が生協の地域活動に新しいあり方を求めているのではないかという仮定は，これまで生協運動と生協運営の核として存在してきた班のあり方を含めて，共立社が将来への展望を切り拓くうえで是非とも意識されなければならないものなのである．班に関しても誤解のないようにいえば，そうした仮定が必要となるのは決して班の機能が小さいからではない．むしろ逆であって，共立社発展の基盤が班にあり，現に，共立社が班を核として動いているゆえにこそ必要な仮定なのである．

その意味で，きわめて当然あるいはあまりに常識的なことであるが，次の点を確認しておくことは重要である．今日に至る共立社の発展は共立社が班を置いたことにではなく，置かれた班が組織の目的に沿って機能してきたために実現されたのである．共立社の目的と班の機能が一致したところに共立社発展の根拠がある．共立社も班も組合員や市民の期待に応え機能してきたから存続したのである．組合員や市民の期待に応えることのできない，期待されない生協は衰退する．町内会についてみたところは，生協にとってもまた教訓となる．地域集団や地域住民組織が存続・発展するためには，その集団や組織が住民の期待に応えることのできる機能をもたなければならない．

地域集団や住民組織は，住民が現実にそして将来に求める期待に応えることができるとき，その存在意義を獲得する．逆に言えば，住民の現実的要請や将来への期待に応えることのできない地域集団や住民組織は衰退する．コミュニティの現在的状況のなかで，あるいは協同組合のコミュニティへの積極的な参加という状況を想定して，いうならば大きな状況の変化のなかで，班のあり方を含め共立社のあり方を検討することは避けて通れない課題である．

(2) 共立社の課題──期待機能へのアプローチ

コミュニティと生協はそれぞれにとってとって望ましい方向で発展的関係を構築することが期待されている．コミュニティにおける生協の位置は，ひとつには，生協が，コミュニティが求める現実機能や期待機能にどこまで応えることができるかということに，ふたつには，生協の理念と活動が21世紀におけ

るコミュニティのあり方にどこまで合致するかということにかかわっていると考えることができる．

　コミュニティにおける生協の位置は部分的である．町内会同様，生協もまた，いかに多様な機能をそなえようとコミュニティそのものにはなりえない．その意味で，『宣言』が，「協同組合は，組合員によって承認される政策を通じて，地域社会の持続可能な発展のために活動する」（第7原則）として，〈組合員によって承認される政策〉をコミュニティ活動の前提に置いていることは，コミュニティにおける協同組合（生協）の位置が部分的であることを自覚したものと判断されるであろう．

　なお念のために言えば，コミュニティにおける協同組合の位置が部分的であるということは，協同組合にとってもコミュニティにとっても，決して不都合なことではない．部分的であることによって協同組合は自己の主体性を発揮することが可能になるし，コミュニティというトータルな存在において主体性を発揮するということは，直ちに，地域諸団体との連携を不可避の課題とするからである．コミュニティは，その内部に，主体性を発揮すると同時に地域諸集団との連携を求める生協という部分をもつことによって活力を増し，生協は，連携という試みを通じて，それぞれ，自己の目標達成に迫ることができるであろう．

　コミュニティにおける生協の位置が部分的であるということは，コミュニティが多元的価値の世界であるということでもある．確かに生協におけるコミュニティへの期待機能的アプローチ（コミュニティが求めるところに応えようとする生協の機能）は生協の組織や生協のもつ資源を動員することを通じて行なわれるにちがいない．しかしそれがコミュニティへの参加に向けた活動である限り，より広い視点に立ったものでなければならない．生協の理念と組織・資源をコミュニティのために活かすという方針が必要である．多元的価値の存在を承認するところにコミュニティの一員としての生協があり，一員としての位置づけのなかに積極的に自らの理念（価値）を追求する生協の独自性が存在する．生協には，コミュニティにおける期待機能がどこにあるかを積極的に把握し，主体性を貫く中で，資源の活用と動員を図ることが求められている．

3.5　21世紀のコミュニティと生協

　生協には複数の期待がある．生活の再構造化に果たす役割はそのひとつである．いうまでもなくわれわれの生活は，社会体制の，そして民族のもつ文化の規定を受けている．その意味でわれわれの生活は社会体制と民族文化を内部化する．しかし，それは，受け身であることを意味していない．忘れてならないことは，生活構成主体としての人間＝行為者による生きるための実践が，もっぱら従属的なものではなく，社会体制や諸制度の下で構造化されながらも，よりいっそう充実したものを目指して，積極的に展開されるということ，すなわち，創造性に富んだものだということである．自由選択行為者としての生活者が，自己実現を意識して意図的に行なう行為（生活構成行為を通じた生活の再構造化）には注目があってよい．生活主体は，常に，自己実現を目指し，自己の生活を再構造化するためにさまざまな資源を動員し，さまざまな関係を構築し，自己の生活を刷新しようと試みる．生活の再構造化に動員される資源は，物質的・社会的・文化的と複数であるが，生協もそのなかのひとつである．生活主体，たとえば諸個人は，生協をひとつの地域的資源として生活の再構造化に活用する．そして，それ自体ひとつの生活主体である生協もまた，自らの存続のために，他の生活主体，たとえば諸個人や諸集団を活用する．

　敷衍しよう．もちろん生協も盛衰を経験する．閉鎖に追い込まれている店舗があり理念どおりにいっていない一面もある．それは生協だけの問題ではない．いかなる団体・集団も外部体系＝広義環境の変化によって目標の修正（再構築）を迫られる場合がある．いまや変動は常態である．その結果，店舗の閉鎖という危機的状況に立たされることもある．そうした場合，生協は，自らを新しい状況に適応させ，進化発展させる活動を展開させることが必要である．地域生協は，コミュニティが求める要求に沿う機能を自ら備え，かつ，地域諸集団と連携を強めることができるとき，すなわち，コミュニティと生協との間に相互発展的な関係を構築することができるとき，存続・発展することが可能である．生協が地域におけるひとつの主体（地域ガヴァナンスの担い手のひとつ）であろうとする場合，生協単独の営為を超えて，他の主体との連携を志向しなければならないであろう．生協とNPOとの連携もそのひとつである．茨

城県ひたちなか市の「特定非営利法人くらし協働館なかよし」は，生協の支援を受けて住民主体の活動を展開する，NPOと生協との連携事例である．

「昭和40年代の後半に造成された一戸建て住宅団地のほぼ中央にあったスーパーや金融機関が相次いで撤退していき，高齢化が進む団地周辺の生活は一変した．①市内全域で見れば郊外型大型ショッピングセンターがひしめく一方，遠くまで買い物に行けない高齢者や障害者のある方が毎日の食事にも困るようになった．②近所の人と逢う場もなくなり淋しさや孤立感を訴える人が増えた．③高齢になって，ここに住み続けることへの不安や心配をもつ人が増えた．最後の砦であった生協の店舗閉店を機に地域住民と生協との〈検討委員会〉を立ち上げ，住民意向調査を2回実施した結果， i 食品が買える場 ii 交流の場 iii 趣味活動の場 iv 各種講演や講習会のできる場 v 高齢者の生きがいや元気がもてる行事などの場が要望され，住民の声を生かし〈食とふれあい・生きがい・支え合い〉をテーマに〈住みなれたところで元気にすごせるまちづくり〉を目指し，生協からは地域貢献の観点から店舗改装・敷地建物の貸与等の支援を受け，地域住民のNPOを設立して活動を開始した（事業開始平成17年11月）」（財団法人あしたの日本を創る協会編 2009：5）．

「ふれあい」「生きがい」「支えあい」をテーマに，(1) 高齢者や障害者の健康維持と介護予防に関する事業，(2) 高齢者や障害者と市民の交流・助け合い・生きがいづくりに関する事業，(3) 地域産業の支援と地産地消の活動，安全な食を守る活動に関する事業を実施する，特定非営利法人くらし「協働館なかよし」には，生活の再構造化を追及する姿がある．これまでもそうであったように，生協には，危機に直面する生活を意識して，地域的連携を深めつつ，生活の再構造化に取り組むことが期待されるであろう．

生協に期待されるのはミクロなものあるいは近未来的なものへのアプローチにとどまらない．生協には，中長期的展望に立った期待，21世紀におけるコミュニティのあり方に迫るような期待もある．既にみておいたところを繰り返し確認すれば，21世紀の〈コミュニティ〉は物理的なアメニティにおいて優れたものであることが必要であるだけでなく，社会的には排他性を克服して他者の生き方に寛容であることが必要である．21世紀のコミュニティは，複数のテーマを通じ，世界と連結することで，日常の問題を世界に関連させて理

解・解決する方策を探り，世界の問題を日常のなかで理解・解決する方策を追求することなろう．21世紀のコミュニティは，また，市民と行政の関係を行政依存から行政活用へと変更し，市民自治を発展させ，自治体の機能強化を追求するはずである．そして21世紀のコミュニティは〈ある様式〉の文化を正当に評価し生活のなかに適切に位置づけながら真に豊かさを実感できる生活様式の創造を追及するはずである．いま共立社には，これまでの，市民の生活構造のなかにその存在を定着させた段階から一歩進め，21世紀に期待されるコミュニティの創造に向けて，市民の生活構成行為（自由選択行為者としての生活者が自己実現を意識して意図的に行なう行為）を誘導する試みが期待されているように思われる[2]．

注

1) ICA（国際協同組合同盟）は，1995年9月，「21世紀に向けた世界の協同組合の活動方針を示す新しい協同組合原則」（宣言）を採択した（1995年のICA大会報告書）．宣言は，その第7原則に地域社会への配慮を置き，「協同組合は，組合員が同意する方針にしたがって，地元の地域社会の持続可能な発展のために尽す」という一文を入れている．消費者生活協同組合法に基づく生活協同組合法人「共立社」も，この宣言と宣言における方針を共有する．

2) 私は，生活構成行為というタームを用意することにより，「生活主体を彼自身の主観的状況判断と目標設定に基づいて，生活様式を選択・創出・維持していく，自由選択行為主体として把握し」，「かれがいかなる目標設定にかかわり，どんな生活態度と生活様式を創出・採用し，総じていかなる主体性として社会的世界とのあいだに運動関係を維持しつつ，生活しているかをとらえるために生活構造というタームを採用する」（鈴木1986）という鈴木の優れた方針と，生活構造の概念をより積極的に活用することができると考えている．なお，「生活構成行為」は，ウエーバーの分類（社会的行為の種類）で言えば，目的合理的行為＝外界の事物の行動および他の人間の行動についてある予想をもち，この予想を，結果として合理的に追求され考慮される自分の目的のために条件や手段として利用するような行為（Weber 1922＝清水2008：39）に該当しよう．

引用参考文献

Fromm, E., 1976, *To Have or To Be?*, Harper & Row.（＝1977，佐野哲郎訳『生きるということ』紀伊国屋書店）．
内藤辰美，2001，『地域再生の思想と方法』恒星社厚生閣．
中村八郎，1965，「都市町内会論の再検討」都市問題56巻5号，東京市制調査会．
鈴木広，1986，『都市化の社会学』恒星社厚生閣．
富田富士雄，1995，『コミュニティ・ケアの社会学』有隣堂．
Weber, M., 1922, *Soziologische Grundbergriffe*, Tubingen, J.C.B.Mohr.（＝1972 清水幾太郎訳『社会学

の根本概念』岩波書店）．
（財）あしたの日本を創る協会編，2009，『あしたのまち・くらしづくり 2009 年度版』財団法人あしたの日本を創る協会．

4 章

生命化社会の構築と伝統文化
―豊かさと生活の再構造化のために

4.1 問題の所在

　今日多くのコミュニティが衰退しつつある．そして衰退のなかで伝統的地域行事――当該地域が複数世代を通じて維持してきたひとつの継承文化――の衰退がそれと歩調を合わせるように進行する．コミュニティの衰退と地域行事の衰退は相互に影響し合う関係にある．コミュニティの衰退が伝統的地域行事の衰退を招き，伝統的地域行事の衰退がコミュニティの衰退を招いている．コミュニティの衰退に歯止めをかけることを意図して，あるいは，コミュニティの再生を図る試みとして，伝統的地域行事に対する関心がもたれてよい．もとよりコミュニティも伝統的地域行事もかつての姿をそのまま留めることはできない．コミュニティも伝統的地域行事も変化する．それは当然のことである．いまその点を強く意識したうえで言えば，コミュニティと伝統的地域行事は，ともに，新たな装いをもって再生されなければならないところにある．ここで「新たな装いをもって」ということには特別の注意が必要である．それは決して過去への回帰や郷愁を意味していない．それは過去を現在と未来に活かす試みであり，明日を展望した伝統の活用である．
　コミュニティの再生にとって，伝統的地域行事は重要な位置を占めているというのが私の認識である．伝統的地域行事は地域資源のひとつ，しかも貴重な文化資源のひとつである．行事がなぜ資源なのかと首を傾げる向きにはそれ（行事）がコミュニティでの生活を潤しているという事実に注目を願えばよい．コミュニティの再生にとって伝統的地域行事が占める位置は決して小さくな

い．伝統的地域行事は社会関係や「接触項」(Senett 1970 = 1975 今田）の維持・拡大に貢献するだけでなく，コミュニティ・アイデンティの維持・創出にも貢献する．伝統的地域行事は地域に生きる人々の言語媒介的な接触とコミュニティ・アイデンティティの創出を通じて人々の生活に潤いを提供する．角度を換えて，伝統的地域行事には，ともすれば現代社会において希薄になりつつある「生」への歓喜がある．伝統的地域行事をコミュニティ再生の戦略として位置づける試みが狙うのは「生活における潤いの創出」であり，「地域の誇り創出」であり，「生命感覚の保持と再生」である．小樽市高島地区の場合も伝統的地域行事はコミュニティにとってすこぶる重要である．それは高島というコミュニティの明日を考えるとき見逃し難い存在である．本論では「越後踊り保存会」を中心に，コミュニティ（小樽市高島地区）再生における伝統的地域行事の機能と位置について検討することにしよう．

4.2 高島の歴史

高島の歴史については『高島町史』(1941 年，昭和 16 年），『新高島町史』(1986 年，昭和 61 年）という 2 つの優れた文献があり，われわれはそれによってこの地域の歴史と社会的特質を知ることができる．もちろんここでは高島の歴史を記述することを意図していない．上記 2 つの高島町史の記述を借りながら，以下，高島の歴史と高島の伝統的地域行事「越後盆踊り」をとりあげることにしよう．

高島の歴史は，「其の端を松前慶廣が蝦夷島主と認められ，蝦夷地を数多に区画して家臣に給与したるに発している」（高島尋常高等小学校 1941：71）．高島は松前氏の蝦夷地支配の方法，「場所」の 1 つであった．「場所の広さは近場所に於ては概ね今の一郡に相当し，奥場所に於ては数郡若しくは一国に相当した．場所の住民はアイヌのみであった」（前掲書：74）．「各場所の知行主は，当初自らアイヌと交易を行っていたが士族の商法で利益を多くあげることができなかったのでやがて場所請負人（商人）にそれを委ねたのである．場所請負人は自己の代理として場所支配人を各請負場所に派遣し，運上家を設けて場所一切の事務を統轄した」（前掲書：79-82）．高島場所の請負人は西川傳右

衛門であった．

　開拓使の設置は北海道に新しい歴史を刻むことになった．1869年（明治2年）7月，開拓使が設置され，初代開拓使長官に鍋島直正が就任する．蝦夷地は北海道と改められ11カ国80郡が置かれた．高島はどうなったか．「高島郡（オコバチ川―オタモイ間）は，小樽郡と共に初め兵部省の管轄であったが，翌3年1月より，岩内以北八郡と共に札幌本庁所管」（高島小学校開校百周年記念協賛会1986：92）となった．当時高島には，元場所請負人の運上屋（網元），一般漁家，そして雇用人という階層構造が存在した．元運上屋西川家漁場があり，「磯吉，権三郎，久兵衛，新四郎，丑松，庄助，伊右エ門，五三郎，三蔵の9名」が漁場拝借人として名を連ねていた．「一般漁家は，一夫婦を単位として掘立て小屋に住み，漁船・漁具共に小規模で，ニシンは刺網，漁期外は沿岸の魚介，海草類，冬季は共同で鱈釣り等に従事していた」（前掲書：96）とみられている．高島郡への移住者は漸次増加する．「高島郡もまた若干の移住者を迎えてニシン漁業に前進を見せ，建て網，刺し網共にその数を増し，漁獲高も向上する…（中略）…明治2年との増減（明治8年）について見るならば，高島村は8戸42人の増，祝津村は，4戸15人の増となっている．高島村の増は，本間要之丈（新潟），小田兼吉（新潟），船橋宗吉・トミ（秋田），本間新左衛門（新潟）外，石川，福井，山形県等からの初期移住の方々によるもの」と推察される（前掲書：98-9）．「村は次第に活気づき…（中略）…明治15年には，高島郡の人口が2,914人となり，初めて高島郡漁業組合（色内－祝津）が結成され，佐藤与衛門が頭取に就任する．漁業者134人，漁夫雇154人，建網72統，刺し網2,690枚，舟506隻がその頃の数字である」（前掲書：104-5）．

　明治中期になると高島は次第にコミュニティとしての要件をそなえていく．「明治17年11月，祝津学校分校として高島学校が発足，この年にはまた高島墓地も現位置に設定，高島稲荷（元禄3年），祝津恵比寿神社（安政3年）の建立や寺院（正法寺－明治初年色内町，浄応寺－明治13年手宮裡）の開山」（前掲書：108-9）があった．墓地の設立はここを郷土とする人々が多くなってきたことの表われである．そして「この頃，高島，祝津も移住が相次ぐ．高島へは越後（新潟）を主として越中（富山），加賀（石川）から家族を挙げて

移住・定着する人が増えてきた」(前掲書：108-9).

4.3 越後踊りと高島

　高島における越後踊りは，内地から北海道の地，高島に移植された文化である．『新高島町史』は記述する．以下，『新高島町史』に目を向けてみることにしよう．「明治初期の頃から現在の新潟県北蒲原郡北部郷地方の村々は高島に移住者を出していた．特に藤塚浜では村の3分の2が焼失するという大火があり，それを契機に大量の移住者が現われた．現在，高島に多い，須貝・本間・小林という姓はその先祖は藤塚浜からの移住者である．越後盆踊りの発祥地については，藤塚浜，村松浜の両説があるが，いまのところ藤塚浜説が有力である．故郷を遠く離れ，北海の荒涼たる漁村の高島で生活を始めた移住者たちは，お盆になると先祖の眠る藤塚浜に想いをはせながら故郷の盆踊りを始めたのが今の高島の越後盆踊りの初めだといわれている．つまり，藤塚浜が高島越後盆踊りの発祥地であるとされている」(高島小学校開校百周年記念協賛会1986：341).

　高島の越後盆踊りは「第2次世界大戦当時娯楽性が強いとみられ軍と警察によって規制の対象となったことがあった．しかし戦後いち早く復活した」(前掲書：342)．復活後，盆踊りの世話をしてきた神楽団の会員が高齢化したことや後継者難から一時解散したが，100年に及ぶ越後踊りの伝統と歴史を守るため1979年(昭和54年)に「高島越後踊り保存会」(会長 山田勝敏氏)が結成され，現在は若手が中心となってこの会の運営にあたっていて(会長は高台寺施主 長谷川洪徳氏)，毎年，8月19日・20日の盆踊り大会には高島地区を超えて，市内・市外からの参加者・見物客がある．

4.4 高島の住民組織・地域活動と越後踊り保存会

(1) 高島の住民組織と地域活動

　高島の住民組織と地域活動に注目すると，およそ，江戸期から明治前期(北海道庁設立まで)までの第1段階，明治後期・大正期・昭和前期(戦前)まで

の第2段階，戦後期の第3段階という3つの段階に区分することができる（高島小学校開校百周年記念協賛会 1986：212）．第1段階は場所もち，運上屋支配の時代である．住民は主産業である漁業に従事していて住民組織は未発達であった．敢えて言えばこの時期は寺社による住民の掌握が1つの特徴といえよう．第2段階は，北海道庁が置かれ，区町村制がしかれた時代である．この時期は高島がコミュニティとしての要件を整えていく時代である．この時期になると学校が住民を組織的に掌握するようになり，各種の産業組合に加え，衛生組合，消防団などが台頭する．水の確保に苦しんだ高島の場合，井戸組合の結成も記憶されなければならない．第3段階は戦後である．戦後，高島は一変する．戦後の一時期，豊漁で活気に満ちた時代を経験したものの，漁業は鰊の不漁と200海里規制によって長期衰退に入り，コミュニティとしての高島は大きく変容する．青年団・婦人会が組織され高島町会が創設される．消防団は有力な団体であり老人クラブなどの新しい各種団体も誕生をみた．

　現在，高島の住民組織の中心には高島町会が位置している．高島町会は小樽市総連合町会の単位町会という位置にあるから，形のうえでは小樽市連合町会の下部組織である．しかし，高島町会は独自の会館を有し専従の職員を配していて，市内の町会とはかなり異なった性格をもつ町会である．

　高島町会の現状をみておくことにしよう．まず，会則である．高島町会会則は，第1章（総則）―名称・事務所・目的・事業―，第2章（会員）―会員・賛助会員・会費・加入・脱退―，第3章（組織）―専門部の設置・区の設置―，第4章（役員）―役員の種別・役員の選任―，第5章（会議）―会議の種別・会議の構成・会議の権能・会議の開催・会議の招集・総会の成立・議長・決議―，第6章（資産及び会計）―収入・支出・帳簿の整備・事業計画及び予算・事業報告及び決算・会計年度―の全6章から構成されている．いま，活動状況を事業報告（平成13年度）と収支決算報告書（平成13年度）によってみると，高島町会の活動は，総務部・民生部・街灯部・防災部・青少年部・管理部という組織（会則第3章）を基盤にして行なわれていることがわかる．収支決算書（平成13年度）にみる運営費の総額は570万4922円である．収入の部は，町会費（60.8％），雑収入（5.7％），助成金（17.1％），繰越金（16.4％）で，町会費が6割を占めている．収入における町会費とその他の収入と合わせ

た自主財源比率は8割を超えていて，自律性に富む会の性格をうかがうことができる．一方，支出の部は，総務部（27.1％），民生部（7.5％），街灯部（32.5％），防犯部（5.0％），青少年部（3.0％），予備費（8.1％），繰越金（16.5％）で，街灯部，総務部の占める割合が大きい．繰越金は前年度とほぼ同率である．次に各部ごとに活動内容をみると，総務部では，人件費（76.4％），民生部では敬老会などの活動費（73.1％），街灯部では街灯費（72.7％），防災部では消防団等への助成金（69.4％），青少年部では潮祭りや越後踊り保存会への助成金（96.3％）が中心である．全体で見ると，収入ではほとんどが町会費であること，支出では街灯費（134万8728円，23.6％）と人件費（118万3575円，20.7％）に対する割合が大きいことがわかる．総務部の活動は理事会，役員会，区会を除けば，各部との連携調整，文書の作成・発送・整理・保管が中心的な仕事で，広報「たかしま」（高島町会だより）の発行がこの部の任務である．ここでは人件費の占める割合が一番高く，74％が職員給与である．民生部はどうか．その活動は廃品回収，ラジオ体操，敬老会，忠魂碑慰霊祭，合同慰霊祭，共同募金運動，どんと焼きなどで，民生部に占める活動費の割合は敬老会（72％）が中心である．

(2) 年中行事と越後踊り保存会・花火大会

　初期の段階（明治期）から高島にはいくつもの年中行事があり，それらは厳しい自然のなかで労働を強いられていた人々の生活に安らぎをもたせていた．

1月	元始祭（村社稲荷神社歳旦祭）・新年回禮・門松・内飾・各商店初売り出し・松飾撤去・倉開き・賽の神・薮入・小正月（骨正月）・消防出初式
2月	節分・紀元節涅槃会
3月	雛節句・初午　鰊網卸・彼岸
4月	灌仏会
5月	端午節句
6月	村社高島稲荷神社例祭・官幣大社札幌神社祭典・村社恵比須神社例祭
7月	七夕祭・孟蘭盆会・郷社住吉神社祭・薮入り（13日より20日頃（旧暦）迄毎夜盛んに盆踊りを為す．後改めて1月送り8月となり漁師若衆連の唯一の楽しみとして連年盛況を極める．

8月　十五夜

　　9月　彼岸

　　10月　恵比須講・お十夜

　　11月　報恩講

　　12月　臘八会・稲荷神社歳晩祭

（明治6年1月1日現在，高島尋常高等小学校 1986：250-4）

　年中行事にも盛衰がある．越後盆踊りは早い段階から高島の人々が楽しみにしていた行事であった．そのことは「7月（後に8月）の一週間，盆踊りがあり漁師若衆の楽しみ連年盛況であった」（高島尋常高等小学校 1986：253）という記述からも推察することができる．「盆に招かれた先祖の精霊を慰め，それを送るための行事はいつしか大きな娯楽となった」（高田 1993：205）．「越後で踊った様子と同じ，2時3時迄も踊った．望郷の思い仕事の苦労など様々に蓄積されたストレス，そのストレスを解消できる所それが盆踊り，だからこそ老若男女から子供までが踊ったのだ」（前掲書：205）．「古は8月13日～20日の8日間踊りはあるが，当然雨天があり実際に踊れたのは3～5日間であった．その頃はマイク・スピーカーなどはない，太鼓だけが櫓の上で叩かれるが笛は櫓の下で吹いた，唄は踊っている人が踊りながら唄った．大正から昭和の始め，つまり今から7・80年以前は，須貝藤一（明治19年生）が青年団に踊りを指導したと聞かされている」（前掲書：205）．もちろん長い歴史のなかにはこれを中心的に支えた人が複数あったに違いない．とまれこうして年中行事の多くが勢いを失っているなかで越後盆踊りが今に続いていることは，そして町民に愛され誇りにされていることはやはり注目されてよい．越後踊りの現在について少しく記述することにしよう．

　現在，高島の越後盆踊りは「越後踊り保存会」が中心となって運営する．保存会は昭和53年の「楽友会」解散後につくられた組織である．保存会は「以前，盆踊りを運営していた団体（楽友会）が会員の高齢化から解散したため，それでも踊りを継承したいという高島地区全体の住民有志が集まり，1979年につくられた」（山田勝敏 北海道新聞〈日曜インタビュー〉2001年8月26日）．以下，日曜インタビューから越後踊り保存会の活動をみよう．保存会は毎年8月18日から22日まで開催される大会を運営しているだけではない．

小樽市の無形民族文化財に指定されている伝統文化を次世代に継承しようと地元の保育所や小学校で子供達に踊りの指導を行なっている．「越後盆踊りは難しい踊りだといわれる．難しいのは踊りばかりではない．歌詞も190ほどあるといわれいまではほとんど歌える人がいないと言われている．後継者の育成は大変だ．無形民族文化財の指定を受けた後，初の盆踊りには約600人の踊り手が集まった．高島だけでなく市内外の愛好者が増え保存会の会員も100人になったという．越後盆踊りの歌詞には恋愛や性に関する内容を含んでいたために第2次世界大戦中は禁止された歴史がある．しかしそれでも隠れて踊る人はいたしいまでも太鼓がなるとじっとしていられないという人が沢山いる．それぐらい高島にはなくてはならない行事なのだ．島の子供から大人まで楽しみにしている踊りが越後盆踊りなのだ」（前掲：2001年8月26日）．ちなみに現在（2004年11月27日現在），越後踊り保存会の会員は156名で会員の年齢は50歳代から60歳代が中心である．高島在住の会員が主流を成していることは当然であるが，高島町外（76名），小樽市外（7名）の会員もいる．

　七夕祭り（7月），花火大会（8月）も高島の重要な行事である．花火大会は1990年に西島氏（越後踊り保存会事務局長）らが企画して始まったという．当初は有志の活動であった．1年目は花火だけであったが2年目からは出店もあり賑わうようになった．2002年には300発を打ち上げるまでになった．高島の花火大会は港（高島漁港）を閉鎖して行なっているが，港を閉鎖しての花火大会は全国で初めてのケースと聞く．これは漁業組合の組合長の提案であった．港の閉鎖には小樽市港湾部の許可が必要であるが，漁協・PTAが港湾部に交渉して了承を得た．難関は海上保安庁であったが，海上保安庁にはNHKを通して働きかけた．現在，高島の花火大会は小樽市内の花火大会の中では最大規模のものとなっている．1989年に有志によって始められた花火大会はいまや高島の一大行事に成長した．花火大会への協賛（寄付金）者も個人・団体を含め多数に及ぶ．

　高島の青年団は高島町会の青少年部に統合されている．高島町会の主力はこの青少年部である．青少年部ではそれぞれの行事ごとに「実行委員会」をつくり運営する．潮祭りへの参加，花火大会，越後盆踊り大会，雪明かりの街，それら町会の行事はいずれも実質的には「実行委員会」が行なう．実行委員会が

つくられた時点で作業は実行委員会に委ねられる．実行委員会のメンバーの職業はまちまちだが皆地元の人間で幼馴染である．高島は文化活動の盛んなところでもある．文化活動の拠点が高島町内会館．この建物は町民の寄付と市の補助金によって造られた．土地は旧高島小学校跡地で，この土地は一度市に寄付されたあと，市はここに支所をおいていたが，支所が廃止されてからその後地に現在の会館が造られた．

4.5 地域文化とコミュニティ

(1) 高島とコミュニティ・アイデンティティ

　高島を特異なコミュニティと見る人がいる．それほどに高島は個性的なコミュニティである．「高島は小樽の秘境です．……高島の人々の結びつきは，他の地域では考えられないほど同一感や一体感が強い．これは開村当時—祖父の時代から—相互扶助の重要性を無意識に感じ取り，人々に対する奉仕・なりふりかまわず働くこと・そして，〈オラが街高島〉という共同体意識の強いこととなっています」(堀 1978：1)．こうした高島の特徴はコミュニティの外にいる人だけが感じているところではなく，高島地区に住む人々も意識するところである．開村以来漁業を中心に存続してきた高島は，その後，小樽市に合併され，漁業が衰退してなおその個性を失わない．もちろん高島といえども変容した．特に，戦後，漁業の衰退が高島に与えたえ影響は大きい．しかし，そうした変容を経てなお高島は小樽市内における他のコミュニティに比べ，依然として個性を保持している．

　高島のこうした個性はどのようにして培われてきたのか．それは高島の歴史を訪ねるほかはない．まず何よりも高島という集落社会を産み育てた漁業というものの性格がある．とりわけ初期における労働集約型の鰊漁は集団的移住によって支えられていた．確かに村の内部は階層的構成を有していたが，越後，越中，加賀など一定地域からの一家を挙げての移住者は，高島という地での厳しい労働もあって，互助と団結の風習を育ててきた．厳しい労働だけではない．高島の地勢も高島に独自性を付与する一因となった．「祝津新道」が拓かれるまで高島は秘境であった．「従来，祝津・本田沢間の連絡は，両村落を画

する山地を越える小道によって通じ，小樽・祝津間の陸路交通は，手宮公園を通過して高島役場前に出，さらに豊井裏手の山道を通って祝津に達するのを常としていたものであるが，急坂を上下しなければならないため，殆んど馬車を利用することが出来ず，大貨の輸送はすべて海路による他はなかった」(高島尋常高等小学校 1986：129) からである．もちろん高島の個性は漁業や地勢という視点から説明されるだけではない．コミュニティの問題解決に力を尽くし団結を強めてきた歴史がある．その1つが戦前における「井戸組合の結成」であり，戦後における「高島町会会館」の建設である．井戸組合の結成には『新高島町史』に次のような記述がある．「昔の高島は水の便が大変悪く，飲料水はもとより防火用水にも不便を感じる状態であった．そのため町内の各所に井戸を掘り，木製の手押しポンプで汲み上げていた．この井戸からポンプで手桶に汲み，かついで各家庭の水がめまで水をはこぶ「水汲み」は，当時の子供たちの重要な日課であった．その後，現在の2丁目15番地にある井戸は，水量が豊富で水質もよいことに着目し，ここから鉄管で町内の数ヶ所に配水して飲料その他に利用してきた．大正10年4月には水道組合を組織し，この水源である親井戸や配水した貯水槽や貯水井戸の維持管理にあたった．同12年4月，これを井戸組合と改称し，初代組合長には永井政吉が当たった」(前掲：145-146)．戦後の町会館建設もそのひとつである．高島町会館は町民の寄付と市の補助で旧高島小学校跡地に建設された．いまここは高島の文化拠点として機能する．しかし高島の町会館にはそれ以上の機能がある．会館は町民の冠婚葬祭や各種団体の活動に活用されてきただけではない．注目すべきは会館内に『保育園』を開設(1957年，昭和32年)してきたことである．それは高島の「個性」に貢献して見逃し難い機能を有している．

　高島の地域的個性はこうした長年にわたる生活協力の積み重ねと地域行事を通じた一体感の醸成をもとに形成されてきた．確かにコミュニティとしての高島は強いアイデンティティを維持しているという点で特異な存在である．大事なことは，なぜ高島がコミュニティ・アイデンティティを維持し続けているのかということであろう．結論を言えば，高島のコミュニティ・アイデンティティはただ従来のやり方を継承してきたことによって維持されているというものではない．越後踊りを例にとれば青年部を中心とした「保存会」によって維持

されている．活動が継続されるためにどのような形が最もふさわしいかを考えて継承されている．「保存会」の構成は高島に住む人が中心だが，高島以外に住む人も会員となることができる．越後踊りとその「保存会」を通じて高島は外部コミュニティに開かれている．外部コミュニティとの交流が高島におけるコミュニティ・アイデンティティの維持に寄与しているということには記憶があってよい．コミュニティは孤立して存在しない．常に外部コミュニティとの交換—物質的・文化的・精神的交換—を通じて再生されている．その点に留意するとき「保存会」が外部に開かれているという高島の姿は注目されよう．高島の地域行事について言えば，比較的新しい地域行事，花火大会や雪明りの街が「実行委員会」の方式で実施されていることについても，また，関心が寄せられてよい．「実行委員会」は活動の中核部隊である．「実行委員会」という中核部隊は機能的である．もちろん高島町会はこれを支援する．しかし，中心となって動くのは「実行委員会」である．高島の花火大会は，初め，有志の企画で始まった．最初から大げさに構えない（理念を先行させない）活動が地区の行事となっていく．そうした"成功体験"が高島にまとまりをもたせる1つの要因となっていることに留意しよう．子供の頃からの仲間が，高島という地域で日常の生活を楽しむそのなかにつくられる「実行委員会」という名の活動主体が，多様な年齢層を巻き込み，共感と同意を得て，花火大会のようなものを地域行事にまで定着・発展させていくこのプロセスは高島方式とでも呼び得るものであろう．そこには私がコミュニティの活性化に関連して注目する「社会的機能人口」創出に絡む契機がある．

　少しく敷衍しよう．コミュニティの活性化には外部コミュニティとの交流にもましてあるいは外部コミュニティとの交流を促す前提として，内部コミュニティにおける活動人口（社会的機能人口）がなければならない．コミュニティは機能人口を減少させるとき，活力を低下させると考えられる．機能人口は参加人口・活動人口と言い換えてもかまわない．様々な条件をもって日常生活を営む住民にとって一律の参加（活動）は決して容易なことではない．活動可能な機能人口を中心に，そこから広範な参加を実現するという形が望ましい．高島における「実行委員会」方式は機能人口の創出に有効である．

　もちろんそうした試みが成功する歴史的遺伝子が高島には存在した．「高島

のまつりは，日々危険と隣り合わせで暮らしている漁師の人々にとって，生命や生活を守ってくれることへの感謝なのである．…（中略）…さらに老いも若きも一体となるための地域の人々が継承していく立派な社会教育なのである．そこには古老から若者への伝承ということがあるしまた老人の知恵に対しての敬意もあるのである．さらにいちばん大切なことは愛郷心の涵養なのである」（堀 1978：4）．こうした下地が地域行事を支えている．この人々の日々の暮らしと生き方が，祭りをつくり維持させているということは重要である．新しい地域行事がつくられ発展させられている根底には，高島が培ってきた町民の連帯意識がある．コミュニティは，一言をもってすれば，「人々の地域的生活協力体」である．コミュニティが文化──物質文化・行動文化・精神文化──を創り，その文化はコミュニティを支えてきた．コミュニティを創るという仕事は物質文化・行動文化・精神文化を合わせた１つの文化的複合体を創る試みである．ここで私の考えるコミュニティの概念に触れておくことにしよう．コミュニティとは，「一定の地域に住まう人々とその地域に共属の感情をもつ人々が，そこを拠点に，生活協力と交流を体内的・対外的に実現し，日常の生活を営んでいる具体的な環境であり，生活主体が，その環境（空間）を日常的に自己の生活と結びつけ，そこに意味づけをなしている意味空間，すなわち空間的に意味のある世界」（内藤 2001：37）である[1]．コミュニティがこのように定義されるとすれば，その環境と空間が「意味」のある存在でなければならない．高島が培ってきた地域行事はまさに空間に意味を付与するものであった．

　その昔，高島は何よりもひとつの明確な統一性をもったコミュニティであった．小樽市に合併されてなお独立性の強いコミュニティであった．「私たちが子どもの頃は，高島にはたくさんの商店があった．八百屋，日用雑貨の店，呉服店など，小樽の街まで出掛けなくても，日常生活には決して困らないだけの店があって，活気があり，賑わっていた．ただ無かったのは魚屋だけで，魚は買わなくとも，毎日食べられたのである．子ども達にとって忘れられないのは，駄菓子屋，つまり一銭店屋である」（大黒 2004）．しかし，いま，高島もかつての高島ではない．連帯意識もかつてのそれとは随分違ったものになっている．何よりも「漁業」という高島を支えてきた産業の衰退は高島という地域のあり方を変えている．高島が孤立した世界でないかぎり外部からの影響は避

けられない．高島というコミュニティを内部から観察すると大きなふたつの特徴があることに気づく．ひとつは，いまなお，強い親族関係が維持されていることであり，もうひとつは，屋号やあだ名そして子供時代の呼び名などで家と人が判断されていることである．この2つは高島が小樽市のなかで際立って個性的な地区であることを示している．

こうした事態に顕著な変化が現われるとき，高島は本当に変わっていくことになるのではないか．そしてそれがいま子供たちの世界に出てきている．そうした兆しは，しばしば言語に現われる．言語は地域文化の基底にある．その意味で言語生活にみられる世代の違い（北海道小樽潮陵高校社会研究会同好会1995）には，高島がいま基底的なところで変化を経験しているのではないかと思わせるものがある．

漁業という生産形態を基盤において築かれてきた社会構造が，漁業の衰退で変化するということは十分ありうる話である．当然，高島は新しい環境のもとで再生されていくことになろう．高島の将来を予想することは本論にとって枠外の作業である．しかし変化のなかで継承されていくものはあるし，それが明日の高島に生きる人々の暮らしを豊かにするということも十分考えられることである．仮説の域を出ないが，「語り継がれる何か」があるコミュニティ（「高島子ども風土記」北海道小樽市立高島小学校編）に生きる人は幸福である．この仮説は「グッド・コミュニティ」の研究に活用されてよい．

(2) 生命化社会とコミュニティ―伝統文化の現代的意義

既にふれたように（4.1問題の所在），コミュニティの再生にとって，コミュニティの再生を通じた生活の再構造化にとって，伝統的地域行事は重要な位置を占めているというのが私の認識である．若干の重複を厭わず繰り返すならば，伝統的地域行事＝地域文化は社会関係や「接触項」の維持・拡大に貢献するだけでない．伝統的地域行事は地域に生きる人々の言語媒介的な接触とコミュニティ・アイデンティティの創出を通じて人々の生活に潤いを提供する．伝統的地域行事には，ともすれば現代社会において希薄になりつつある「生命感覚」を刺激する何かがある．伝統的地域行事をコミュニティ再生の戦略として位置づける試みは「生活における潤いと誇りの創出」であり，「生命感覚の保

持・再生」である．偉大な哲学者は，思索について，存在の思索についてふれながら，「なんらかの〈事象〉やなんらかの〈人物〉をその本質において世話をするということは，それらのものを愛するということ，それらのものを好むということを意味する．この好むということは，より根源的に考えれば，本質を贈るということを意味する．このような好む働きこそが，成就させる能力の本来的本質なのであり，この成就させる能力は，単にあれこれのことをやってのけることができるだけでなく，むしろ，なんらかのものをその由来において〈生き生きとあり続ける〉ようにさせることができる，つまり存在させることができるものである．好む働きをもつ成就させる能力こそは，その〈力によって〉なんらかのものが本来的に存在することを成就するゆえんのものなのである．このような成就させる能力が，本来的に〈可能にするもの〉である．つまり〈可能にするものとは〉，その本質が好むことのうちに存するもののことにほかならない」(Heidegger 1947 = 渡邊 1997：23-4) と言い，成就を〈好む〉ということに求めている．もし，哲学者のこの認識をコミュニティの再生を通じた生活の再構造化のために活用することができれば，そしてそれを伝統芸能に重ねて不自然でないとすれば，伝統芸能はコミュニティの再生とそれを通じた生活の再構造化にとって注目されることになろう[2]．

　ところで，コミュニティには，それを既に過去のものだという見方や，概念が曖昧だという批判がある (National Insutitute for Social Work 1982 = 小田 1984：322-3)．確かに，一般に，近代は，ゲゼルシャフトの優位，基礎社会の衰耗を示している．テンニース,F. が，ゲマインシャフトは古くゲゼルシャフトは新しいというとき，ゲマインシャフトの衰退を想定していたことはまちがいない (Tönnies 1887)．ウェーバー,M. もゲゼルシャフト関係の優位を認めた一人である．しかしながら，ゲゼルシャフトの優位はゲマインシャフトの消滅を意味していないし，ゲゼルシャフト関係の優位はゲマインシャフト関係の消滅を意味していない．ゲゼルシャフトあるいはゲゼルシャフト関係優位のなかにあってもゲマインシャフトの要素をもつ関係は残存するし機能する．社会学における「小集団の発見」やガンス,H.G. の「都市の中の村人たち」(Gans 1962) が示した，大都市の生活においてゲマインシャフト的な関係がもつ効用に留意が必要である．

注
1) 環境について，生態学は説明する．「環境とは，具体的には生活の場である．具体的な存在としての生活体は，つねに生活の場においてある．生活の場とは，かれの生活に必要な，またなんらかの関係を持つ，もろもろの事物によって構成されたところの，具体的な空間である．生活体は，生活の場において，その場の個々の構成物と，機能的に連関しあうことによって生きている．というよりは，むしろじつは，そういう過程それ自身が，生きているということの内容なのである」（梅棹 1976）．
2) 以前，私が山形県長井市において行なった調査に，1つの参考になる結果がある．ここに引用しておくことにしよう．「長井市民の場合，〈日ごろ興味のあるものには積極的に挑戦したいと思っている〉という人は約3割で，まあそう思っているという人を加えて6割の人が日ごろ興味あるものに積極的に挑戦したいと思っていることが分かる．また，〈趣味・特技やある事柄に関する知識をもっている〉という人は2割で，まあ持っているという3割の人を加えて半数の人が趣味・特技やある事柄に関する知識をもっていることが判明する．そして，それらの事柄の間には明らかな関係が認められる．趣味・特技やある事柄に関する知識をもっている人の場合，持たない人に比べ，日ごろ興味あるものには積極的に挑戦したいと思っている人が明らかに多い．そのことは，趣味・特技やある事柄に関する知識の有無が生活を意欲的に構成する変数として作用していることを意味している．いま，そうした調査の結果に，もう1つの調査結果，すなわち，〈地域や社会の発展野ために力を尽くしたいと思っているかどうか」という調査の結果を重ねてみよう．それをみると，日ごろ興味のあるものに挑戦したいと思っている人に，地域や社会の発展のために力を尽くしたいと思っている人が多いことも判明する．以上の結果から，次のような仮説，すなわち，「趣味・特技・知識をもつことが日常生活における積極性を培い，培われた日常生活における積極性が地域や社会の発展に貢献する意識を高める」という仮説を導くことができる．もしそのような仮説が成立するとすれば，まちづくりを進めるひとつの途は，「余暇を活用して趣味・特技をもつ住民」をつくることだということができるであろう．趣味・特技・知識を通じて人間性を豊かにする〈余暇〉がまちづくりを進める途だということになれば，「まちづくり」を難しいものと考えなくてすむ．まちづくりに多くの人の参加を期待することも可能になる．まちづくりに〈余暇〉が不可欠のものとなる」（内藤 2001）．

引用参考文献

Gans, H., 1962, *The Urbarm Villagers-Group and Class in the life of Italian-Americans*, The Free Press.
Heidegger, M., 1947, *Uber den Humanismus*, Verlag A. Francke AG., Bern. （= 1997, 渡邊二郎訳『ヒューマニズムについて』筑摩書房）．
北海道小樽潮陵高校社会研究会同好会編，1995,「小樽市高島の日常生活と伝承文化—1994年度北海道小樽潮陵高校社会研究同好会活動報告」小樽潮陵高校社会研究同好会．
堀耕，1978,「高島の話」堀耕『郷土資料集』市立小樽図書館蔵．
内藤辰美，2001,『地域再生の思想と方法』恒星社厚生閣．
National Insutitute for Social Work, 1982, *Social Worker — Their Role and Task*, Bedford Square Press of

National Council for Voluntary Organizations.（＝1984，小田兼三訳『ソーシャル・ワーカー：役割と任務―英国バークレイ―委員会報告―』）全国社会福祉協議会.

大黒昭，2004，『自分史：世紀を超えて』非売品.

Senett, R., 1970, *The Use of Disorder*, Alfred A, Knopf, Inc.（＝1975，今田高俊訳『無秩序の活用』中央公論社）.

高田寅雄，1993，「越後踊りのルーツを訪ねて」『白老郷土文芸』白老町文化団体連絡協議会，第13号.

高島尋常高等小学校編，1941，『高島町史』高島尋常高等小学校.

高島小学校開校百周年記念協賛会編，1986，『新高島町史』ぎょうせい.

Tönnies, F., *Gemeinschaft und Gesellshaft*, Leipzig, 1887（＝1957，杉之原寿一訳『ゲマインシャフトとゲゼルシャフト』岩波書店）.

梅棹忠夫編，1976，『生態学入門』講談社.

5 章

生活の再構造化とコミュニティ
―防災・消防団・コミュニティ

5.1 問題の所在

　大都市には，いま，効率性や利便性に加え，審美性，快適性そして安全性が求められている．「阪神・淡路大震災」はわれわれが忘れかけていた大都市の基本的な条件，安全性という条件にあらためて注意を喚起した．ますます高層化し地下化し外延化する現代の大都市．その現代都市の構造に対応する「安全装置」の開発は緊急の課題である．大都市の構造を安全性の高いものにするということは，当然，大都市における物理的構造を改善するということであるけれども，それは物理的構造の問題に限定されるわけではない．その作業には，まちがいなく，安全性の確保に向けて大都市の社会的な構造を創り替えるという内容も含まれている．

　仮に，安全性に富む都市を創るうえで制度の不備・硬直化という事態や諸政策における整合性が問題になっているのであれば，制度・政策の見直しが必要となるであろうし，安全性豊かな都市を創るうえで行政依存の市民意識がひとつの障害となっているのであれば，その市民意識を排し，住民主体の行政活用意識へと住民意識のあり方を転換させていかなければならないであろう．

　もとより，以上のような認識に照らした場合，本論が意識する関心――防災に果たすコミュニティとコミュニティにおける消防団の役割――が部分的であることは筆者も十分承知する．しかし，そのことを前提に言えば，安全性の確保に向けた大都市のあり方を考える場合，コミュニティの視点は重要である．またそこにおける消防団の機能や位置は検討に価する．

ところで，まず消防団について言えば，それは，ひとつの地域集団である．それはコミュニティに派生し，コミュニティと盛衰を共にした．消防団は多くの人々に知られている集団であり，かつてはコミュニティにおける中心的集団であった．消防団を代表する団長の地位も高いものであった．しかし，独特の伝統的衣装，ハッピ姿で活躍した消防団（団員）も，いまや，コミュニティの中心に位置していない．ストレートに表現すれば，消防団がコミュニティの中心的存在であった時代は過ぎた．消防団は過去の存在と考えられている．消防団は，青年団とともに，都市化のなかで衰退し弱体化した地域集団，あるいは衰退・弱体化した地域集団の代表的存在とみられている．

そうした状況のなかで，いまなぜ消防団なのか．防災に果たすコミュニティの役割が重視されつつある中，消防団に対する再評価の機運が，あるいは消防団を再評価したいという期待が，消防団への関心を集めている．防災におけるコミュニティと消防団の位置を正しく認識することは，今日，ひとつの市民的課題である．

本論の意図するところを述べよう．われわれが仙台市で行なった消防団員を対象とした調査と仙台市が行なった市民モニター調査を手掛かりに，防災におけるコミュニティと消防団の位置を確認すること，合わせて，安心・安全の生活に向けた生活の再構造化を意識して，伝統的地域集団の現代的機能について若干の考察を加えることである．

5.2 災害と社会問題

少し回り道をしよう．天災は自然の現象であって社会が生み出したものではないから自然災害を社会問題とみることはできないという見方がある．その一方，自然災害もまた，その結果が社会に対し解決すべき課題を突きつけてくるという点で社会問題と考えるべきだという見方がある．社会学者，マートン，R.K.の見解は後者である．「こんにちまで，社会問題の範囲を社会的な起源をもつ問題だけに限定しようとすることに対して（社会的な起源をもつというのは，問題の誘因となる事件がその社会の人間によって惹起されたという意味で社会的なのである），これを擁護する十分な弁論が行なわれたことがない．

むしろ，誘因となる事件はどうであれ，それが社会的標準と社会的現実との重要な食い違いを引き起こす場合には，やはり，これを社会問題の一部として研究範囲に取り入れるべきだと主張しているのである．というのは，社会生活の型式を破壊する力が天災であれ人災であれ，これらの力は，結局，社会の成員に対して解決すべき課題を突きつけており，しかもその対策の性質は社会学の原則としてその社会の構造によって，その社会の制度や価値によって大いに影響を受けるからである．……「物理的問題」——例えば年々繰り返される自然の災禍が社会問題となるかどうかについて，その判断に，往々，迷うことがあるようだが，フユラーとマイヤーズは，わたくしとほとんど同じ立場をとることによって社会問題の社会理論に関するそのすぐれた論稿を次のように結んでいる．例えば地震そのものは価値判断となんの関係もないが，その結果は不可避的に道徳の判断や政策の決定を要求する．再建にどのくらいの費用がかかるか，それをどのように支出すべきか，資金をどのように集めるかという問題になると，人びとの意見は一致しないのである」（Merton 1966＝森 1969）．

　このマートンの考え方と脈絡を異にしてはいるものの，自然災害（天災）を社会問題の範疇に入れて捉える立場は宮本憲一も採用する．「災害をより広義の概念として，公害を含め，一切の自然的社会的災害を総括する概念として考えたい．災害を広義の概念としてみる理由は，暴風・地震のような自然災害を天災として考えず，これを人災，あるいは社会現象としてみて，その意味で社会的災害としての交通事故や公害と同じであると考えるからである．自然的災害の直接的な原因は，異常な自然現象にあるが，それが大きな被害を生むのは，都市の構造や防災対策などの人為的原因によるものであり，またその社会的諸結果をみると，経済的弱者としての労働者や農漁民に損害が大きく，あきらかに社会階級関係が反映している．」（宮本 1973）．

　マートンと宮本に共通するのは，災害を社会問題とみて，その根拠を災害が及ぼす結果に求めていること，あるいは災害への対応が社会構造の範疇に属していると認識されていることである．確かに，天災は，その発生に限定して問えば社会問題の範疇に属さない．しかし，発生から結果や影響にまで広げてみると，マートンがいうように社会問題の様相を帯びてくる．「社会」の構造的欠陥が生み出した「社会問題」を「狭義の社会問題」，天災により惹起された

結果が社会的な解決を要請するに至るそうした問題を「広義の社会問題」として整理することも可能であろう．そのように認識すれば，天災もまた社会問題（広義の社会問題）であり，天災の結果惹起される様々な問題には，解決あるいは克服のために，多元的・多面的な対応が必要である．

5.3　コミュニティの現在

(1) 期待と現状
　天災も含め災害が社会問題であるとして，社会問題としての災害に対する対応（防災対策）は複数であるし，多次元である．コミュニティの対応はそのなかのひとつである．なぜ，「防災とコミュニティ」なのか．防災をコミュニティのテーマとする場合，そこにはふたつの意味，あるいは理由があるように思われる．ひとつは，消極的な意味あるいは理由である．防災にかかわる仕事は行政や専門的機関に委ねきれない内容がある，あるいは行政や専門的機関では十分に対応しきれないものがある，したがって，コミュニティの対応が必要になるというものである．わかりやすい説明である．しかし，行政や専門的機関では十分に対応しきれない，だからコミュニティでという発想はいかにも消極的である．少なくとも受け身の印象を免れない．もうひとつは積極的な意味あるいは理由である．受け身の印象から脱するために積極的にコミュニティを活用する，コミュニティの積極的活用という視点である．すなわち，コミュニティを行政や専門的機関の末端に置くという考え方ではなく，コミュニティのなかに行政や専門機関位置づけるという発想である．防災がコミュニティを要請するのは，本来，コミュニティこそが防災の主体であるからである．
　さて，そうであれば，はたして現状のコミュニティは期待に応えるだけの，あるいは主体としての力量をそなえているか，そのことが問われよう．結論を先取りして言えば〈コミュニティを防災の主体に〉という主張は，多分に，「期待」の域に属している．少なくとも現状ではそうである．もちろん，現状のコミュニティが期待の域にとどまる事態は問題である．なぜ，現状のコミュニティは期待の域にとどまるのであろうか．その点に関して，少なくともふたつの指摘が必要である．そのひとつは，多くの人々が，しばしば，災害を日常

生活から離れたところにあると考えていることである．もうひとつは，防災に対応する主体＝コミュニティも人々の意識から離れたところにあることである．別な言い方をすれば，人々の災害に対する意識は，日常，希薄であり，コミュニティの重要性（可能性）も，日常，意識の外におかれている．災害に対する意識とコミュニティの重要性（可能性）に対する意識が非日常的である以上，災害という社会問題の対応においてコミュニティが「期待」の域を出ないところにあることも納得されるであろう．

　仮に，以上の認識が妥当であれば，問題のひとつが，人々の災害に対する希薄な意識〈希薄なる日常性〉にあることは明らかである．この〈希薄なる日常性〉は何に起因するのか．たぶん，複数の理由がある．常識的であるがとりわけ次の点は重要である．現代の都市は，あるいは大都市における生活環境は，極端なまでに人工的である．人々は日常生活のなかに自然を意識しない．自然の恩恵も脅威も意識の周縁におかれている．ベル，D.の言葉を使えば，歴史は，工業化以前の社会＝自然とのゲーム，工業化社会＝加工された自然とのゲームを経て，いま，脱工業化社会＝人間同士のゲームに到達した．現代すなわち脱工業化社会は，人間同士のゲームが中心の社会である（Bell 1976＝林 1976-7）．自然を介在させない社会が人々の「自然観」に影響を与えることは容易に想像されよう．現代に生きる人々はしばしば自然災害の発生を非日常的な，不意の出来事のように考える．しかし，それは人間同士のゲームのなかに生きる現代人の考えである．自然の息づかいやリズムに即してみれば，われわれが天災と呼ぶところの自然災害は自然界の日常的な出来事である．

　そうした災害に対する〈希薄なる日常性〉は，コミュニティの重要性（可能性）が意識の外におかれてある事態と密接である．人々は，久しく，基礎集団と基礎社会のなかで生きてきた．基礎集団と基礎社会において圧倒的に多くの必要を満たしてきた．コミュニティという用語を使用して言えば，コミュニティのなかに多くの時間〈身体〉を置き，そこに社会関係を累積させ，そこで多くの必要を満たしてきた．ベルの言う工業化以前の社会＝自然とのゲームではそうであった．しかし，工業化社会＝加工された自然とのゲームのなかで人々の生活に占めるコミュニティの比重は低下した．産業化，都市化は人々をコミュニティから引き離し，コミュニティでの生活を部分的なものに変質させてき

た．そして，それにつれ人々がコミュニティを意識する機会も減少した．「基礎社会衰耗の法則」(高田 1922) という認識がある．「基礎社会は漸次其結合の強度に於て，また機能の範囲に於て漸次衰耗するものである．……其消滅は予想せられないとは云え昔日の意義を恢復する事は困難であろう．此法則の根底は割合に明白である．社会の幼稚なる時期にありては派生社会がよし存在するとしても其数乏しく其勢力も微である．血縁地縁等の原始的自然的紐帯のうえに立つ基礎社会がほとんど支配的の形に於て存在し，種々雑多の機能を営むでいた．然るにその後文化の発達の伴ひて派生社会が漸次其数を加えてくる」(高田 1922)．コミュニティ意識の希薄化は歴史の方向といってよい．「基礎集団・基礎社会の衰退と機能（目的）集団の優位」という事態は近代から現代を貫いて一貫して認められる現象である．コミュニティは「蚕食」(Stein 1960) にその身をゆだねてきた．

(2) コミュニティの効用とグッド・コミュニティ

　コミュニティへの期待と現実との間には距離がある．それは決して偶然に生まれた距離ではない．既にみてきたように近代そして現代という時代はコミュニティを解体させてきた歴史である．〈現代の危機〉に敏感な人々が，そしてその克服の一端をコミュニティに期待する人々が，現実との距離に直面して当然である．逆説的な言い方をすればその距離が，いま，コミュニティを魅力的な存在にしているとも解釈されるのである．しかし，コミュニティを，いつまでも期待の域に置くことはできない．コミュニティを期待の域から現実のものとして機能させるために何が必要か．まず，コミュニティの「効用」が説かれ，それが広く承認されなければならない．コミュニティの効用をめぐる合意の成立が不可欠である．

　ところで，コミュニティに魅力を感じ，コミュニティを意識する人が増えれば増えるほど，コミュニティは様々に定義されることになる．事実，この点でしばしば引き合いに出されるヒラリー (Hillery 1955 = 山口 1978) を改めて登場させるまでもなく，コミュニティには驚くほど多くの定義が存在する．かくして，コミュニティは多様に解釈される概念となる．概念の明確化は科学の前進にとって重要な第一歩であるから定義は明確な方がよい．明確なだけでなく

有効な方がよい．防災におけるコミュニティの位置を明確にするためにも無用な混乱を避けることが望ましい．そのためには，明確で，有効であることが望ましい．そうした認識から，私は，コミュニティを次のように定義する．「一定の地域に住まう人々とその地域に共属の感情をもつ人々が，そこを拠点に，生活協力と交流を，対内的・対外的に実現し，日常の生活を営んでいる具体的環境であり，生活主体がその空間を日常的に自己の存在と結びつけそこに意味付けをなしている意味空間，すなわち空間的に意味のある世界，それがコミュニティである」（内藤 2001）．コミュニティがこのように定義されるとすれば，コミュニティを防災における主体として積極的に位置づける試みも正当性を獲得することができるであろう．

　コミュニティについてもう少しふれよう．災害の発生を厳密に予測することは不可能である．われわれは勤務中のオフィスビルで災害に遭遇することもあるし，旅行中に災害に遇うこともある．それゆえに多様な対応が必要なことは明らかである．現代の大都市は 24 時間休むことなく動いている．職域や盛り場における適切な防災対策があって当然である．そうした対応は今後ますます必要である．そのうえで，なお，自らが住まうコミュニティは防災の拠点として特別の意味をもっている．コミュニティは生命と財産が託されている空間である．もちろん，コミュニティにはそこを環境として存在する様々な機関や生活体がある．そうした機関も含めて，コミュニティは諸々の生活体が生存し生活する空間，具体的な環境である．環境とは何か．生態学は環境を次のように規定する．「環境とは，具体的には生活の場である．具体的な存在としての生活体は，つねに生活の場においてある．生活の場とは，かれの生活に必要な，また何らかの関係を持つ，もろもろの事物によって構成されたところの，具体的な空間である．生活体は，生活の場において，その場の個々の構成物と，機能的に連関しあうことによって生きている．というよりは，むしろじつはそういう過程それ自身が，生きているいうことの内容なのである」（梅棹 1967）．

　もちろん，コミュニティを防災拠点として位置づける場合，それを活き活きと機能させることができなければならない．そして，そのためには「期待」を現実化するための条件が，たぶん，複数の条件が必要である．当然，コミュニティは防災拠点にふさわしい物理的構造をもっていなければならない．コミュ

ニティは，また，行政・専門機関・外部地域との間に機能的関係をつくりあげておかなければならない．コミュニティは透視の度合い（コミュニティ成員における相互認知の度合い）を高めておかなければならない．コミュニティは，個人間・集団間に円滑な関係，コミュニケーション・ネットワークを用意しておかなければならない．とりわけコミュニティは構成員あるいは生活体相互の生き方に対する関心を高めておかなければならない．コミュニティは，成員のコミュニティに対する帰属意識を高めておかなければならない．果たして，どのようなコミュニティをグッド・コミュニティと判断するかは難しい問題であるけれども，防災への対応も含めてコミュニティのあり方を考える以上，一般的にグッド・コミュニティの条件として挙げられているところも含めて，グッド・コミュニティに対する検討が求められるであろう．

5.4 防災コミュニティの形成と消防団——仙台市の場合

(1) 常備消防体制の確立と消防団

　仙台市における消防体制のあり方は『仙台市総合計画2000』や『仙台市防災都市づくり基本計画』にみるように，仙台市が目指す安全性の高い都市づくりの一環に位置している．いま，仙台市における消防体制が歴史的に形成されてきていることを意識する場合，この都市における常備消防体制の成立過程に対する注目が必要である．消防体制の近代化（常備消防体制の整備）は近代都市に不可欠であり，安全度の高い大都市の実現に欠くことのできない必要条件である．仙台市における常備消防体制もいくつかの教訓を経て整備されてきた．すなわち，仙台市では，明治23年1月芭蕉の辻南側馬渕善吉方火災に女児5人が焼死し，大正2年東一番町プラザ一軒付近火災で11棟焼失，大正8年3月強風下南町から失火12町707戸焼失などの教訓から常備消防設置の必要が叫ばれ大正13年仙台警察署構内に常備消防班が設置されている．そして，その後，常備消防体制は昭和23年の消防組織法の制定を経て充実強化が図られ今日に及んでいる（仙台市自治体消防発足20周年記念行事委員会1969）．

　こうして充実と強化が図られてきた常備消防体制（倉沢進はこれを都市的生活様式の確立・浸透と呼ぶ）も，その整備だけでは安全度の高い都市を実現す

ることはできない．安全度の高い都市の実現には常備消防体制と連携するコミュニティとコミュニティ・サイドの消防体制が必要である．消防にかかわる専門機関の重要性は明らかであるが，専門機関の充実で消防にかかわる問題をすべて解決することは不可能である．安全性の高い都市は住民のボランタリーな活動が最大限効果的に展開されるコミュニティの創造があってはじめて実現されるものである．阪神・淡路の大震災はその点についても教訓を残している．そして，その点を意識する場合，常備消防体制の整備に伴いコミュニティ・サイドにおける消防体制が弱体化してきているという事実（都市的生活様式の確立・浸透とコミュニティの衰退）には留意が必要である．常備消防体制の整備される過程がコミュティの衰退と消防団の機能低下，すなわち，コミュニティ・サイドの消防体制において中核的存在であった消防団の機能低下が進行した過程であったことは記憶されなければならない．都市的生活様式が常態化したいま，コミュニティ・サイドにおける消防体制の強化とそこにおける消防団の位置づけについては，改めて見直しが必要である．

(2) 消防団の現状と課題

　ともあれ，防災とコミュニティというテーマについて言えば，コミュニティのなかで防災に中心的役割を果たす集団があれば都合がよい．もっと言えば防災に機能するコミュニティを形成するためにはそうした集団が必要である．もちろん，防災において機能するコミュニティを形成するためにはコミュニティにおける個々の成員の意識向上が前提である．しかし，それだけでは十分でない．それは必要な条件であっても十分な条件を満たさない．コミュニティにおける防災は，必要かつ十分な条件を満たすものでなければならない．少なくともコミュニティの防災をより主体的・機能的なものへと転換させるためにはそうである．コミュニティにおける防災活動に一定の求心力をもち，防災に向けコミュニティの凝集力を高めることに貢献する集団が必要である．かつて消防団はそのような存在であった．

　しかし，先にふれたように，いま，消防団は衰退する地域集団とみられている．事実そうである．当然，その消防団に防災という新たなテーマを重ねることができるのかという疑問はあろう．中心的役割を期待できるのかという疑問

図 5-1

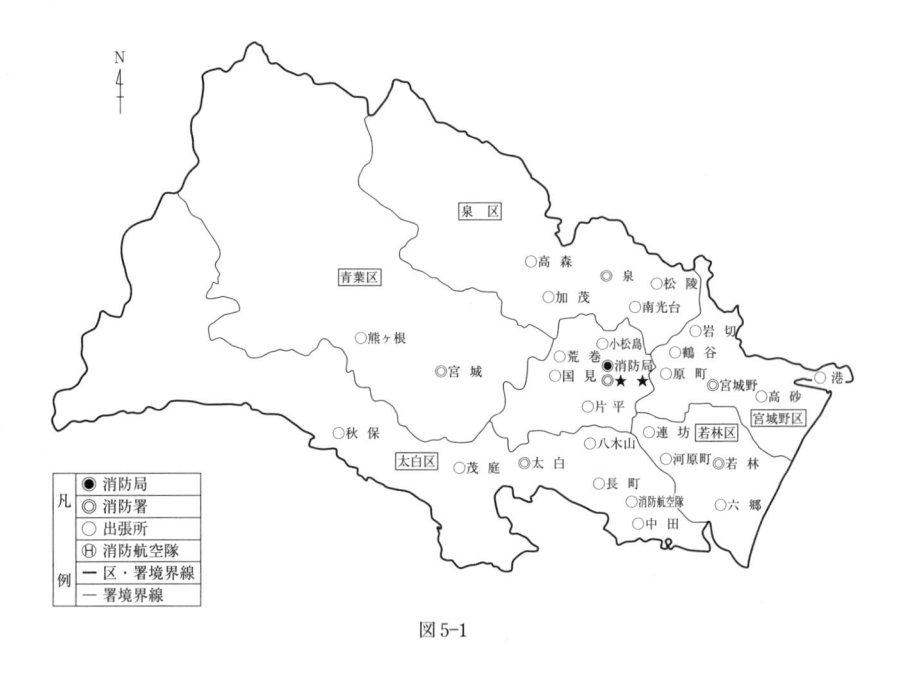

があっても決して不思議なことではない．〈中心的〉とは何かということにもよるけれども，確かに，防災に関するかぎり，消防団は捨て難い存在である．その呼称は別にして，私は，消防団をコミュニティのなかで防災に中心的役割を果たす集団として期待する．ここでの〈中心〉という言葉には，消防団がコミュニティにおいて果たす連携・調整の機能を含めている．「消防団は古い，今はコミュニティ防災隊」だという人はそう呼べばよい．ここにおける論議はその呼称にあるよりは，テーマを「防災」に設定してコミュニティを実質機能させる方法にある．そうした認識に立てば，まず求められるのはコミュニティと消防団の現状であろう．コミュニティと消防団をめぐる現状と課題が明らかにされなければならない．以下，仙台市における調査から少しく観察を行なうことにしよう．

　調査によれば（仙台市1995），消防団という組織があることは9割を超える人に知られている．消防団を知ることになったのは，訓練に参加している消防団員をみた（56.7％），出初式などの行事をみて（55.0％），家族や知人が消防

団員（41.5％），防火広報活動をしているところをみた（40.9％），火災など災害現場で消防活動をしているところをみた（37.4％），消防団員の訓練をみた（31.6％）などである．なお，消防団員を誰か（一人でも）知っているという人が4割あり少なくない数字である．

　消防団に対する認知度（消防署と消防団の違い）をみると約半数の人が「わかっていた」と答えていて，それに，「だいたいわかっていた」という人を加えると9割に近い人が消防署と消防団の違いを認識する．ただ，それを年齢別にみると，「わかっていた」という人が20歳代の若年層に少ない．「わかっていた」という人が高年齢になるほど多いということ，女性・男性の別では，「わかっていた」という人が男性に多いということは記憶されてよいところであろう．なお，居住地区の別にみた違いもあり，「わかっていた」という人が，宮城野区と太白区で多く，青葉区で少ない（図5-2）．

　消防団に対するイメージと評価および期待についてみよう．消防団のイメージについてみると，地域の安全にとって頼もしい存在である（56.8％），仕事と両立させなければならない厳しい集団である（50.9％），伝統を感じる（36.1％），日常的に身近な存在である（30.2％），地域コミュニティの中核的存在である（17.8％），体質が古い（14.8％），高齢者集団である（13.0％），閉鎖的である（5.9％），あまり頼りがいのない集団である（3.6％）などが指摘されている．地域の安全にとって頼もしい存在である，仕事と両立させるのが難しい集団であるという見方が一番多い．また，日常的に身近なところにある伝統的存在とみられながら，地域コミュニティの中核的存在とみている人は少ない．地域の安全にとって頼もしい存在であるが，仕事と両立させるのが難しい集団，日常的に身近なところにある伝統的存在ではあるが，地域コミュニティの中核的存在ではないというイメージに（表5-1），消防団の実態が映し出されているように思われる．

　評価についてはどうか．消防団への評価についてみると，地域の安全のためにはあった方がよい（56.0％），地域の安全のためには不可欠なものであり地域になくてはならない存在である（36.9％）など，消防団を肯定的に評価する人がほとんどである．そのうち，なくてはならない存在とみている人は年齢で50歳代に多く，居住地区では宮城野区と若林区に多い．

区分	わかっていた	大体わかっていた	わからなかった
合計	42.1	44.3	13.6
年齢別 20歳代	14.7	55.9	29.4
年齢別 30歳代	29.0	51.6	19.4
年齢別 40歳代	39.6	52.1	8.3
年齢別 50歳代	50.0	37.5	12.5
年齢別 60歳以上	58.8	33.8	7.4
性別 男性	58.7	31.0	10.3
性別 女性	31.3	53.0	15.7
居住区別 青葉区	25.5	59.6	14.9
居住区別 宮城野区	52.2	39.1	8.7
居住区別 若林区	37.9	51.8	10.3
居住区別 太白区	53.8	30.8	15.4
居住区別 泉区	38.3	44.7	17.0

図5-2 消防署と消防団の違い

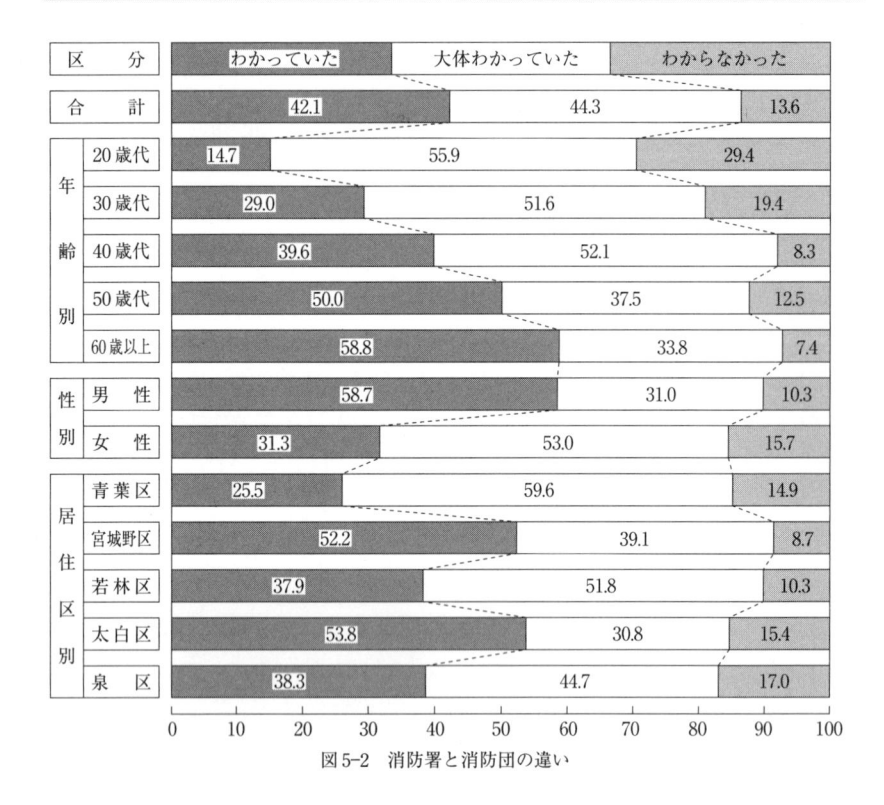

　さらに，消防団の活動に関する評価をみると，市民の安全確保にその役割を果たしており十分信頼している（21.4％）という評価は2割半ばにとどまるものの，市民の安全確保にその役割を果たしており市民の安全を守っていると思われるので信頼している（60.2％）という評価は6割の人にみられ，多くの人に消防団に対する信頼があることがわかる．年齢別にみると，20歳代，30歳代に比べ，50歳代，60歳代に十分信頼しているという人が多く，居住地区では宮城野区に十分信頼しているという人が多い（図5-3）．

　消防団への期待についてみておくことにしよう．地震・火災時の消火活動や大雨のときの水防活動（70.9％），災害時・津波警報発令時等の避難誘導（61.8％），火災時の寝たきり老人，一人暮らし老人，身体障害者などの救出（60.5％），日頃からの防災指導（40.9％），強風時の防火広報（35.9％），自主

表 5-1 消防団のイメージ（複数回答）

区　　分		地域の安全に頼もしい存在	地域コミュニティの中核的存在	日常的に身近な存在	伝統を感じる	仕事と両立の厳しい集団	高齢者集団	あまり頼りがいのない存在	閉鎖的	体質が古い	その他
合　　計		56.8	17.8	30.2	36.1	50.9	13.0	3.6	5.9	14.8	7.1
年齢別	20歳代	58.8	17.6	17.6	29.4	29.4	11.8	5.9	11.8	5.9	11.8
	30歳代	42.9	19.0	14.3	33.3	38.1	14.3	4.8	9.5	14.3	9.5
	40歳代	52.5	20.0	30.0	42.5	42.5	17.5	5.0	10.0	21.5	7.5
	50歳代	61.3	25.8	41.9	41.9	54.8	9.7	―	―	3.2	3.2
	60歳以上	61.7	11.7	33.3	31.7	65.0	11.7	8.3	3.3	18.3	6.7
性別	男性	60.0	14.3	32.9	38.6	68.6	18.6	8.6	1.4	15.7	7.1
	女性	54.5	20.2	28.3	34.3	38.4	9.1	3.0	9.1	14.1	7.1
居住地別	青葉区	54.3	11.4	25.7	25.7	48.6	14.3	5.7	5.7	20.0	11.4
	宮城野区	48.4	25.8	38.7	38.7	51.6	9.7	6.5	9.7	12.9	12.9
	若林区	65.4	26.9	23.1	30.8	46.2	11.5	3.8	7.7	11.5	3.8
	太白区	57.8	17.8	31.1	44.4	51.1	20.0	8.9	6.7	17.8	4.4
	泉区	59.4	9.4	31.3	37.5	56.3	6.3	―	―	9.4	3.1

防災組織・婦人防火クラブの指導・育成（30.5％），コミュニティ防火センター資機材の維持管理および取り扱い指導（23.6％），家庭を巡回しての防災診断（18.6％），市民に対する応急手当の指導（16.4％）など，きわめて多岐にわたることが明らかである．とりわけ，地震・火災時の消火活動や大雨時の水防活動，災害時・津波警報発令時等の避難誘導，火災時の寝たきり老人，一人暮らし老人，身体障害者などの救出といったことに6割を超える高い期待があることに注目しよう（表5-2）．なお，大震災時に期待する消防団の活動では，避難所などへの避難誘導（77.9％），倒壊家屋からの救出活動（71.4％），火災消火活動（62.7％），医療機関等への傷病者搬送（53.5％），避難者などへの災害情報提供（53.0％）に，5割を超える期待がある．

　以上，消防団活動に対する認知や消防団のイメージそして評価や期待をみた．次に，別の調査（東北都市社会学研究会 1997；吉原直樹他 1999）から，

区分	十分に信頼している	信頼している	信頼していない	どちらとも言えない	全く信頼していない	わからない
合計	21.4	60.2		7.1	4.2	7.1
年齢別 20歳代	11.8	64.7		5.9		17.6
年齢別 30歳代	4.8	66.7		9.5		19.0
年齢別 40歳代	15.8	63.2		7.9	10.5	2.6
年齢別 50歳代	32.3	58.1			3.2 3.2	3.2
年齢別 60歳以上	27.9	55.8		9.8	1.6	4.9
居住区別 青葉区	17.1	48.6		14.3	2.9	17.1
居住区別 宮城野区	38.7	35.5		9.7	9.7	6.5
居住区別 若林区	19.2	69.3			3.8	7.7
居住区別 太白区	22.7	66.0		4.5	4.5	2.3
居住区別 泉区	9.4	81.2			6.3	3.1

図 5-3 消防団活動の評価

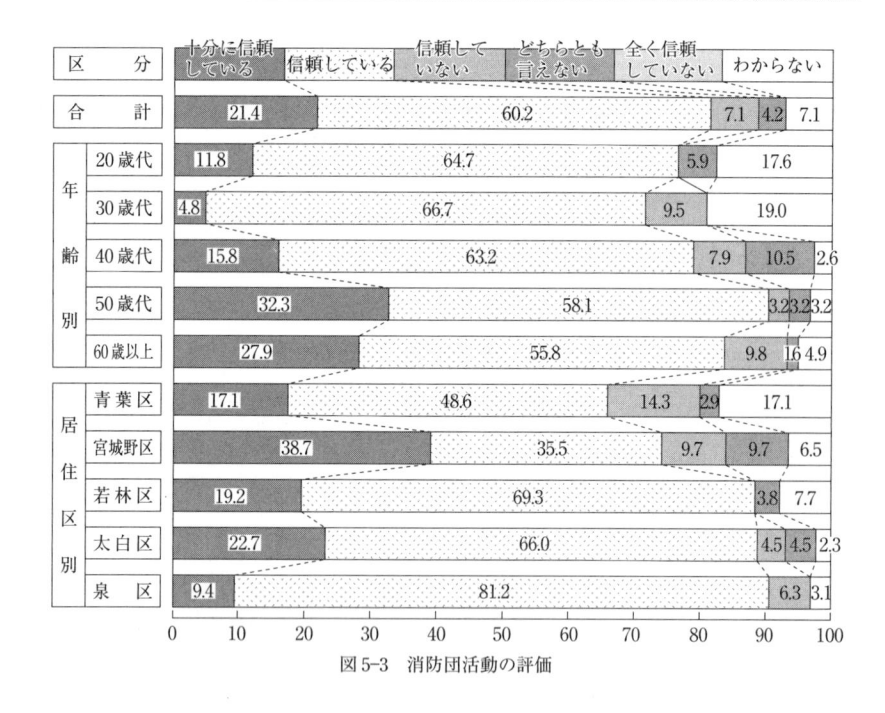

　消防団員の意識を通じてみた消防団の現状についてみよう．まず，消防団員をやっていてよかった点についてみると，地域の安全に貢献できる（70.9％），消防団員とのコミュニケーションが図れる（63.2％），活動を通じて社会に貢献できる（55.0％），防火・防災の知識が得られる（50.9％），地域住民とのコミュニケーションが図れる（46.4％）などが挙げられる（図5-5）．一方，消防団員として活動するうえで辛いこととしては，仕事との両立が難しい（68.6％），地域社会から十分評価されていない（20.5％），自分の時間がもてない（19.1％），待遇がよくない（14.1％），地域住民の協力が得られない（11.4％）などが指摘されている（図5-5）．このような結果にみるかぎり，消防団員は，地域の安全に貢献できる，消防団員とのコミュニケーションが図れる，活動を通じて社会に貢献できるなど多くの満足を得ている反面，仕事との両立が難しい，地域社会から十分評価されていないなどの悩みも抱えている．そうした結果の反映であろう．「消防団活動はあなたの生活を充実させている

表 5-2 消防団へ期待する活動（複数回答）

区　　分		消火活動や水防活動	高齢者・障害者の救出	警報発令時の避難誘導	防火広報	強風時の防火指導	日頃からの防火指導	市民に応急手当の指導	家庭の防火診断	自主防災組織等の指導	資機材の維持管理等	その他
合　　計		70.9	60.5	61.8	35.9	40.9	16.4	18.6	30.5	23.6		0.9
年齢別	20歳代	64.7	50.0	64.7	5.9	35.3	23.5	11.8	17.6	11.8		―
	30歳代	74.2	64.5	64.5	32.3	41.9	22.6	6.5	29.0	38.7		―
	40歳代	59.6	66.0	76.6	44.7	42.6	19.1	12.8	34.0	23.4		2.1
	50歳代	80.0	57.5	50.0	30.0	37.5	15.0	25.0	37.5	22.5		―
	60歳代	75.0	61.7	55.9	50.0	44.1	8.8	27.9	30.9	23.5		1.5
居住地別	青葉区	69.6	69.6	56.5	34.8	39.1	19.6	10.9	26.1	28.3		2.2
	宮城野区	63.0	50.0	63.0	39.1	39.1	15.2	19.6	32.6	17.4		2.2
	若林区	72.4	65.5	51.7	37.9	41.4	10.3	24.1	27.6	17.2		
	太白区	75.0	59.6	69.2	42.3	42.3	21.2	23.1	38.5	23.1		
	泉区	74.5	59.6	63.8	25.5	42.6	12.8	17.0	25.5	29.8		―

か」という問いに対する回答は，大いに充実させている（9.1％），まあ充実させている（50.0％），あまり充実させていない（32.7％），まったく充実させていない（5.5％）で，4割近くの団員が，消防団員をすることで生活に充実を感じていない．

おそらく，消防団員としての活動と仕事との両立が難しいというところに消防団員の一番の悩みがある．消防団員は，地域の安全に貢献できることを喜びとしながらも，地域社会から十分評価されていないと感じているという調査にあらわれたこの一点に注目が必要である．活動と仕事との両立に悩みながら，地域の安全に貢献できることを喜びとする人々が，地域社会から十分評価されていないと感じている．この現実のなかに防災コミュニティの形成に向けた課題がある．

「消防団が活性化するには町が元気でないとだめ」，「町を愛することがベースにないとコミュニティはできない」，「消防団は町の文化である」（自治体消防発足50周年記念「21世紀ふるさとづくり98シンポジウム」読売新聞1998年4月30日）という指摘がある．消防団が町の文化であるというのは，それ

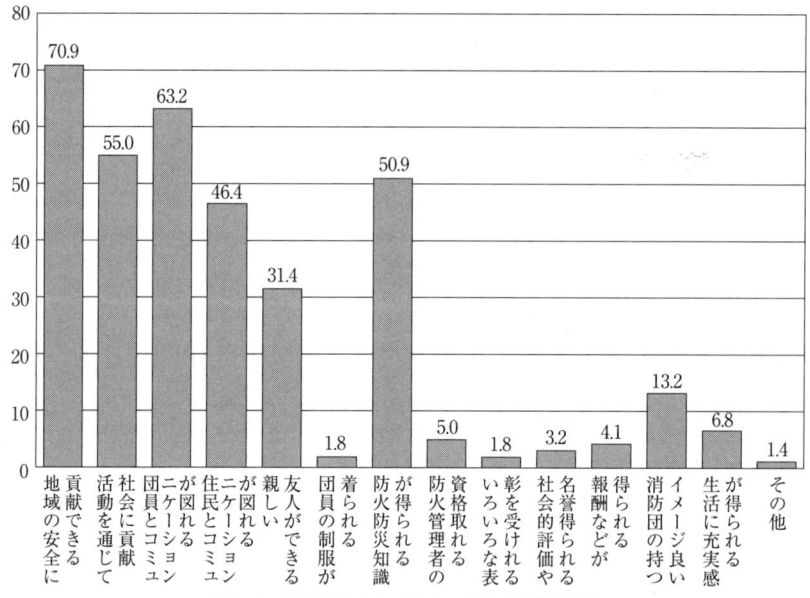

図 5-4 消防団員をしてよかった点（複数回答）

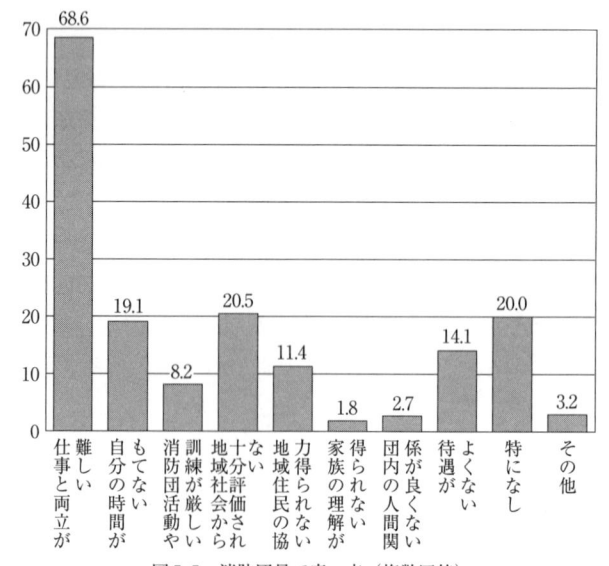

項目	%
地域の安全に貢献できる	70.9
社会に貢献活動を通じて	55.0
団員とコミュニケーションが図れる	63.2
住民とコミュニケーションが図れる	46.4
親しい友人ができる	31.4
団員の制服が着られる	1.8
防火防災知識が得られる	50.9
防火管理者の資格取れる	5.0
表彰を受けるいろいろな	1.8
社会的評価や名誉得られる	3.2
報酬などが得られる	4.1
消防団の持つイメージ良い	13.2
生活に充実感が得られる	6.8
その他	1.4

図 5-5 消防団員で辛い点（複数回答）

項目	%
仕事と両立が難しい	68.6
自分の時間がもてない	19.1
消防団活動や訓練が厳しい	8.2
地域社会からの評価が十分得られない	20.5
地域住民の協力が得られない	11.4
家族の理解が得られない	1.8
団内の人間関係が良くない	2.7
待遇がよくない	14.1
特になし	20.0
その他	3.2

が人々の生き方を反映しているということである．人々の生きがいがコミュニティをつくり，コミュニティが市民文化（市民に特徴的な価値観や行動様式）を創造する．もちろん，それは，市民文化がコミュニティをつくり，コミュニティが人々の生き方を方向づけていると言い換えることもできる．防災コミュニティは，消防団員が地域の安全に貢献できることを喜びとし，地域社会からその活動と存在を十分評価され，その活動を通した生活に充実感を覚えることができるとき，あるいは，消防団が，日常的に身近なところにありながら，必ずしも地域コミュニティの中核的存在となっていないという現状から，日常的に身近なところにある伝統的存在であり，かつ，地域コミュニティの中核的存在であるという方向に向かうとき，初めて形成の契機を獲得するのではないか．また，そういう状況がないと，新たな入団者（後継者）の加入を促すことも難しいのではないか．したがって消防団活動を活性化させ，コミュニティ全体のものとすることも困難なのではないか．先のモニター調査（仙台市1995）によれば，消防団への入団について，勧誘を受けたら加入する（13.8％），入団しない（43.9％），わからない（42.9％）で，勧誘を受けたら加入すると答えた人は少数である（小数点2位を四捨五入）．わからないという人が相当数存在するから，まったく期待がもてないわけではないが，入団しないと断定している人が半数近くあること，とりわけ，入団するという人が50歳代に多く，20歳代，30歳代，40歳代，わけても20歳代で少ないことに照らした場合，消防団の将来は楽観を許さない．その数字は，ある意味で，防災コミュニティの形成が困難を伴う作業であることを示唆している．

　もちろん，消防団の活性化も防災コミュニティの形成も闇雲に進めることはできない．社会構造と生活様式に大転換が生じ，かつての消防団もコミュニティもそのままでは機能しないという現実を直視すればなおさらである．消防団をコミュニティの中核的存在とするといった場合にも，それはかつての状況の復活を意図していない．ここに中核的という場合，権威的内容を有していない．防災に対して機能する消防団は，コミュニティにおいて部分的存在である．それにもかかわらず，それを中核的とするのは，消防団に，防災において主導的・調整的役割を果たすことが期待されるからであり，先の調査に見たような，今日的役割を期待するからである．

ところで，消防団の機能縮小あるいは弱体化の過程が常備消防体制の整備やコミュニティの衰退と密に関連している以上，消防団の将来展望に向けた作業もまた常備消防体制やコミュニティのあり方と関連的に検討されなければならない．そして，そのことに関連して言えば，コミュニティ・サイドにおける消防体制の強化とそこにおける消防団の位置づけについては新たな認識が必要である．すなわち，いま求められるコミュニティ・サイドにおける消防体制の強化は，かつての消防団が，すなわち旧いコミュニティと一体となって機能していた消防団がそのまま復活することを意味していない．常備消防体制の整備は時代の趨勢である．いま，消防団に期待されるのは常備消防体制と連携を保ちつつ，コミュニティ・サイドにおける消防体制の確立・強化に応えることのできる新しい機能をそなえることである．防火・防水といった従来型の消防団から，緊急時における高齢者や障害者の救出などをも担うことのできる今日型あるいは将来型の消防団に変化を遂げ，真に機能的存在，言葉を換えて住民の期待に応えられる存在になることである．消防団は，そのために，すなわち，防災都市，防災コミュニティの実現という新しい目標の実現に向けて機能的存在となり，防災都市の実現に正当な位置を獲得するために，大胆なまでの組織改革と団員の待遇改善，団員に対する専門的知識や技術の提供（学習機会の提供）を行なうことが必要である．複数の調査は団員の待遇改善と団員に対する学習機会の提供がこれからの消防団活動に不可欠であることを教えている．

　今日型あるいは将来型の消防団に向けて，消防団は，今後，若年層や女性の積極的加入を求めることになるであろう．また，今日型あるいは将来型の消防団に向けて，消防団は，これまで中心的に連携を保持してきた町内会に加え，多様な地域諸団体との間にも緊密な連携を求めることになるであろう．もちろん，新しい消防団のためには団員の士気と誇りが不可欠である．団員としての厳しい仕事，勤務との両立に悩む消防団員にとって誇りは大きな支えである．防災都市，防災コミュニティの形成に目覚めた市民のまなざしとコミュニティの期待が消防団に向けられるとき，消防団員は誇りをもって団員としての仕事を遂行するにちがいない．もしそうだとすれば，防災都市の実現に向けたコミュニティの活性化と市民の自覚向上こそ，これからの仙台市（都市）が目指すところでなければならない．その意味で，防災学習の機能を地域の学習力とし

てもつことができるコミュニティの創造は仙台市（都市）における当面の課題である．なお，念のためにいえば，そうしたコミュニティの充実＝グット・コミュニティへの前進を，地域の個性を無視した画一的な発想で推進しようとする試みは無益である．地域的個性を無視した画一的な手法は防災コミュニティの形成にも，グット・コミュニティの形成にも馴染まない．グッド・コミュニティがひとつの形でないことを銘記すべきである．

(3) テーマ・コミュニティ：「防災コミュニティ」

高田保馬は基礎社会の将来を，「其消滅は予想せられないとは云へ，昔日の意義を恢復する事は困難であろう」（高田 1922）と予測した．そこにはコミュニティの衰退が予想されている．確かに昔日の基礎社会優位の時代が再び訪れると考えるのは間違いである．しかし，基礎社会はその意義を無限に減じていくわけではない．近代における技術の発達は，わけても交通技術の発達は，職住分離を促し巨大な職域空間を創造すると同時に，人々をコミュニティから切り離し，コミュニティを空洞化（少なくとも1日のうちの少なくない時間）させるという構図を生産した．

しかし，トフラー，A. において基礎社会の復権は予想可能なところにある．技術のさらなる発達が近代を超える可能性を創造した．「新しい高度エレクトロニクスを基盤とした〈家内工業〉への回帰をもたらし，それに伴って，家庭が社会の中心として，再び重要視されることは確かである…．家庭で仕事をする労働者の人口がかなりの規模になれば，地域共同体は現在よりもずっと安定したものになっていくだろう．めまぐるしく変化する地域に生活しているわれわれには，いまのところ地域社会の安定など，とても実現できそうに思えないが，安定した地域共同体はひとつのゴールだと言える．勤労者が，仕事の一部ないし全部を家庭でできるようになれば，仕事が変わるたびに引っ越さなくともすむ．今日，多くの人がやむをえず引っ越しているのだが，家庭が仕事の場となれば，コンピューターの接続先をかえるだけですむようになる．そうなれば，転居を強いられることも少なくなり，個人への精神的ストレスも減り，人間関係が途切れることもなく，地域共同体の生活への参加感が高まる．今日の状況では，ある家族が地域共同体に転入してきても，1・2年でまた転出する

のではないかという考えが先に立って，近隣の団体に加わったり，深い友情を育てたり，地方政治に参加したり，地域共同体の生活に連帯感をもつといったことに積極的になれない．エレクトロニック住宅は地域共同体育クラブ，青年団といった自発的な組織を復活させるきっかけとなるだろう．エレクトロニック住宅とは，社会学者が好んで使うドイツ語の専門用語，ゲマインシャフトをもう少し拡大した概念であると言っていいだろう」(Toffler 1980＝徳山 1982)．

　繰り返し言えば，コミュニティへの回帰があったとしてもそれは過去における共同体の復活を意味していない．それはあくまで今日的なものである．確かに基礎社会は衰耗し派生社会たる機能的目的集団は優性となる．しかし，にもかかわらず，機能的目的集団は基礎社会を包摂することはできない．富永健一が「目的集団による基礎集団・基礎社会の機能的代替の不完全性」(富永 1988) と呼んだ事態に注目が必要である．そこにおいてコミュニティは期待される存在なのである．確かに期待と現実の間には距離がある．期待が直ちに現実のものとなるわけではない．それだけにコミュニティを再生させる試みが必要であり再生を促す契機を用意する試みが必要である．コミュニティ形成に向けた「テーマ」の設定はそのひとつである．コミュニティ再生のテーマは，地域の歴史と諸条件に応じ複数であってよい．「防災」はひとつのテーマであり，「防災コミュニティ」はテーマ・コミュニティのひとつである．その狙いは「防災」を地域住民共通の関心として設定し，住民相互の交流を高め，地域的生活協力体としてのコミュニティをいっそう充実させようとするものである．幸い，地域における安全の確保には多くの住民が関心を寄せている．因みに，以前，東北都市社会学研究会が仙台市で行なった調査 (吉原 1995) によれば，町内会に対する住民の期待として一番大きなものは「地域の安全確保」であった (内藤 2001)．それを住民の期待機能と表現すれば「地域の安全確保」は，町内会活動に対する期待，すなわち町内会の期待機能で第1位であるだけなく，町内会の現実機能 (町内会が現実に果たしている機能) においても第2位である．こうした実態に照らしてみても「防災」コミュニティがテーマ・コミュニティのひとつとして形成される可能性は十分あると言えるであろう．

5.5 安心・安全社会の構築生命化社会の構築とコミュニティ
　　　——まとめに代えて

　災害は今も昔も恐ろしい．災害とは何か．「災害とは，暴風，豪雨，豪雪，洪水，高潮，地震，津波その他の異常な自然現象又は大規模な火事若しくは爆発その他その及ぼす被害の程度においてこれらに類する政令で定める原因により生ずる被害をいう」(災害対策基本法)．確かに災害が直ちに社会構造を変化させることはない．しかし，災害はそれに遭遇した人々の，そして社会的連鎖のなかにある人々の，生活と生活構造を変えてくる．事実，多くの災害は人々の生活と生活構造を変えてきた．そして今日われわれはそうした記録を多く有している．

　とまれ，人々の生活と生活構造を一変させるこの災害は，その影響が広く「個人」を超えていること，問題の解決についてももっぱら「個人」の営為に委ね切れないことなどを考慮して，これを社会問題，広義の社会問題と考えることができる．もちろん，社会問題としての災害は逸脱などの社会問題，狭義の社会問題と性質を異にする．しかし，それは，既にみてきたように，社会問題のひとつとして，あるいは広義の社会問題として理解することが可能である．それにしても，災害は社会問題であるという認識が広汎な了解を得るためには，災害とその結果に対し，イメージを公共化する作業が不可欠である．言葉を換えて言えば，災害が社会問題であるということに合意の形成が必要である．イメージの公共化と合意の形成なしに，社会問題としての災害に対して有効な対応策を講ずることはできない．災害は社会問題であるという合意が成立していないところでは，被害者の救済や被害者に対する援助も難しい．

　災害とその結果に対するイメージの公共化には，したがって災害が社会問題であるということの合意形成を図るには，複数のアプローチがある．学校などの制度化された学習機関による一般化もそのひとつであろうし，公的機関による広報活動やマス・メディアの活用もそのひとつであろう．そうした試みの必要性と重要性は容易に了解可能である．しかし，私見によれば，それらにも況して，コミュニティによる，すなわちコミュニティにおける構成員が主体的に意欲するイメージの交換＝災害をめぐる認識の公共化はもっとも重要である．

なぜ認識の公共化なのか．災害は個々の生活体の生活に影響を及ぼすだけでなく，個々の生活体が生きる環境を破壊する．既にみてきたようにコミュニティが〈環境〉にほかならない以上，生活基盤たる環境の破壊は，当然，個々の生活体の問題である．環境としてのコミュニティを日常意識するかどうかは別として，あるいはそれとのかかわりの度合いは別として，生活体がコミュニティとともにあるというのは基礎社会の衰耗とコミュニティの蚕食を経た今日なお真実である．コミュニティは，依然，生命と財産の託された空間である．それだけではない．コミュニティという環境のあり方はまちがいなく生活の質を左右する．コミュニティを核として，災害＝社会問題のイメージを公共化するという試みは，環境としてのコミュニティを正当に認識する試みである．

　既にみてきたように，われわれは，自然災害の発生を非日常的な不意の出来事のように考える．しかし，それは人間同士のゲームのなかに生きる現代人の考えである．自然の息づかいやリズムに即してみれば，われわれが天災と呼ぶところの自然災害は自然界の日常的出来事である．いま，日常から感覚的に遠のいている「災害」と「コミュニティ」を日常感覚の世界に復帰させること，そこに，防災コミュニティ形成への契機がある．防災が生命と財産の確保に深くかかわる対応であることに共通認識が生まれ，それが日常的な問題であることに合意がなされれば，防災はコミュニティの再生に向けたひとつのテーマとして機能するであろう．防災コミュニティというテーマ・コミュニティはコミュニティの形成・活性化を促すうえで有効である．

　コミュニティに期待されるテーマは防災だけではない．その意味で防災というテーマはコミュニティにとって部分的である．本来，部分に対置される全体，部分を生み出し活性化させる基盤，それがコミュニティである．コミュニティは防災を超えてもっと内容豊かなものであってよい．言葉を換えて，コミュニティ論の地平はもっと雄大であってよい．コミュニティ論の地平には，新しい社会と新しい世界の構築という，スケールの大きなそして内容豊富な，また見方によっては闘争的な構想が含まれている．そうした認識に照らしてみても，いま，コミュニティ再生の目標を，防災を含むより上位の概念に求めることが必要である．私はコミュニティ再生の上位概念を「生命化社会」（生命が尊重され生命感覚が重視される社会）の構築に求めたい．「生命化社会」の構

築を目指すコミュニティは，防災コミュニティ・福祉・医療コミュニティ・アメニティを創造するコミュニティ等をその内に含む，より包括的な概念である．

　生命化社会について少しくふれておくことにしよう．産業革命の歴史的意義は「生産」の問題を超えていくつかの側面で確認することができるけれども，それまで植物的に生きてきた人々を解放し「自由」に生きる存在としたということもそのひとつである（Engels 1845＝全集刊行委員会 1971）．産業革命と市民革命という二大革命を経て，近代における民衆は広く自由を獲得した．そして，その自由を前提に，後の福祉国家は生命化社会へ向けて大きな歩を示している．もちろん近代が多くの限界をもつことはその後の歴史が証明する．生命化社会へ向けて歩み出した福祉国家も，ノーマライゼーションという近年におけるひとつの思考革命が提起されていることにもうかがうことができるように，限界をもったものであることは明らかである．近代は，人間の解放においても，生命化社会の実現においても部分的であった．昨今，われわれの社会，世界に生起する様々な出来事は，いま，われわれの社会が生命感覚に大きく欠けていること示唆している．生命と生命感覚を重視する社会の回復はいまや緊急の課題である．生命感覚を重視する社会の回復を求める要求は今後いっそう強まるに違いない．生命化社会＝生命と生命感覚が重視される社会に向けて様々な主体の様々な試みが展開されるにちがいない．およそ 100 年前，ハワード，E. の『明日の田園都市』（Howard 1902＝長 1968）が現われた．1898 年に「明日—真の改革にいたる平和な道」という題で初めて出版されたこの本は，1902 年に「明日の田園都市」の書名で改訂出版されるや，田園都市は飛行機とともに新時代の先ぶれと評価され，世界中の関心を引きつけることになった．農村と都市の結婚を謳う『明日の田園都市』が求めていたのは，都市だけではない，農村だけではない，都市の良さと農村の良さとを合わせもった理想の都市，都市＝農村であった．しかし，歴史が創り出したのはゴットマンの著作を生んだメガロポリスという超巨大都市である（Gottmann 1961＝木内・石水 1970）．いま，あらためてハワードが掲げた理想を質し，その意図を今日的に構成すれば，それは生命と生命感覚が重視される「生命化社会」の構築であった．「環境の劣化が内在化して身体の劣化を不可避のものとし，この傾向率

に照応して精神の劣化たるイデオロギーが優勢となる．このように総括できるのが，21世紀へ踏む出そうとする先進諸社会の生活様式を尖端的に集約しているアーバニズムの具体的内容である」（鈴木 1998）という歴史・現状認識に学びたい．21世紀は生命化社会の構築に向かい前進する世紀となろう．

　メガロポリスを生んだ20世紀は成長主義（成長を最優先させる巨大市場経済）に導かれた大浪費社会を出現させた．しかし，われわれの21世紀はその道をそのまま歩めない．人口，資源，環境などの諸要因が21世紀とは異なる次元の社会（世界）を求めている．グッド・コミュニティの構築も，生命化社会の構築もそうした要請の線上にある．生活体と環境のあり方に特別の関心を有する「防災」コミュニティは必然的に「環境」論を含むことになろう．そして「環境」論をも含むそれは，さらに，生命化社会の構築をも射程におくことになろう．そこにおいてコミュニティは運動体としての性格を獲得する．コミュニティは生命化社会の構築に向けたイメージ創出＝公共化の拠点である．それは，日常の生活が営まれている具体的な環境であり，生活主体がその空間を日常的に自己の存在と結びつけ，そこに意味を付与している意味空間，すなわち空間的に意味のある世界である．と同時に，そこに住まう人々とその地域に共属の感情をもつ人々が，そこを拠点に，生活協力と交流を，対内的・対外的に実現している開かれた空間である．既にみたように，われわれはコミュニティをそのようなものとして定義する．いま，その定義に照らしてみても，コミュニティをひとつの運動体として，生命化社会の構築に向けたイメージ創出＝公共化の拠点として位置づける試みは肯定されてよい．

　本論の意図については問題の所在においてふれたとおりである．防災をテーマとしたコミュニティの形成に対する要請にはいまや切実なものがある．そこにおいて，伝統的な地域集団，「消防団」の見直しには一定の意味があるのではないか．消防団はかつてコミュニティにおける中心的集団であった．消防団は近代的消防体制が確立される以前，そして確立された以後も住民の生活を守り，コミュニティが安心・安全を維持するために重要な役割をもった集団であった．そして消防団を代表する団長の地位も高いものであった．それは日本全国に見られたすがたであった．しかし，基礎集団・基礎社会の衰退と目的集団

の優位という過程，常備消防体制の整備・確立によるコミュニティの「蚕食過程」(Stein 1960) は消防団の位置を大きく変えてきた．常備消防体制の整備される過程はコミュティの衰退と消防団の機能低下，すなわち，コミュニティ・サイドの消防体制において中核的存在であった消防団の機能低下が進行した過程であった．しかし，コミュニティにおける安心・安全の確保には，住民の自発的協力が必要である．都市的生活様式が常態化したいま，コミュニティ・サイドにおける消防体制の強化とそこにおける消防団の位置づけについては，改めて見直しが必要である．果たして，どのようなコミュニティをグッド・コミュニティとみるかは決して簡単な問題でないけれども，防災への対応も含めコミュニティのあり方を考える以上，一般的にグッド・コミュニティの条件として挙げられているところも含めて（Warren 1970；鈴木 1986；金子 1989；菊地・江上 1998)，グッド・コミュニティに対する検討が求められるあろう．私見によれば，グット・コミュニティをコミュニティ形成の歴史的経緯やコミュニティがもつ文化的個性という問題を抜きに理解することはできない．グット・コミュニティをステレオタイプ化して過度に一般化することは危険である（鈴木 1996)．そうした前提に立って，敢えて，グット・コミュニティの要件を探れば，「(1) 物理的・社会的に安全と安心が確保されているコミュニティ，(2) 地域住民が相互に一体感をもったコミュニティ，(3) 共同と協働を基盤にした自主的地域管理機能をもつコミュニティ，(4) 緊張を処理し問題の解決を図る意欲と力をもつコミュニティ，(5) 個人の自由が可能なかぎり保障され，統合性を維持している寛容度の高いコミュニティ，(6) コミュニケーションの回路を維持し，世代的にも，言語を機能させているコミュニティ，(7) 地域統合のシンボルをもち，外部社会との交流を豊かな地域形成に活用・実現しているコミュニティ，(8) 何よりも住民の満足度の高いコミュニティ」（高橋・内藤 2009) という要件を指摘することができるであろう．

　歴史は，確かに，ゲゼルシャフト関係の優位を示している．けれども，ゲマインシャフトやゲマインシャフトの要素までもがすべて消えてしまうわけではない．グット・コミュニティの探求に際してもその点は記憶されてよい．確かに歴史の流れに逆行し共同体を描くことは難しいけれども，ゲゼルシャフト関係が優位するなかで，機能集団の優位が顕著になるなかでも，機能集団の代替

不完全性（富永健一）という事態に注目すれば，歴史の流れがすべて直線的でないことにも気づくであろう．もちろんコミュニティに対する要請と希求は日常的に自覚されるわけではないにしても，そのことをもって，現代をコミュニティへの希求を失った時代とみなすことはまちがいである．

　安心・安全，快適・利便な生活を実現するためには全体性という視点が不可欠である．もっとも，コミュニティに求められる全体性への希求は，コミュニティが個別機能集団の機能を超えた，全体性にかかわる具体的な問題を解決するうえで「有用・有効な存在」であるという意識なしに芽生えないであろうから，「有用・有効」を自覚させる試みが必要である．一例を「防災」というテーマに求めた「テーマ・コミュニティ」はそうした試みのひとつである．敢えて伝統的な地域集団の見直しにこだわるのはそのためである．そこにあるのは伝統的地域集団でなければならないという主張ではない．伝統的地域集団も，安心・安全を目指す生活の再構造化に活用が可能であるというのが私の主張である．

補　注

　この論文は吉原直樹氏（東北大学文学部教授）を代表として行なわれた研究（吉原直樹・内藤辰美・桑原司・ドイアントR.D.・斎藤綾美・末良哲・竹円篤志『地域中枢広域都市における防災コミュニティの形成過程に関する研究──仙台市の消防団を中心として──』財団法人第一住宅建設脇会，1999年）を基に書かれている．そのため，本論の記述と上記報告における筆者の執筆箇所に重複がある．なお，本論で使用した調査結果の詳細については，上記報告書に収められた「資料」の参照を願うものである．

引用参考文献

Bell, D., 1966・1976-7, *Culturaul Contradictions of Capitalisum*, Basic Books, Inc.（＝1976，林雄二郎訳『資本主義の文化的矛盾（上・中・下）』講談社．

Engels, F., 1845, *Die Lage der arbeitenden Klasse in England*, Marx=Engels Werke, Berlin：Deitz.（＝1971, 全集刊行委員会訳『イギリスにおける労働者階級の状態』序説，大月書店）．

Gottmann, J.M., 1961, *Megalopolis, the urbanized northern seaboard of United States*, MIT Press（＝1970, 木内信蔵・石水照雄共訳『メガロポリス』鹿島出版会）．

Hillery, G.A., 1955, Definition of community：Areas of agreement, Rural Sociology, Vol.20.（＝1978，山口弘光訳「コミュニティの定義─合意の範囲をめぐって─」鈴木広編『増補　都市化の社会学』誠信書房）．

Howard, E., 1902, *Garden Cities of To-Morrow*, London：Faber.（＝1968, 長素連訳『明日の田園都市』

鹿島出版会).
金子勇，1989，『新コミュニティの社会理論』アカデミア出版.
菊地美代志・江上渉，1998，『コミュニティの組織と施設』多賀出版.
Merton, R.K., 1957, *Social Theory and Social Structure*, Free Press.（＝1961，森東吾・森好夫・金沢実・中島竜太郎訳『社会理論と機能分析』みすず書房).
宮本憲一，1973，「現代資本主義と公害・災害」『岩波講座 現代都市政策，Ⅳ，都市と公害・災害』岩波書店.
内藤辰美，2001，『地域再生の思想と方法』恒星社厚生閣.
仙台市，1995，「消防団に関する意識調査」『市政モニター・区制アドバイザーアンケート』仙台市.
仙台市自治体消防発足20周年記念行事委員会，1969，『仙台市消防のあゆみ─自治体消防発足20周年記念号』仙台市消防局.
Stein, M.R., 1960, *The Eclipse of Community*：*An lnterpretation of American Studies*, Princeton, N.J.
鈴木広編，1986，『都市化の研究』恒星社厚生閣.
────，1998，「都市社会学の現代的課題─災害分析から環境対応へ─」『災害都市の研究─島原市と普賢岳─』九州大学出版会.
────，1996，「方法としての環境社会学」『社会学評論』180号.
高田保馬，1922，『社会学概論』岩波書店.
高橋勇悦・内藤辰美，2009，『地域社会の新しい〈共同〉とリーダー』恒星社厚生閣.
Toffler, A., 1980, *The Third Wave*, New York：Willam Morrow.（＝1980，徳山二郎監修『第三の波』日本放送協会).
富永健一，1988，『日本産業社会の転機』東京大学出版会.
東北都市社会学研究会，1997，『仙台市消防団員調査結果』東北大学文学部吉原直樹研究室.
梅棹忠夫，1967，『生態学入門』講談社.
Warren, R.L., 1970, "Good Community — What Would It Be" Journal of Community Deyelopment Society, 1（1), spring.
山根常男・森岡清美・本間康平・竹内郁郎・高橋勇悦・天野郁夫編，1977，『テキストブック社会学5 地域社会』有斐閣.
吉原直樹，1995，「仙台市における町内会の構成と活動の実態─仙台市町内会調査報告書─」東北都市社会学研究会.
────・内藤辰美・桑原司・R.D. ドイアント・斎藤綾美・末良哲・竹円篤志，1999，『地域中枢広域都市における防災コミュニティの形成過程に関する研究－仙台市の消防団を中心として－』財団法人第一住宅建設脇会

Ⅱ部

公共的市民文化形成とコミュニティ

6 章

公共的市民文化の形成とコミュニティ

6.1 戦後日本の理想と現実

　周知のように，戦後日本，現代日本は近代日本と国家・社会のあり方を異にする．そのことは近代日本と戦後日本における主権の所在，新旧憲法上における国民の位置が如実に示すところである．確かに，戦後日本は天皇制の維持において近代日本と連続する．しかし，そうした視点に立ってみても，戦後日本，現代日本が近代日本と構造を異にする国家・社会体制であることを否定することは難しい．われわれは，いま，「天皇への距離」（丸山 1964：21）において構造化されていた近代日本における従属関係から自由である．

　それにしても社会のうえに相対化されることのなかった国家は，社会と個人のあり方に特有の影を落としてきた．戦後日本のあり方をめぐり，まず，「近代化」や「近代的人間」についての論議がなされたのもそのためであった．「近代主義者たちに共通のものは，日本の近代化とその性格そのものにたいする強い関心である．同時に制度的変革としての近代だけでなく，その変革をになう主体としての，いわゆる近代的人間確立の問題にたいする強い関心である」（日高 1964：8[1]）．大塚久雄の提起した近代的人間類型の創出における「政治的主体の民衆的基盤の問題」，「自由な民衆」（大塚 1946）はその代表である．健全な個の確立が果たされず，社会が国家に埋没するという前近代的構造を近代の歴史としてもった日本が，政治主体としての民衆を欠如させていたのは必然の帰結であって，そこに，日本近代が抱える脆弱性をみることができる．

確かに戦後日本は近代日本を超える歴史的成果を獲得した．宮崎勇がいうように，戦後日本は「人間の自由化」を推進し，資本主義経済が本来もっている市場原理を機能させることに成功した（宮崎 1983：21）．私も宮崎の見解に同意する．しかし，そこにおいて，なお，大塚が提起した「自由な民衆」の問題は解決されていない．大塚が「自由な民衆」として説いたところに照らしてみれば，宮崎のみた「人間の自由化」も一面の成果にすぎない．「バブルの崩壊」という歴史的出来事がわれわれに教え示したところは，戦後日本の経済的繁栄がもつ虚構性であり，大塚のいう「自由な民衆」への距離である．

6.2 都市型社会への移行と市民文化論

(1) 都市型社会と市民文化論

　近代主義者の問題意識が，半世紀を経た現在，風化しつつあるとしても特別奇異なことではない．戦後日本の復興と経済成長そしてそれに連動した社会変動は，日本を戦前の地主制を体制の中枢部においた農村型社会から都市型社会へと転換させ，近代を通じてみることのできなかった人間の自由化を実現させている．しかし，近代主義者の問題提起が，依然，課題として残る以上，歴史としての近代日本を現代日本の考察から外すことは許されない．事実，戦後日本の社会変動は大塚が指摘した課題を新たな角度から追求する作業を求めている．松下圭一の提起する「市民文化」の創出という問題の提起は，そうした試みのひとつと理解されるであろう（松下 1985）．もとより大塚の論じた「自由な民衆」と松下の提起する「市民文化」は歴史的背景を異にする．したがって両者をまったく同一の次元で論じることはできない．しかし，両者がともに，日本近代の深層部に宿るところの脆弱性といったものを意識していることは明らかであり，大塚の問題意識と松下の問題提起には共通するところがあることも事実である．少しく松下のいう「市民文化」を記憶にとどめよう．松下によれば，市民そのものが政治概念であり市民文化も政治概念である（松下 1985：25）．市民文化は政治概念であるだけではない．松下の場合，それは実体概念でなく期待概念である．「今日の時点で，この市民文化という言葉のつかわれ方をつきつめると，〈市民が存在するとすれば，市民が当然もつであろ

うような生活様式，あるいは価値意識・行動準則・それに伴う表現活動によってうみだされる文化状況〉という意味になる．これでは確かに抽象的である．それに内容自体も空虚であるといってよい．にもかかわらず，市民文化論が語られあっているのは，現在，いきいきと成熟していないとしても，未来に向けてその成熟がのぞまれる文化状況という意味をもっているからである．市民文化とは，さしあたり，期待される文化状況といってよいであろう」(前掲書：2-3)．〈市民が存在するとすれば，市民が当然もつであろうような〉というところにこの概念に対する松下の思い入れが存在する．それに続く，〈生活様式，あるいは価値意識・行動準則，それに伴う表現活動によって生み出される文化状況〉は実体概念としての市民文化と変わらない．

(2) 伝統的市民文化と公共的市民文化

　市民，市民文化は多義的概念である．それは政治概念として使われるだけでなく，文字通り文化概念として使われる．あるいは，あるべき姿を求める規範概念としてだけでなく，ある姿を記述する実体概念としても使われる（倉沢1968；足立1975；越智1980）．市民文化が実体概念として使われるのはなぜか．それは現実の都市自体が文化的な存在であるからである．市民はウェーバー，M. 的認識に基づいて，すなわち西洋の都市に固有な存在として理解されるだけでなく，現実にある都市の担い手としても理解される[2]．そしてそこでは市民文化も期待概念としてでなく，現実に在る文化，例えば若者文化のような具体的な文化のひとつとして，実体概念として使われる．私見によれば，市民ないし市民文化を実体概念として使用する立場は，期待概念としての市民ないし市民文化を排斥しない．むしろ松下の意図するところには十分理解が可能である．繰り返すなら市民，市民文化は多義的概念である．無用な混乱を避けるために，実体概念としての市民文化と区別して期待概念としての市民文化を「公共的市民文化」と記述することにしよう．実体概念としての市民文化は「都市住民＝市民に特徴的な行動様式やその都市に支配的な価値体系」であり，期待概念としての市民文化は「新しい都市と市民生活のあり方を目標にした場合形成が期待される都市住民＝市民の行動様式」である．実体概念としての市民文化を伝統的市民文化，期待概念としての市民文化を公共的市民文化と呼ぶ

ことも可能である.

　少しく敷衍しよう．実体としての市民文化，伝統的市民文化には，公共性の問題を考える場合，必ずしも肯定されないものがある．「都市住民＝市民に特徴的な行動様式やその都市にみられる特徴的な価値体系」が都市型社会に馴染まず，しばしば「自由な民衆」創出の阻害要因としても機能することがある．一方，いまなお，われわれの社会と国家，そして都市は「自由な民衆」を求めている．当然「自由な民衆」創出の阻害要因として機能することがある市民文化，都市型社会に馴染まない伝統的市民文化とは異なる，次元を異にする文化の形成が求められてよい．公共的市民文化の形成が意識されてよい．ここで，改めて，大塚のいう「自由な民衆」が，自らの人格的尊厳を内面的に自覚し，自律的に前向きの社会の秩序を維持し，公共の福祉を促進していき得るような民衆であったことを想起しよう（大塚 1946：95）．「自由な民衆」にはネーダー，R.のいう「公共市民」，「自分や自分の家族のことに関心を集中させる市民，私的市民とは対照的な，公共の利益を考えることのできる市民」（Neder 1972）と重なるところがある．公共的市民文化の形成は都市的生活様式と都市型社会が普遍化し都市的生活様式が一般化しつつある現在切実な課題に相違ない．都市的生活様式と都市型社会は国家理性や企業理性とは次元を異にする市民理性を求めている（松下 1971：274）．それはまた公共家族形成の努力を，すなわち社会の正当性（根拠ある価値観）を確立する努力を，あらためて求めている（Bell 1976：187-8[3]）．

(3) 都市の文化的重層性と実証科学

　いま歴史が期待概念としての公共的市民文化を求めているなか，なぜに実体概念としての市民文化なのか．あるいはなぜに公共的市民文化と伝統的市民文化なのか．およそ現実の都市は，常に，過去と未来という2つの力のうえにある．都市を歴史的存在として理解するかぎりそうである．都市の現在は過去との関係においてあるだけではなく未来との関係においてある．文化的存在としての都市は実体概念としての市民文化（過去）という視点を欠いても，期待概念としての市民文化という視点（未来）を抜きにしても語れない．戦後，そして現在，都市的生活様式はますます浸透し，日本は都市型社会の性格を一段と

強めている．しかし，都市型社会への移行は決して西欧市民社会への移行を意味していない．かつて神島二郎が，日本の都市はゲゼルシャフトではなく「群化社会」であるという言い方をしたのもそうした認識の現われである（神島 1961年：36）．都市型社会へ移行は都市型社会にふさわしい市民文化，個人の権利拡大と公共の利益を調和させる公共的市民文化を要請する．しかし都市はそこでも文化における重層性を喪失させることがない．過去の歴史と断絶することがない．未来に向けて都市を取り上げ都市のあり方を論ずる場合，実証科学としての社会学は都市がもつ文化的重層性を意識しなければならない．そうした意識が希薄な研究は観念的となり，結果的に公共的市民文化の形成に貢献できないという事態を招く恐れがある[4]．以下，ひとつの地方都市を事例に，公共的市民文化形成の課題についてふれることにしよう．

6.3 市民文化と地方都市―山形市の場合

(1) 多選首長都市の市民文化

山形市は多選首長で知られた都市である．この都市は，また，市民文化という視点でみた場合，特徴的な都市である．この都市における市長の多選は市民文化と関係する．山形市では金沢忠雄氏が，過去（1966-95年），連続7期，28年の長きにわたり市長の座に君臨した．金沢氏の多選には複数の理由がある．山形市民の意識するところによれば（内藤 1992, 1997），(1) 後援会や各種団体の支持がある，(2) 他に代わるほどの人物がいない，(3) 有力者の支援がある，(4) 個人的な魅力がある，(5) 地域や町内会の支持がある，(6) 自民党がひとつにまとまっていない，(7) 政策のよさが評価されている，(8) 実力とリーダーシップがある，(9) 市議会の支持がある，というような複数の要因によってつくり出されたものである．こうした市民の判断には裏づけもあり，大方，妥当である．特に (1) の後援会や各種団体の支持がある，(3) の有力者の支援がある，(6) の自民党がひとつにまとまっていないという点についてはそうであった．しかし，(2) の他に代わるほどの人物がいないという指摘は，これまでの選挙の結果をみると必ずしも妥当しない，あるいは別の解釈も可能である．1986年（昭和61年）と1990年（平成2年）の選挙では吉村和

夫氏の立候補があり，1986年の第11回選挙（金沢忠夫：7万2,679票，吉村和夫：6万2,851票）と1990年の第12回選挙（金沢忠夫：7万40票，吉村和夫：6万8,646票）は，ともに，接戦であった．こうした結果にみるかぎり，山形市の場合，他に代わるほどの「人物がいない」というわけではなく，正しくは，対立候補吉村和夫氏の力が及ばなかったということであろう．あるいは対立候補吉村和夫氏が接戦を演じつつも不人気であったということである．

　山形市の選挙に関するかぎり吉村氏の不人気（人物でないと判断される不人気）は多分にこの都市特有の市民文化の反映である．「山形の選挙は人物選挙だ[5]」という見方があるが，それはある程度日本全国どの都市にも共通するものであろう．それにもかかわらず山形（市）の選挙が人物選挙だといわれるとき，納得がいくのは，この都市がもつ市民文化によるものである．山形市を含む山形県村山地方には「あがすけ」という言葉がある．「あがすけ：生意気，うぬぼれ，傲慢，おだてに乗る者」（『日本方言大辞典』小学館）．この都市の場合，あがすけには否定的評価がある．調査によれば，山形市民の間では老若男女を問わず「あがすけ」に否定的である（内藤 1997）．ここでは「あがすけ否定の文化」がひとつの市民文化として，「都市住民＝市民に特徴的な行動様式や支配的な価値体系」として存在する．私見によれば，吉村氏は「あがすけ」またはその要素を多分にもつ人柄とみられ「人物」評価が低く，金沢氏は「あがすけ」の要素をもたない人柄とみられ「人物」評価が高い．われわれが実施した，1995年（平成7年）の第13回選挙における2人の候補者（佐藤・吉村）に対する市民のイメージ調査には，「人物」や「市民文化」の意味するところについて示唆するものがある．

　佐藤氏は，誠実・安定・協調・温和で高い得点をもち，吉村氏は，改革・決断実行，剛腕で高い得点を示している．山形市民の目からみた場合，金沢氏の推薦により候補となった佐藤氏は謙虚であり（この都市に支配的なあがすけ否定の行動様式をもった人柄であり）3度目の挑戦で，なお，「自分が」という意欲に燃える吉村氏は，たぶん，「あがすけ」（この都市では否定的な評価を受ける行動様式をもった人柄）なのである．

(2) 第13回山形市長選挙と「市民の会」

　1995年（平成7年）の第13回山形市長選挙は興味ある選挙であった．確かに，この選挙は金沢後継を謳う佐藤氏と，市長の座を金沢氏と二度争った吉村氏との選挙戦という形になり新鮮味に欠けた選挙であったこと，もう1つには勝敗の行方がはっきりしている選挙とみられていたことにより市民的関心の薄い選挙であった．「佐藤氏は，金沢市政後継者として，5つの政党のほか，労働団体などの推薦を受けて吉村包囲網を固め，盤石の必勝態勢で選挙に望んだ．投票直前の情勢分析でも1-2万票の大差で勝つ．吉村氏は6万票を超えない（社会党幹部）と算術的勝利を確信する向きが多かった．が，ふたを開けてみれば，その差は3千6百票余しかなかった」（『読売新聞』検証・山形市長選（上）1994年11月8日）．

　間違いなく市民的関心の薄い選挙ではあったが，候補者選出の過程で活躍した「市民の会」の存在がこの選挙を記憶に残る選挙としたようである．「市民の会」は，この都市の市民文化と政治風土を考えるうえで興味深い材料を提供した（内藤1995）．実質，市民とはかけ離れた「市民の会」が，どのような意味で，「市民」を名乗る「会」であり得たのかは非常に関心がもたれるところである．その意味で，毎日新聞の次の記事は見逃せない．「市民の会は佐藤氏擁立後，いったん，休眠宣言（武田一夫市議）したものの，選挙戦への積極関与に方針を転換．選対事務所の一角に別棟を建てた．しかし来訪者のほとんどは直接，選対事務所に足を運んだ．沼沢県議が市民の会の代表として応援演説する際にだけ，その名が浮上したともいえる．市民の会に在籍していた自民党県議，市議も，自民党市政推進議員団，自民党同志会，21世紀の会などの組織を名乗り，佐藤氏選対に加わった．決起集会などで市議が紹介される際も，市民の会の名前が呼ばれることは少なく，その存在感は次第に薄いものになっていったと選対幹部は述懐する．佐藤さんを市民が選んだ候補であるとの一定の位置付けができたことが成果のひとつ．また，自民党議員の取り込みにも成功した（選対幹部）．いま改めて市民の会とはと問えば，こんな答えが返ってくる」（『毎日新聞』「奔流④─山形市長選第5部」1994年11月12日）．この報道がどこまで真実を伝えているかについて，私は検証能力をもたない．しかしこうした報道が，複数の新聞が取材した結果と大きな違いを見せていないこ

とに照らしてみても事実に反しているとは思えない．そうだとすれば，市民の会の重要な性格のひとつが，「佐藤さんを市民が選んだ候補であるとの一定の位置付けができたことが成果のひとつ．また，自民党議員の取り込みにも成功した（選対幹部）」というところにあったことは，この都市の政治風土を知るために非常に重要である．見方によれば，「市民の会」は「談合」政治の派生体であった[6]．

（3）佐藤幸次郎市長の再選と辞任

1999年（平成11年）の第14回山形市長選挙は，金沢忠夫氏と3度にわたり選挙を戦い，金沢後継の佐藤幸次郎前市長と第13回選挙を戦った吉村和夫氏が，この間，山形県議会議員に返り咲き，第14回の山形市長選挙に立候補を表明した佐藤幸次郎市長の再選支持を表明したこともあって，佐藤幸次郎市長に対する信任投票に近い選挙であった．佐藤幸次郎市長には健康問題があり，再選が懸念されていたことも事実であるが，その時点でその後に起こる市長退陣という事態を予想した人はいない．既に数々の報道がなされている通り，佐藤幸次郎市長が退陣するに至る経緯はおよそ以下のようなものである．

1999年1月27, 28日	山形市発注の下水道工事での談合容疑で5建設業者逮捕，市水道部に捜索
10月30日	奥山漸・市代表監査委員を談合の共犯容疑で逮捕．市監査委員事務局を捜索
10月31日	佐藤幸次郎市長が記者会見．「(奥山被告に) 憤り感じる」
11月8日	市秘書課を捜索．土木業者からなる「建志会」から市長後援会への同課経由でのヤミ献金疑惑浮かぶ
11月12日	市下水道室長などを県警が捜索
12月9日	片桐孝雄・市長秘書課長と市長後援会幹部二人を政治資金規制法違反（虚偽記載）容疑で県警が逮捕
12月10日	佐藤市長，市立病院に入院
12月17日	佐藤市長が辞表提出
2000年1月30日	市長選告示

（『朝日新聞』2000年1月25日）

これは山形市が発注する下水道工事をめぐる談合事件である．山形市の建設部長のポストを最後に退職し，市の代表監査委員になった奥山漸氏が複数の業者と勉強会をつくり，市の発注動向を聞いたり，談合での困りごとを相談したりする一方，佐藤幸次郎市長への政治献金・選挙資金を提供する関係をを作っていたという．代表監査委員は，集めた金を市長室隣の秘書課へ届け，秘書課は後援会名義の銀行口座に入金するなどの役割を担っていた．市長の金庫番を秘書課職員が担い，集められた金の存在は政政治資金の収支報告書には一切書き込まれていなかった．ヤミ献金の一部は，30年以上の市政与党・社民党県連に選挙資金として流れていたというのが事件の大筋（『朝日新聞』2000年1月25日：要旨）である．

6.4 公共的市民文化の形成とコミュニティ

(1) 伝統的市民文化と地方都市

こうした出来事があって2000年（平成12年）の第15回の山形市長選挙は思わぬ展開となった．吉村和夫県議会議員が市長選挙へ立候補を表明，金沢・佐藤陣営の推す柿崎喜世樹氏と事実上の一騎打ちを演じたのである．さすがにこの選挙では「市民の会」なるものは登場してこない．結果は，吉村忠夫氏が勝利し，吉村氏は念願の山形市長の椅子に座ることになった．

それにしても第13回の山形市長選挙（1994年11月6日執行）を戦った吉村，佐藤両氏についてのイメージ（市民がみた両氏のイメージ）で，金権イメージの強かった吉村氏ではなく，清潔・誠実で吉村氏を圧倒的にリードしていた佐藤氏に談合事件が起きたことは念頭に置かれてよい．佐藤市長退陣のきっかけとなった談合事件は佐藤氏個人の資質に絡む問題あると同時に，「あがすけ」を嫌い約30年に及ぶ多選首長を許してきたこの都市の市民文化の帰結である．この談合争件に先行して，「市民の会」という政治的談合が行なわれていた事実も忘れることができない．もちろん市民の会が今回の談合事件を引き起こしたわけではない．それにしても公共的市民文化から距離をおくこの都市の姿には，そしてたぶん，多くの地方都市にみられる姿には注目が必要である[7]．

おそらく伝統的市民文化が都市の政治を規定するという構図は全国いたるところでみられるに違いない．山形市で目撃された事態は，日本の地方都市で少なからずみられるところであろう．市民自治はそうした文化的風土のうえに展開されている．そうした状況のなかでは伝統的市民文化がドミナントであって，ドミナント＝公共的市民文化という見方すらなされている．しかし，ドミナントないし多数という現実をもって公共的なものと認識することはできない．仮にそうした認識が可能であるとしても公共的なものの要件を一部満たすにすぎない．公共的市民文化が求める公共性あるいは公共的なものはベル，D.のいう社会の正当性（根拠ある価値観）を含意するからである．談合や談合を許す文化が，都市運営に正当性をもつ根拠ある価値として承認されるということは歴史の方向に照らして難しい．

(2) 都市の歴史的個性と公共性

　私が大塚のいう「自由な民衆」や松下のいう「市民文化」に理解と評価を与えつつ伝統的市民文化と公共的市民文化というふたつの概念の使い分けにこだわるのはなぜか．それは，一重に，市民文化をもっぱら期待概念として使うことで，その概念の多義的性格やその概念がもつ現実性を排除してしまうことを危惧するからである．都市はいかなる都市もひとつの歴史的形成体であり個性的存在である．伝統的市民文化を喪失した都市は個性に欠けていて魅力的存在とは言い難い．人々はそうした深さに欠ける都市を望んでいない．都市のもつ歴史性や個性を大事にするということは視点を過去において肯定されるだけでなく未来においても肯定される．しかし，その一方，公共的市民文化の弱い都市は歴史の方向性に照らし貧困であり不都合である．

　「維新において企図された絶対主義的政治国家は，日本資本主義が形成されるにつれて，社会の上に相対化されず，逆にその中に浸透しつつ，自己の政治権力としての固有性をすら忘却するに至ったのである」（藤田 1966）．戦後日本はその歴史からの脱却を自覚して出発した．そこにおいては都市もまた自治を有し，内務大臣の指揮する戦前のあり方と異なる存在となった．しかし，現代日本はいまだ深層部分に脆弱性を残したままである．深層部分に残した脆弱性とは何か．それはわれわれの国家のありようであり，都市のありようであ

り，市民生活のありようである．すなわち，我が国近代の国家や社会と個人のあり方に対する反省として提起された「自由な民衆」の創出という課題が，いまなお，課題として残る我が国家・社会のありようである．日本社会の家族的構成（川島 1947）が大きな変容を経験したいまなお，都市と市民生活の新しいありようを実現するに至らない．

戦後，臣民から私民（田中，1971）へと位置を移した国民は，戦前にはみることのなかった「人間の自由化」が実現されるなか，経済的繁栄を謳歌し，それを「自由な民衆」の実現と錯覚し，文化的に劣位にある状況を冷静に直視することができずにいる．「市民文化」の必要が謳われ，それが説得力をもつのはその証左といえよう．真の個人主義が形成されないままに，資本主義の経済法則に則り「私化」が広く深く浸透しているというのが我が国家・社会の現状である．鈴木広の表現を借りれば，「たえず私化する私性という主観の傾向とたえず全体化する全体性という客観的過程の性格をあわせもつ現代社会の存立構造とその矛盾」（鈴木 1986：173）を露わにしているのが現状である．

(3) 伝統的市民文化の効用と限界

市民意識と公共的市民文化の形成に関連してなお少しく述べよう．伝統的市民文化と公共的市民文化は常に融合的であるとは限らない．価値（行為規範）としての文化は時に鋭く対立する．山形市の場合のように，伝統的市民文化が都市政治のあり方を規定する例は少なくない．伝統的市民文化が公共的市民文化の形成に阻害要因となることは十分予想されるところである．それにもかかわらず随所で市民生活に潤いを与えている伝統的市民文化の存在を否定することは難しい．そして，伝統的市民文化が存在する以上，公共的市民文化の形成を伝統的市民文化抜きに論じてみても意味がない．少なくとも実証科学の立場に立てばそうである．いま，我々に求められるのは，ベルのいう「市民意識」（「人々が何の抵抗感ももたずに他人の権利を尊重すること，公的なものを犠牲にしてまで私的な利益を追求しないこと」（Bell 1976：125-6）を，伝統的市民文化を内在させる都市状況のなかで，いかに醸成するか，そして現代日本がいまなお清算し得ていない「脆弱性」をいかに克服するか，その方向性を確認することであろう．伝統的市民文化と公共的市民文化とは時に対立的であるに

しても共存が不可能なものではない．伝統的市民文化と公共的市民文化は相互にそれぞれが部分的存在であり，かつ相互に有用なものであることを承認すればよい．2つの市民文化は，決して，市民文化の名目において一方が一方を否定するというものではない．それは位相と機能的側面を異にして，文化的に豊かな都市を創り出すために不可欠な存在である．伝統的市民文化の存在を否定して公共的市民文化の必要を説く試みは，もっぱら，市民と都市を規範的視点において理解する立場にすぎない．一旦，都市を社会学的立場において理解しようとするならば，むしろ伝統的市民文化の存在を承認し，その機能領域（限界）を明示するという作業が必要である[8]．当然，公共的市民文化の役割は部分的であってよい．公共的市民文化は都市生活のすべてを包摂しない．それは「公共の生活」にかかわる規範である．

　当然，そうした文化は市民の成熟なしには生まれない．松下が市民文化を期待概念として使うのもおそらくそのためである．市民の成熟，すなわち，J.S.ミルの言う「作為と不作為の責任」(Mill 1971：26-7) にまで市民の自覚が及ばないかぎり，あるいは「人々が何の抵抗感ももたずに他人の権利を尊重すること，公的なものを犠牲にしてまで私的な利益を追求しない」(Bell 1976：125-6) という意識が市民の意識として定着しないかぎり，そしてまた，政治の本質は「人間と人間との結合または協力関係をより高き秩序に組織化する直接および間接の行為」(蝋山 1979：140) であるという合意が市民の間でなされることのないかぎり，本当の意味における公共的市民文化の形成は難しい．

(4) 公共的市民文化の形成とコミュニティ

　もちろんそうした規範や成熟した市民は観念的に形成され得ない．そうした規範や成熟した市民の形成にはそれを生成させる具体的な「場」が必要である．コミュニティと自治体は，伝統的市民文化と公共的市民文化の共生を育む「場」であり「実験室」である．コミュニティと自治体をそうしたものとして位置づける試みは我が国の歴史に照らした場合きわめて重要である．なぜならば近代日本における弱点のひとつは，国家と家族の中間に位置する社会に対し十分な認識がなかったことにあると考えられるからである (Beard 1964：25；柳田 1933：91；増田 1967：5-6；松下 1971：274)．コミュニティや自治体の

意義が認識されないところでは公共的市民文化が形成されることも難しい．

　当然，伝統的市民文化と公共的市民文化の共生を育むコミュニティや自治体については一定の理解が必要である．コミュニティとは何か．それは，「自らの内部から発し（自己のつくる法則の規定する諸条件のもとに），活発かつ自発的で自由に相互に関係し合い，社会的統一体の複雑な網を自己のために織りなすところの人間存在の共同生活」(MacIver 1975：56-7) である．あるいはまた「一定の地域に住まう人々とその地域に共属の感情をもつ人々が，そこを拠点に，生活協力と交流を対内的・対外的に実現し，日常生活を営んでいる具体的な環境であり，生活主体が，その空間を日常的に自己の存在と結びつけ，そこに意味付けをなしている意味空間，すなわち空間的に意味のある世界」(内藤 2001：37) である．伝統的市民文化と公共的市民文化の有効性と限界を認識し，ふたつの文化の共生を確かなものにするためには，何よりもこのコミュニティという日常生活の世界でそれが実現されなければならない．いくら自治体に制度的保障を与えてみても市民の生活とコミュニティにその基盤がなければ公共的市民文化は育たない．当然，伝統的市民文化と公共的市民文化の共生には至らない．「コミュニティとは，単に，快適な生活をエンジョイする場ではなく，人間が人間を相互に守る場と認識するところから始まる．つまり，住民の利害差を隠蔽する自主性，自発的共同性としてでなく，意図的，主体的に利害差を明確にしたうえで，連帯を"形成"する場と理解するのである」(阿部 1986：59)[9]．阿部志郎が認識するように，近代日本は意図的，主体的に利害差を明確にしたうえで，連帯を"形成"する場をもたなかったといってよい．そうした経験の欠如が，そして国家と家族の中間に位置する社会に対し十分な認識をもつことなく自治を展開してきた歴史が，「談合」体質の都市を，公共的市民文化から大きく距離を置く都市を存続させてきた．群化や「無定形の巨大主義」(Mumford 1974：241) を超えた文化的に豊かな都市は，自治体がコミュニティを自治の基盤として位置づけ，コミュニティが健全な自治体の成長を支え動かすという循環構造を育てることができて初めて出現するにちがいない．

注

1) 近代主義とは「近代主義」的傾向なるものを批判しようとする人々によって外部から与えられた他称である．そしてそれはマイナス・シムボルである」（『近代主義』現代日本思想体系 34，筑摩書房，1964年，7頁，日高六郎「解説戦後の近代主義」）．

2) ここでは，よく知られるウェーバーの記述（Max Weber, *Wirtshaft und Gesellshaft*．世良晃志郎訳『都市の類型学』経済と社会第2部第9巻8節，創文社，1964年）を念頭においている．「経済的意味における「都市」も，政治的・行政的意味で住民たちの特別法に服している要塞も，そのすべてが「ゲマインデ」であったわけではない．むしろ，語の完全な意味における都市ゲマインデは，大量現象としては，西洋にのみ知られていた」(Weber＝世良 1964：41)．「ヨーロッパ的意味における何らかの〈市民〉層が発展することを阻止するに至ったのは，日本においては，封建制にほかならなかった．自治的諸権利の担い手としての〈都市〉という概念は，日本においては完全に欠けている」（前掲書：57）．

3) ワース（Wirth, L.）は都市化社会（都市型社会）が公共的市民文化により秩序づけられるということを，それが歴史の方向において正当であることを意識していた一人である．彼が「合意」の問題を重視するのはそのためである．ワースによれば，合意は価値と関心が多元化している社会においてはじめて社会学の問題となるのであって，伝統や権威がそして神秘的な制裁が幅をきかせている社会では合意は問題にならない．彼が合意のもとに考える文化がわれわれの言う公共的市民文化と深く関係することは明らかであろう．なお，ワースと合意の問題については，拙稿「ルイ・ワースの社会学とリージョナリズム」（社会学論叢第109号，日本大学社会学会）を参照されたい．

4) こうした問題意識はシカゴ学派の社会学に，わけてもパーク（Park, R.E.）の都市社会学によくみることができる．周知のようにパークは社会過程に関する仮説やレイス・リレーション・サイクルに関する仮説を構想した．それは確かに移民の社会的適応や同化を意識しての試みであったが，同時に，伝統的民族文化に支配された移民の諸コミュニティを超えた都市の文化，公共的市民文化構築の可能性を追求する試みでもあった．（Park, R.E., 1919, "The City : Suggession for the Investigation of Human Behavior in the Urban Enviornment", *A. J. S.*, March.)．なお，パークの社会学と公共的市民文化の関係に直接言及したものではないが，移民の適応と同化に関するパークの理解と学史的意義については，拙稿，「移民の同化と適応に関する社会学的研究—同化主義克服へのひとつの素描」（科学研究費一般研究（C）報告書，山形大学農学部，1988年3月）として言及したことがある．

5) 山形新聞と山形放送が1990年10月，山形市民を対象に実施した世論調査によれば，政党を優先基準に投票すると回答した市民は19.7％で，人物を優先基準とすると回答した市民は74.1％であった．ここにも，山形の選挙が「人物重視」の選挙であるといわれる一端をうかがうことができる．

6) もちろん市民の会が談合事件を引き起こしたわけではない．なお，山形市民の名誉のために言えば山形市民のなかには市民の会に対して疑問を感じていた人が少なからず存在した（内藤 1995）．

7) ラスキ（Laski, H.J）は述べている．「社会組織がどんな形をとるにせよ，自由の本質は，人々

の間にある無形の雰囲気であると結論したい．自由とは大切な事柄に関して絶えずイニシアティヴを取る機会があるということ，いわば，自分を実験台として他人と違った考え方や行動をなしても，それによって自らの幸福を脅かされることがないということである．つまり社会的制裁を受けることなく自分の性質にあった行動のプランを立てることができなければ自由とはいえない．自由は多分に法律の問題である．しかしそれにも劣らず，それはまた法律を越えた社会の気風の問題でもある」(Laski, H.J., *Liberty in the Modern State*，飯坂良明訳『近代国家における自由』岩波書店，1951 年）．〈あがすけ〉に否定的な山形市の精神風土にはラスキの言う自由の気風が乏しい．自由の気風の乏しい所では一般に公共的市民文化が育ちにくいのではないか．公共的市民文化の形成と自由の問題はより深く追求されてよい課題である．

8) そうした現実や実態に対する認識をもたない市民文化論は観念的レベルに終始する恐れがある．それは「実証」を旨とする社会学の採用するところとはなり得ない．実証科学としての社会学はギルビッチ (Gurvitch, G) が深さの社会学 (Gurvitchi, G. *La Vocation actuelle de la sociologie*，寿里茂訳『社会学の現代的課題』青木書店，1970 年）と呼んだところを意識して経験的に展開されることが必要である．

9) 同様，井上達央らの言う「共生」にも教えられるところがある（井上達夫・名和田是彦・桂木隆夫『共生への冒険』毎日新聞社，1992 年）．

参照文献

阿部志郎，1986，「セッツルメントからコミュニティ・ケアへ」阿部志郎編『地域福祉の思想と実践』海声社．
足立忠夫，1975，『行政と平均的市民』日本評論社．
Beard, C.A., 1923, *Administration and Politics of Tokyo : Survey and Opinions*, The Macmillan Company.（＝1964，都政調査会訳『東京の行政と政治』東京都政調査会）．
Bell, D., 1966, 1976-7, *Culturaul Contradictions of Capitalisum*, Basic Books, Inc.（＝1976，林雄二郎訳『資本主義の文化的矛盾（上・中・下）』講談社．
藤田省三，1966，『天皇制国家の支配原理』未來社．
神島二郎，1961，『近代日本の精神構造』岩波書店．
日高六郎，1964，『現代日本思想体系 34　近代主義』筑摩書房．
川島武宜，1948，『日本社会の家族的構成』日本評論社．
倉沢進，1968，「近郊都市と市民意識」倉沢進『日本の都市社会』福村出版．
大塚久雄，1964，「近代的人間類型の創出―政治主体の民衆的基盤の問題―」日高六郎編集・解説『近代主義』筑摩書房．
越智昇，1980，「大学と市民文化」『市民文化研究』横浜市立大学市民文化研究センター，第 1 号．
MacIver, R.M., 1917, *Community : A Sociological Study*, London : Macmillan.（＝1975，中久郎・松本通晴監訳『コミュニティ』ミネルヴァ書房，56-7）．
増田四郎，1967，『ヨーロッパとはなにか』岩波新書．
Mill, J.S., 1859, *On Liberty*.（＝1971，早坂忠訳『自由論』岩波書店）．
Mumford, L., 1938, *The Culture of Cities*, Harcourt Brace.（＝1974，生田勉訳『都市の文化』鹿島出版

会).

松下圭一, 1971, 『シビル・ミニマムの思想』東京大学出版会.
――, 1985, 『市民文化は可能か』岩波書店.
丸山眞男, 1964, 『増補版現代政治の思想と行動』未來社.
宮崎勇, 1983, 『日本経済いまひとたびの離陸』中央公論社.
内藤辰美, 1992, 「山形市民の政治意識―多選首長都市・山形の政治構造 (1) ―」『山形県の社会経済・1992年―』山形県経済社会研究所.
――, 1995, 「市民文化と地方自治―第13回山形市市長選挙と「市民の会」を中心に」『山形県の社会経済・1995年―』山形県経済社会研究所.
――, 1997, 「市民文化と地方都市」, 『山形県の社会経済・1995年―』山形県経済社会研究所.
――, 2001, 『地域再生の思想と方法』恒星社厚生閣.
Neder, R., 1971, *What can just private citizen do? Ralph Nader urges you to become a Public Citizn*, New York Times. 3. Nov. (=1972, 野村かつ子・今沢正躬訳『アメリカは燃えている』亜紀書房).
蝋山政道, 1979, 『政治学の任務と対象』中公公論社.
鈴木広, 1986, 『都市化の研究』恒星社厚生閣.
田中義久, 1971, 「私生活主義批判」(展望 1971.4)
柳田国男, 1933, 『郷土研究と郷土教育 柳田国男全集』筑摩書房.

7 章
公共的市民文化の形成と郊外

7.1 郊外・都市・社会体制

　関東都市学会の機関誌『関東都市学会年報』は，特集「生きられる経験としての郊外―衰退か再生か―」を特集した（関東都市学会 2005）．特集は，祐成保志「郊外居住の歴史社会学：序説」，鈴木貴宇「「故郷」を探して―〈郊外〉イメージの戦前と戦後―」，中澤高志「郊外居住の地理的実在」，田中研之輔「〈郊外的なるもの〉の現在―「土浦再生」活動と「郊外」の再編―」の4作を掲載する．編集委員会の好意により私見を述べる機会を得た．しかし，何分，浅学非才，意図せざる非礼があるかもしれない．論者にはあらかじめ寛容を乞う次第である．

　さて，いうまでもないことであるが郊外を論ずる以上，まずは「郊外」に対する認識が明確にされなければならない．私見によれば郊外は都市に従属する概念である．別の言い方をすれば都市は郊外の上位概念である．郊外は都市変容の過程に生起する．個々の論者がそれをどこまで鮮明に表現しているかは別として，あるいは個々の論者がそのことをどの程度明確に意識しているかは別にして，それが共通認識となっていると理解してよいであろう．

　郊外は日本に固有の問題でなく，また近代や現代に特有の問題でないにしても，日本の近代と現代を念頭において郊外を論じるということは許されるであろう．日本の近代と現代を通観した場合，郊外への関心は，多く，都市の成長が郊外を生起させたその時期に生まれている．厳密な考証はさておき，祐成が，郊外を「住居の社会的な配置の再編成」と見て，「近代日本における大き

な転換期を1920-30年代に見出」（祐成 2005：32）しているのは，この時期，都市化の進展がみられたことに照らして妥当であろう．そして祐成の言う転換期が，鈴木貴宇の言う，「東京が帝都として資本が集中する場所，即ち住ではなく職の場として機能をシフトさせていった時期」（鈴木 2005：16）であることも確かであろう．ちなみに，この時期は，地下化（地下鉄銀座線・丸の内線開通）・高層化（丸ビル建設）という，東京に新しい形態を生み出した時期である．それ自体都市の形態的な変化である郊外化（遠心化）は，都市内部の形態的な変化と一体化した動きであった．付言するならば，この時期が，また，京浜工業地帯という最新・最先端の産業基地が形成された時期であり，階級構成で見れば地主に対する資本家の優位が明確になった時期であり，農民の数を賃金労働者の数が上回った時期であることも，合わせて，記憶すべきであろう．なぜならば郊外との関係で上位に位置する都市も，社会の下位体系という位置にあり，この時期における都市の成長と変容は，上位の社会，すなわち，社会体制の成長と密接に関係していたからである．

　社会体制の成長は都市を発達させ地域の再編を進める．そうしたなかで新たな様相をもった郊外が生み出され，研究者も，その現象に注目する．戦後の東京も例外でない．「地域や都市という，〈範域〉でなく郊外に着目するのであれば，その問いが常に都心との対立図式ではない揺れ幅を内包した関係性の中で論考されるべきである．都心との関係性において何らかの重要な意味を持つとする郊外の現在を問う試みにおいて，空間的に隔離した自立した地域として郊外を捉えるのは，あまりに安直である」（田中 2005：44）と言う発言は正鵠を得た指摘である．これまで，郊外は都市の変容を意識して語られてきたし現に語り続けられている．郊外の生起と変容は都市の成長と変容であり，都市と郊外は動態的な〈共変〉関係にあることを認めなければならない．そしてその背後には都市と郊外の動態的関係を導く社会体制があるということも認識しなければならない．「文化装置としての郊外」はその真の姿を「郊外」の観察に埋没していては見抜けない．「都市と郊外」という構図をおいてみてもまだ部分的である．「文化装置としての郊外」は都市を下位体系にもつ社会体制を射程においてのみ理解することが可能である．

7.2 〈郊外〉という鏡——鏡のなかの光景

　郊外は都市と社会のありさまを映し出すひとつの鏡である．4人の論者は鏡の中に何を見た（見ようとした）か．以下，少しく，論者が見た（見ようとした）郊外について記そう．
　祐成が郊外に見ようとするのは近代的住居空間であり，ニュータウンとニュータウン化社会が向かうところである．郊外の核心を住居に求め近代的住居空間とその集積であるニュータウンにあるいはニュータウン化社会の黄昏に関心を寄せる彼の発想は，いささか複雑な文章表現で私を苦しめはしたものの，正統派の問題意識そのものである．郊外はどこへ向かうのか．祐成は言う．「政府は民間金融機関を代行者として育成するだけでなく，それらの新たな活動領域を開拓する役目を負った．……世帯もまた，この新たに形成された資金循環構造に意欲的に参与し，持家という財産を手にする．このようにして姿を現したのが，純化された私生活の場としての専用住宅が集積したニュータウンである．…（中略）…既に飽和点に達したかに見える「ニュータウン化社会」が向かう先にあるのは，どのような光景だろうか」（祐成 2005：33）．一見悲観的結論にも読めるストリーであるが必ずしもそう結論されているわけではない．祐成が本論を「郊外居住の歴史社会学：序論」としたのは，その行き先を探すための宣言でもあったのであろうか．
　鈴木は戦前期の郊外を可視化された近代の場であり，そこに生活するのは少数のエリート「中流階級」と見て，それを戦後の郊外と区別する．鈴木によれば戦後の郊外は戦前のそれとは性格を異にして，戦後復興と民主国家建設のための新しい故郷，新天地であった．鈴木はそうした戦後の郊外を，さらに，鈴木成文，上野千鶴子，赤坂真理の3人が生きた郊外として，それぞれ3つの世代のモデルとして登場させながら解明しようと試みる．その手法には鈴木がアイディアに優れた研究者であることをうかがわせるものがある．郊外はどこへ向かうのか．祐成と同じく，鈴木も，「類を見ない人口増加をもたらした「団塊世代」は，受験地獄に代表される過当競争を強いられた世代でもある［三浦 1999：136］．「天国」すらも定員オーバーになると危惧する彼らの「逃走」は，同時に，即ち最終的な「故郷」へとなり得るのだろうか」（鈴木 2005：23）と

述べて一見悲観的な見方を装うものの「故郷」への期待も捨ててはいない.

　祐成と鈴木に比べ中澤と田中の論述は具体的である. それは, たぶん, 中澤の, 「実在としての郊外が存在しなければ, 表象としての郊外も郊外にまつわる表象も成立しない」(中澤 2005：2) という認識に基づくものであろう. 中澤によって照射されるのは眼前にある郊外である. 中澤によれば郊外そのものが対象として語られるようになったのは近年のことに属している. 郊外がこれまで (近年まで) 果たして語られてこなかったかどうかは別として, 「ここ十数年, とりわけバブルが崩壊して大都市圏の外縁的拡張にかげりが出てくると, 郊外住宅や郊外住民だけでなく, 「郊外」それ自体が語られる対象となった」(中澤 2005：2) という見方は注目に価する. とまれ, 中澤の出発点は戦後日本の経済成長に伴う大都市圏の出現であり, そこにおける地価の上昇と持家志向である. 彼はその視点から, 戦後の郊外居住者に, 第1世代と第2世代を区別する. 「既存研究が残した問題は, 郊外第1世代の居住歴をその外側から特徴づけてきたものに対する考察が不十分であったことである. 居住経歴に影響を与える外在的要因としてもっとも容易に想起できるのは, 地価の動向であろう. …(中略)…このことは郊外第1世代がこぞって持家の取得を目指したことの帰結である. …(中略)…郊外第1世代からすれば, 継続的な地価の上昇は自らの居住経歴に対して与件としてあった…(中略)…今日買える家は, 明日買えなくなってしまうかもしれないという不安と, 今日買った持家は明日はより高く売れるかもしれないという期待は, 持家をあがりとする住宅双六を成りたたせる大きな力であった」(中澤 2005：5). そして中澤は問う. 郊外はどこへ行くのか. 「いずれにせよ住宅双六からライフスタイル居住への移行は, ライフサイクル＝年齢と居住地の結びつきが緩み, 社会階層による居住分化が深化するプロセスと結びつけることができる. もしこうしたプロセスが進行中であるとした場合, 今後の郊外にはどのような未来が待ち受けているのであろうか. 郊外は, もはや都市住民の住宅双六において目指される, あがりとして描かれることはない. 多くの郊外第2世代にとって郊外とは, 目の前にある居住地の候補の1つである. 郊外の行く末は, どれほどの郊外第2世代が, 自らの意思に基づいて, ライフスタイルと居住地を決定することが可能なのか, そしてどれほどの郊外第2世代が, 郊外への居住を主体的に選択するかにかかっ

ている」(中澤 2005：10).「現代住宅双六」を活用し，郊外第1世代・郊外第2世代の類型化を図り，郊外の可能性と未来像を模索する試みは郊外を立体的に把握する方法として有効である.

　最後に田中の場合はどうか．まず，「問題視したいのは，豊かな生活を夢見て理想郷としての郊外へ移り住んだ人びとを極めて均質・同質な層として捉える文化論的な認識枠組みについてである」(田中 2005：37) という発言に注目しよう．「郊外で何が起きているのか．そもそも郊外とは，均質性によって語られる〈範域〉なのであろうか」(田中 2005：37).「それでは，どのような視座を持って郊外を語ることが許されているのだろうか．簡潔に述べるなら，郊外とは関係の多様性や個々の特異性を抱え持ついかなる人びとに生きられているのか，という問いを個別の事例を通じて明らかにしていくことである．言葉をかえるならば，集合性として，あるいは，層として捉えられてきた郊外住民像を，主語不明のままにもちいるのではなく，いかなる歴史性を刻み込んだ個々の「生」であり，どのような人びとの関係性であるかを明らかにしていく記述が，「郊外」の現在を語るには不可欠なのだ」(田中 2005：38). おそらく，多くの読者は田中の郊外論が前3者の郊外論と若干趣を異にすることに気付くであろう．他の論者と違い田中は，土浦という都市を設定し郊外を論じている．田中と他の論者の趣の違いはそこにあるが，問題が単に土浦という都市の設定にないことも明らかである．土浦は彼の問題意識を具体的に確認する場所であって，読み取るべきは，おそらく，「「主語不明の図式的な語りに終始」してきた「郊外」への社会学的アプローチ（認識論）を再検討する試みが待たれている」(田中 2005：44) という，彼の意欲にある.

　以上，急ぎ足で眺めた限りで言えば，4人の論者は対象としての〈郊外〉を共有する一方，認識やアプローチにおいては違いを示している．大まかに見れば，祐成や鈴木に比べ中澤や田中の試みには，郊外を実在的に（中澤），主語を明確にして（田中）迫るという志向があり，通読した限りでも両者の論文（祐成・鈴木と中澤・田中）は趣を異にする．田中が挑戦的に批判する，「主語不明の図式的語りに終始してきた郊外の社会学」という認識を，果たして他の論者も共有するのであろうか．はたまた，田中の批判する「主語不明の図式的語りに終始してきた郊外の社会学」は，田中の意識する「郊外の社会学」を超

えて，祐成や鈴木に対する，あるいは中澤に対する批判でもあるのだろうか．いずれにしても，郊外に迫るアプローチについては，実りのある相互評価（批判と反批判）があってよい．中澤や田中と比べた場合，そのスタイルを同じくする印象のある祐成と鈴木の間にも認識の違いをうかがうことができる．例えば次のような箇所がそれである．「近代居住空間という視点から見れば，1945年の敗戦という断絶はそれほど大きなものではない．1920年代に提出されたブルジョア的家庭生活の理想は戦後を生きながらえながら，それが多くの人々にとって手の届くものとなったのは1970年代であった．それまでの数十年間は，「現実」を「理想」に近づけることに多大なエネルギーが注がれた期間であり，「理想」そのものが問い直されることはまれであった」（祐成 2005：32）．一方，鈴木は述べている．「戦後復興とは「日本」という国家の再建であったと同時に，失われた「故郷」の再建でもあったのだ．戦争，ひいては死の記憶を消去するためにも，その「故郷」が再建される場所は過去から切れていることが望ましい．かくて〈郊外〉は「新しい故郷」たるべく定められた「新天地」として，戦後の「欲望」は集中的に注がれていく」（鈴木 2005：21-2）．この2人の主張には戦前・戦後に対する認識をめぐり，微妙な違い，しかし見逃すことのできない重要な違いがあるように思われる．戦前・戦後については，断絶と連続という，これまで繰り返し展開されてきたテーマがある．「郊外と階層」のような限定的なテーマで，戦前・戦後が語られるならば，祐成と鈴木は，私が微妙に違うと感じたところをどのように説明するのであろうか．

なお，田中を除く論者に共通していることがひとつある．それは各論者にコミュニティ論を含め「コミュニティ」に関するあるいは「コミュニティと自治体」に関する言及が少ないことである．それが意図した結果であるのか，それとも偶然の結果なのかはわからない．彼らの「コミュニティ」と「コミュニティ論」に対する関心の薄さがコミュニティとコミュニティ論に距離を置くことになったと読めないこともない．しかし，郊外化の波が押し寄せてきた自治体にとって，あるいはそこに暮らした人々にとって，コミュニティは重要な関心事であった．短期間に過剰な流入人口を迎え入れた郊外自治体では住民のニーズに自治体の行政サービスが追いつかないという事態を発生させ，住民運動や住民参加の新しい方式が生まれている．それは戦前の郊外（化）にはみられな

かった現象であり，そうした現象を論者たちがどのようにみているかを尋ねてみたいと思うのは私ひとりであろうか．ここに展開された4人の論者の郊外論がもつ意義—研究史的意義—について述べることは私の能力を超えた作業であり，それはそれを為すにふさわしい人によって行なわれるであろう．

7.3 郊外をめぐる自治体と国家

　郊外は様々に語られる可能性を有している．答えは簡単である．それは郊外が複数の次元で語られる内容，多様な表情をもつからである．そうであれば郊外を論じる際のテーマや方法に優劣は存在しないと言うべきであろう．肝心なことは問題意識とそれによって設定されたテーマに対する適合的な方法が用意されているかどうかである．

　当然そうした認識に立つ限り，コミュニティの形成という問題を含め，4人の論者によって論じられなかった「郊外」があったとしても，それが論者の責任ではないことは明らかである．私が，ここで，「論じられなかった」郊外，「もうひとつの郊外」を取り上げようとするのは，郊外に関連して，私自身が「その問題」を論じておく，あるいは記憶に留めておく必要を意識するためである．その問題とは，郊外と都市計画法の問題，国家と自治体の問題，あるいは広く政治をめぐる問題，さらには文化をめぐる問題である．

　周知のように近代以降，わが国は3つの都市計画法を有してきた．1つは東京市区改正条例（1888年，明治21年）であり，2つは「旧」都市計画法（1919年，大正8年）であり，3つは都市計画法（1968年，昭和43年）である．東京市区改正条例と旧都市計画法，そして都市計画法の間にはいくつかの重要な相違を認めることができるが，いま直接その問題に立ち入らない．ここでは，ただ一点，「郊外」に焦点を当てて3つの都市計画をみてみることにしよう．東京市区改正条例は明治国家の首都，帝都の建設を目的としたものであり，郊外は意識の外にある．旧都市計画法の成立は近代における都市化が一段と進んだ時期，田園都市の建設とも重なる時期に成立した．確かにこの計画には「市若ハ主務大臣ノ指定スル町村ノ区域内ニ於テ又ハ其ノ区域外ニ亙リ執行スヘキモノヲ謂フ」（第1条）という文言を見出すけれども，それは，「本法

ニ於テ都市計画ト称スルハ交通，衛生，保安，防空，経済等ニ関シ永久ニ公共ノ安寧ヲ維持シ又ハ福利ヲ増進スル為ノ重要施設ノ計画ニシテ」（第1条）という前段に導かれているものであることを確認しなければならない．旧都市計画法は都市化の進展を受けて作られた法律であるが，ここでは，まだ，居住地域としての郊外は意識されていない．そのことは，田園都市が数のうえでは少数の人々，祐成が「住居は階層の社会的境界線（「資格」）」（祐成 2005：31）と表現した資格者，一定の階層を念頭において開発され，住宅地もそうした対象に向けて販売されたということにおいて明らかである．それに比べ戦後の都市計画法は，地主制を社会体制のバックボーンとして擁した戦前には想定することが困難であった事態，農村の解体と人口の都市流出，急激に進行した過密・過疎を背景に成立をみた法律である．この都市計画では，明らかに，郊外が，居住地域としての郊外が意識されている．わが国の都市計画において郊外が意識され，関心の対象となったのはこの都市計画法が最初である．3つの都市計画法はそれぞれに，社会体制の維持・発展と国家秩序の確立・維持という政治的背景を有していたが，都市計画法はそれが戦後のものであるということもあって，先のふたつの都市計画法とは著しく内容を異にする．

　ある意味で都市計画法は国家と自治体の間に発生した緊張の産物であった．都市計画法が成立する以前，郊外の自治体あるいは郊外を内部に抱える自治体はスプロールの進行に苦しんでいた．乱開発を規制する法律をもたないという事態は郊外を無秩序な空間とした．自治体は市民に対して十分な対応ができず，その結果，市民の反乱をも惹起させていた．生活基盤の整備の立ち遅れは明らかであった．東京における革新都政の誕生はそうしたことに対する反乱の先がけであった．ある意味で田中角栄自由民主党都市政策会長（当時）の一文「自民党の反省」は記念となる文書である．それは美濃部都政を生んだ東京都知事選挙への反省と敗北に対する自民党の巻き返し宣言であった．「人口や産業・文化が東京，大阪など大都市に過度集中した結果，地価は暴騰し，住宅は不足し，交通難は日増しに激しくなり，各種の公害が市民生活をむしばみ，破壊していることは明らかである．…（中略）…東京，大阪はもちろん膨張する太平洋沿岸ベルト地帯に対して，自民党がもし有効に対処できなければ，都知事選にみられた都民の欲求不満の爆発は，やがてベルト地帯の住民の間にも連

鎖反応をもたらすことになろう．現在，すべてにベルト地帯における革新・中間勢力の伸張はいちじるしく，自民党は明らかに劣勢に立っているのである」(田中 1967：286)．市民生活の破壊を認め，有効な都市政策をもたなければ革新・中間勢力の伸張を招来するであろうという「自民党の反省」の焦点は郊外であった．

　美濃部都政が掲げた都市政策の公準「シビル・ミニマム」は松下圭一らによってその歴史的意味付けが行なわれたが，この時期，都市が都市としての必要最低限の基準すら満たしていないと認識されたことに注意が必要である．それは日本の都市が戦後復興の過程で奇形的な発展を遂げてきたことを意味している．すなわち戦後経済の復興と成長の成果を誇る形で整備が進められていく都心，その一方で生活基盤の整備が立ち遅れた郊外という構図がそれである．革新市政のシンボル的存在と見られた横浜飛鳥田市政はそうした構図の中に誕生した．

　郊外化の進展は，それがあまりに急速に進んだことに加え，郊外開発にも戦前の田園都市のような理念がなかったから，乱開発は当然の成り行きであった．自治体は乱開発を規制する権限をもたず，市民生活を防衛することが困難な事態に達していたのである．そうした事態を克服すべく横浜市が打ち出した方策が一連の横浜方式であった．そのひとつに宅地開発要綱を通じたいわゆる要綱行政がある．要綱行政はまさに郊外の乱開発化から市民生活と自治体を守る防御策であった．次の文章を読もう．「市民の現実から来る諸要求を一方において個別に具体的に処理しながら，個別問題に流されるのではなく，それらをより根本的に解決するための現実的政策を立ててゆく．この政策は，ただ要求だけにふりまわされているのではなく，より将来のために望ましい解決を計ろうとするもので……ゴミの問題，開発規制の問題，緑の問題など，都市の中の多くの問題はこのような姿勢に立った施策がたてられなくてはならない．そのような望ましい現実の解決の方向に立って，なお，自治体をとりまく，国をはじめ多くの制約条件に対しては，たんに抽象的段階の論議にとどまらず，自ら問題を具体的に解決し，すすめていくという実績の上に立ちながら，国に方向転換，制度の改正等を要求していくという姿勢である」(田村 1974：102)．横浜市の要綱行政は現実的で積極的な姿勢と国との対決も辞さずという強い決

意のなかで進められてきた．もちろん要綱行政は横浜市を嚆矢としない．しかし国は横浜市の規制には過敏なまでに反応した．宅地開発と要綱行政については，田村明『都市プランナー田村明の闘い―横浜〈市民の政府〉を目指して―』（学芸出版社 2006：152-4）に詳しいが，同書の中に，次のような興味深い箇所がある．建設省計画局宅地部長（以下建設省と略す）「横浜市は何時から独立国になったのかね」．横浜市企画調整部長（以下横浜市と略す）「別に独立したという覚えはないですけど」．建設省「だって憲法をつくったそうじゃあないか」．横浜市「この乱開発の状態をどうみているのか．国は一向にその対応をしないではないか．だから横浜市としては，緊急避難として要綱を作った．国が適切な対応をしてくれるなら，いつでも止めてよい」．建設省「土地の問題はいろいろ難しい．今都市計画法の改正案をやろうとしているところだ」．横浜市「土地問題が難しいのは分かる．だが，国がタテワリ行政で総合的な手が打てないのが問題なのだ．都市計画法の改正は早くやってもらいたい．だが，それだけでは学校問題など解決しない点も多いのではないか．もっと総合的な施策をうちだすべきだ」．建設省「いろいろ苦労してやっているところだ」．少し旗色が悪くなってきた宅地部長は，今度は奥の手を出してきた．建設省「そんなに言うことを聞かないなら，補助金をやらないぞ」．よく国の役人が使う常用のセリフだ．…（中略）…そもそも乱開発という異常事態は，横浜ばかりでなく関東はもちろん関西でも大都市周辺の各地で起きている．それに国が適切な政策を出せないでいるから，自治体がその責任で何とか対応しているのが要綱行政だ．それなのに，国の無策を棚上げして補助金を削るなど本末転倒だ．横浜市「これを理由に補助金が出せないというなら，やってみればいい．ただし，その理由をはっきり明示してもらいたい．国が乱開発に無策なために，なんとか切り抜けようとしている自治体の智恵を，潰してもいいものかどうか，世論の判定をうければよい」（田村 2006：152-4）．

　両者のやりとりには国と自治体の姿勢が鮮明に映し出されている．そしてそこには近代から今日に至る国家と自治体の関係が，すなわち，国家による都市支配，自治体管理という姿が集約的に現われている．

　郊外をめぐり国家と自治体は摩擦と緊張を引き起こしていた．国家は「文化装置としての郊外」の創出にどのようにかかわったのか．祐成や中澤が取り上

げたように，直接的には，住宅金融政策，公営住宅，日本住宅公団がその役割を担うことになった．しかし国家にはもっと大きな役割があった．それは，祐成も意識していたように，大・中・小の開発業者の後見人として郊外と持家を連結させ，「文化装置としての郊外」に保証を与えるという役割であった．国（建設省）と自治体（横浜市）のやりとりから読み取ることができるのは，資本の後見人として存在する国家の姿である．「空間の生産は，それ自体では何も新しいことではない．…（中略）…新しいのは，社会的空間の総体的かつ全体的な生産という点である．この，生産活動のとほうもない拡張は，その拡張を生み出し，支配し（惜しげもなく）空間を利用するひとびとの利害関係に応じて行われる．資本主義は息もたえだえのように見える．だが資本主義は，空間の征服のなかに，ありふれた表現をつかえば，不動産への投機，（都市内外の）大土木工事，空間の売買のなかに，新たなやすらぎを見出したのだ」(Lefebvre 1970＝今井 1974：192-3)．資本はその本性から空間の征服に立ち向かう．しかし，それには強力な支援が必要だった．国家がその要請に応えたのである．国家は郊外の混乱（市民生活の貧困）をぎりぎりまで放置した．そうすることが資本の求めるところ，資本の新たなやすらぎに合致したからである[1]．

　横浜市の取った要綱行政は，そうした資本と国家に対する闘いであった．私はそこに政治が機能しなかった歴史を発見する．「自民党の反省」は当初から限界をもっていた．もちろん自民党の限界は自民党のみの責任ではない．いわゆる55年体制を形成した一方の政党，社会党（当時）を含む政党の責任であり，そうした政党を育んできた国民の責任である．政治が機能しなかった歴史の清算，政治を機能させるという課題は依然この国に残されているとみなければならない．たぶんそれは政治の前に立ちはだかる官僚機構のあり方を根本から変えるという歴史的な作業に連結している課題である[2]．

　敷衍しよう．国家（国）と自治体（横浜市）の間に発生した緊張（政治的貧困）の理解にはもう少し深い考察が必要である．少しばかり長い文章を用意しよう．「社会政策は政策のための政策ではない．「社会」と「政策」の二語よりなる「社会政策」において重きをなすところは「社会」の語であって，「政策」の語ではない．社会政策は社会のための政策である．政策のための社会ではな

い．そして国家のためのみの政策ではない．国家範囲をできるだけ拡張して人間共同生活における人格対非人格の闘争を広汎にそのうちに取り入れるということは，国家の利益がこれを要求するからではない．国家人格が最高，全能，全治たるべきがためではない．かくすることが，人間共同生活の運動を善化し醇化し，これを人間進歩のために最も善く役立たしめうるからである．これを約していえば，かくすることが社会進歩のために最善であるからである」（福田 1980，118-9）．真に卓見と言わなければならない．国家が国家のための政策を意図し，自治体がささやかながら社会のための政策を実践しようとした，その対立の舞台として自治体と郊外は位置づけられるであろう．国家と自治体の関係を健全なものにするためにも，社会政策が国家のためでなく社会のために展開されるためにも，いうならば社会の健全な発展を実現するためにも，改めて，福田徳三（1980）が強調した社会政策の存在意義が確認されなければならないように思われる．

　いまわれわれの社会と都市が繁栄の象徴として栄華を誇る一方，顕在的にも潜在的にも，われわれを生命の危機と生命感覚の喪失に導いていることは「物質的富にあふれながら空洞化した社会関係」，「記号としての豊かさ」（ボードリアール，J.）だけの日常をみるとき明らかである．そうしたなかで，郊外から，日本の明日＝質の高い都市形成を展望することは関心が寄せられてよい．既に見たように，4人の論者は，それぞれ，「郊外」の行方を意識する．はたして郊外はどこに向かうのか．中澤や田中は，経験的研究を借りながらあるいは観察を通して，生起する事態を把握しようと試みる．中澤は言う．「郊外再生への光明がないわけではない．……これまでもっぱら居住の場でしかなかった郊外は，就業の場としても重要性を高めつつある．かつてに比べ割安な価格で都心に住宅が供給されたとしても，郊外に職場をもっている郊外第2世代にしてみれば，わざわざ都心に移住する必然性はない．親との同居も，郊外第2世代を郊外に引き留める要因になる」（中澤 2005，10-1）．こうした事態がはたして構造的に生起しているものかどうかはさらに検証を要するところであるとしても，生起する事態を実証的に追及するという研究志向は，郊外の行方を見極めるためにも，大事にされなければならない態度であろう．

　それにしても郊外は変容する．郊外は一定の条件のもとでつくられた．一定

の与件のもとで形成された郊外は与件の変動に伴って変貌を遂げずにいない．膨張した郊外が衰退し縮小することがあってもなんら不思議なことではない．郊外は膨張・衰退いずれの途をたどるのか．それを決めるのは何か．要因は複数である．郊外が都市と一体である以上，そして都市が社会の下位体系である以上，郊外の可能性は都市と社会のあり方にかかわっているといわなければならない．トフラー，A. が予測したように，第二の波の時代に形成された都市と郊外は第三の波の時代にあって大きくその姿を変える可能性がある．第二の波の時代を象徴した「通勤現象」にも，第三の波のもとにおいては変化があるかもしれない．新たな装いをもってコミュニティが復活する可能性もある（Toffler 1980＝徳山 1990：280-98）．さらに言えば，今後，都市はますます国際社会の動向に影響されるようになるであろう．環境への配慮という要請も都市のあり方に影響を与えずにはいないであろう．人々が追求する価値に変化があれば，当然，都市と郊外に求めるところも変化する．そうした認識に立てば，「歴史的時間の中では，親と離れて生活を送った郊外第 1 世代こそ特異な世代であったのかもしれない」（中澤 2005：11）という指摘も肯定できるのである．一定の時間をおくにしてもそうした諸要因の複合が都市と郊外のあり方を変えていくことは明らかであり，それゆえにいま都市と郊外に生起している事態を注意深く観察することが必要である．

　想起すればハワード，E. の『田園都市』があらわれて 100 年，都市はハワードの理念に反し膨張を続けてきた．ハワードが描いた「都市と農村の結婚」も実現しないままである．膨張を重ねた郊外，その郊外自体が，田園都市が夢に終わったことを証明する．いまわれわれはここに問わなければならない．生命と生命感覚の重視される都市を理想として追求したハワードの夢は既に過去のものとなったのか，それともまだわれわれの理想であり続けているのか．この 100 年，都市と農村の結婚は実現しなかったけれども，第二の波が生んだ環境破壊には関心が高まり，都市はアメニティを志向するに至っている．確かにそれは，まだ，都市の構造を，郊外を含む都市の総体的なあり方を変えるまでには至っていない．しかし，100 年の遅れに気づいたことは大事である．いま都市と郊外は，ある方向，「生命化社会：生命と生命感覚を重視する社会」に向けて動き出す予兆がある．生命と生命感覚軽視の風潮が蔓延する現実を直視

した場合，予兆や期待を必要以上高く評価することは危険である．しかしそれを必要以上に低く評価する必要もない．政策は時代の理想や社会的期待抜きに形成されることがない．政策の機能のひとつは「社会誘導」であるが，その政策を誘導するのが時代の理想や期待である．確かに理想や期待が直ちに政策化されるわけではないけれども，理想や期待がなければ，言葉を換えて，新しい社会建設への強い意思がなければ政策は成り立たない．私見によれば，新しく目標とされる社会，「生命化社会」は，社会進歩の範疇に属している．そして既に福田徳三の言葉を借りてみたように社会政策は社会進歩を意識する．社会進歩を意識する場合「豊かさとは何か」，「何のための豊かさか」（リースマン，D.）という問いを避けて通れない．郊外は豊かさの象徴であったのだろうか，それとも，政治的貧困まで含めて，貧しさの展示場だったのだろうか．郊外は，当分，問われ続けるに違いない．

7.4 郊外をめぐるアメリカと日本──豊かさと公共的市民文化の可能性

　都市と郊外は民族や国家のあり方も映し出す．都市と郊外には民族や国家の性格を読み取ることができる．しばしばアメリカの郊外は豊かさのシンボルとして語られる．郊外の生活は都市内部の遷移地帯と対比され，夢のある豊かなコミュニティ・ライフが展開される場所として描かれる．その嚆矢はレヴィットタウンにある．「レヴィットタウンから，すべては始まった．ビル・レヴィットが全居住区を大量生産する方法を仲間に教え，ヘンリー・フォードが車をつくる要領で家を建てるコツを示して以来，アメリカは止まることを知らない郊外開発騒ぎに突入した．…（中略）…レヴィットタウン．これ以前にも郊外はあった．…（中略）…だが五千年に及ぶ文明の歴史のどこにも，レヴィットタウンのようなものは存在しなかった」（Rosenbaum 1983＝小沢 1988：42-3）．郊外の豊かさは都市あるいは都市に顕在する貧困と，戦争前（戦時中）におかれていた状態と対照的で，かつ，大衆的なものである．「現在進行しているのは郊外の大量生産である．とりわけそれはアメリカにおいていちじるしい．いまや郊外は誰にでも手に入るものとなった．…（中略）…さまざまな所得水準の人びとに向って，郊外の生活様式は，直接的に広告になったり，読み物になった

りして，人びとの前に提供される」(Riesman 1964＝加藤 1968：131-2)．「現代のおびただしい数の郊外居住者にとって，第二次大戦後の実際の経験は，彼らが戦時中にいだいていた期待をはるかに上回った豊かで解放的な経験であったという事実である．彼らにとって，郊外というのは，巨大なスーパーマーケットであった．そこには，品質保証済みの，しかも品数の豊かな商品が，あまりあるほど豊かに，そして便利にストックされている」(Riesman 1983：120)．

郊外は豊かなアメリカの象徴であったが，アメリカの豊かさは都市における「接触項の縮小」を導き，郊外に「凝集家族」を生起させた．セネット,R. は，そこに，郊外の歴史的位置を認めている．「豊かさは，共通のアイデンティティの願望をかたちづくるうえで，微妙でしかもかなり危険な役割を演じる．というのも，貧しい時代のコミュニティでは，諸個人や家族のあいだで物を共有することは生存にとって必要な要素だったからである．…（中略）…このような共有の要求が消滅することは，豊かさを示す刻印である．各家族が真空掃除機，炊事用セット，自動車，水や光熱等々の設備をもっている．人々は完備し，自立した家庭に引きこもることができる．こうして社会的相互作用の必要性，共有の必要性は，豊かなコミュニティにおいてもはや人を駆りたてる力ではなくなる．…（中略）…別の言葉でいえば，豊かさは，互いの要求よりはむしろ類似性という文脈で社会関係を考える道を開くと同時に，共同の接触という点では孤立をつくりだす力を増大させる」(Senett 1970＝今田 1975：50-1)．「接触項の縮小」と一対にみられる現象は，「凝集家族：凝集性の或る家族」の生起である．「凝集性の或る家族生活とは一体何を意味しているのか．前世紀を通じて消滅した中産階級の家族の凝集性の条件は，ふたつの構造的特質にある．その第一は，家族内で生まれる相互作用が，社会的世界の全般に存在するすべての相互作用の小宇宙であると見なされることである．これは，社会関係において真に「重要」なもので家庭という境界内で経験されないものは何もないという考え方である．…（中略）…凝集性のある家屋生活を作り出す第二の構造的特質は，家族の成員を平等化しようとする動きである．…（中略）…その感情は，最も一般的にいえば，父親が息子たちの「友達」でありたいと願ったり，母親が娘たちの姉でありたいと願ったりすることのうちにある．両親は青年の社会から排除されると，まるで大人になることによって汚されたかの

ように落伍感や不名誉の感じを抱く．このような方向をもった良き家族は，互いに平等な者としてとして語りあい，子供が無遠慮さを忘れようと努めるような家族である．そこでは，家族，家族成員すべての尊厳さは，独立性と独自性を相互に尊重しあうことのなかに存在するものであるとは認識されていない．尊厳さは，各人を平等に扱うことにあると考えられている．」(Senett 1970：63－4)．「この凝集家族の形態は，成人を青年期のパターンに凍結しようとする手段である．この家族の秘密，つまり融合への切なる憧れ，あらゆる種類の緊張と隠れた罪の感情を産みだしているところの，内部分裂に対する怖れこそ，青年期に発達したアイデンティティ形成の力に依然として捉われている人々の感情的表現にほかならない」(Senett 1970：69)．郊外は，「接触項の縮小」と「凝集家族」を集約する．「大不況，戦争，地価そして人種的恐怖といった歴史的環境は，すべてある役割を演じてきたことは事実である．しかし，それらはすべて郊外生活の良さをもたらした過去数十年における，より中心的な変化の派生物にすぎない．そしてこのさらに深く，隠されている要素とは，都市の内外でなされる家族生活の運営についての新しい態度なのだ」(Senett 1970：72)．

　郊外という都市の空間は，そこに「郊外的生活様式」といわれる新しい形も生起させることになった．レヴィットによる住宅の供給はそれ自体が新しい形であったが，それにもまして新しい動きは生活様式である．ローゼンバウム，R．によればレヴィットは住宅革命に重ねて新しいコミュニティ，コミューンの創出を意図していた．「レヴィットの住宅革命は，単に，資金面の解決や各ユニットの生産にとどまらなかった．レヴィットはすばやく家を建てただけではなく，コミュニティを創りだしたのだ．…(中略)…コミュニティの暮らし．そんなものは超えていた．それはコミューン―マス中産階級のベビーブーム生産孵化器というべきコミューンだった」(Rosenbaum 1983：50)．ローゼンバウムは，それを，レヴィットタウンにおける週末の様子として捉えている．「ホーリスが子供を連れてきて，フィリップの二人の子供と同じベッドに寝かしつけたあと，ギターを取りだして弾き続け，みんなで一晩中合唱したのさ．いっとくが，ぼくら四人組は実にうまく助け合っている．女どもがガーデン・クラブの会合に行くときは，男どもが子守をしながらピクナル(トランプゲー

ムの名）をやるんだ．みんな揃ってヴィレッジ・グリーンのボウリングをやりに行く晩もある．今は全員が週に一晩，成人教育のクラスに通っているよ．ディックとぼくは『屋根裏部屋の完成法』のクラスに出ているし，ジョンは写真を勉強中だ」(Rosenbaum 1983：50)．リースマンのような社会学者はそれを「第一次集団及び血縁集団への欲求，あるいは何らかの形で人びととフェイス・トゥ・フェイスの関係を結びたい，という欲求」として説明した．「なぜ人びとは都市を離れるのか．離れて何を求めようとしているのか．彼らが新しい郊外で求めているものは，いったい何なのだろうか．最低限生きてゆくことができるという保障がすでにアメリカにはある．そして，アメリカ人は比較的生産性の高い経済をつくりあげることに成功していた．そして政治もそう不安定ではない．そこでは長い間にわたって抑えつけられていた人間の欲求が目覚めることができた．その欲求の1つというのは郊外の中にはっきりとみることができるものである．それは第一次集団及び血縁集団への欲求，あるいは何らかの形で人びととフェイス・トゥ・フェイスの関係を結びたい，という欲求である」(Riesman 1964：148)．ローゼンバウムによれば郊外は，第一次集団および血縁集団への欲求による，あるいは何らかの形で人々と〈face to face〉の関係を結びたいという欲求による，新しい生活様式であった．コミューン的生活様式への希求はオーガニゼーション・マンのもつ「根無し草」的な性格，「家郷喪失者」(Whyte 1956＝岡部他 1959：106-8) の生き方と密接である．根無し草や家郷喪失者は第一次集団の魅力，既に大都市では失われた魅力に敏感である．〈face to face〉の関係，人間的緊密性は根無し草と家郷喪失者の夢であった．ホワイト，W.F. はパークフォーレストへの移住者が「恐ろしく活発な社会的雰囲気」(Whyte 1956：134) を発展させていることを販売業者が見逃さなかったと指摘する．「開発者たちはすぐさまこれを見て取った．彼らは最初，パークフォーレストを住宅設定地として宣伝していたが，今や幸福を売り物にし始めた．「パークフォーレストでは，あなたは帰属感をもつことができます．私たちの町に脚を踏み入れるや否や，あなたは気づくでしょう．あなたは温かく迎えられ，大きなグループに仲間入りでき，孤独な大都会にかわって，友情に溢れた小さな町で生活することができ，あなたなしではすませない友達をもつことができ―そしてその人たちとの交際を楽しむことができます．

さあおいでください．パークフォレストの精神がどんなものであるかをみつけだしてください．（パークフォレストの住宅会社の広告．1952年11月8日）．「一杯のコーヒ―それはパークフォレストのシンボルです．パークフォーレストでは，コーヒーポットが1日中湯気を立てています．この友情のシンボルは，お隣り同士が互いのかわりを楽しんでいるかを物語るものです．その人たちはお互いに毎日の楽しみを分かち合うこと，そうです，憎しみもまた分かち合うことができることを嬉しく感じているのです．小さな町の友情に花咲くパークフォレストにおいでなさい．しかもなお，あなたは大都会にこんなにも近く住んでいるのです．（1952年11月9日）．「郊外住宅地はオーガニゼーション・マンの姿にあわせて作られた地域社会である」（Whyte 1956）．郊外の生活様式はオーガニゼーション・マンの生活様式（価値）であった．その生活様式はオーガニゼーション・マンの独特な社会的性格に合わせて個性的であった．ホワイトは彼の著書の冒頭に記している．「このオーガニゼーション・マンということばはきわめて漠然としているが，これから語ろうとする人々については，私は他に適当な呼び名を思いつかないのである．彼らは，労働者ではないし，事務職にある人という意味での，いわゆるホワイト・カラーでもない．これらの人々はもっぱら組織のために働く．そのうえ，私の語ろうとする人々は組織に帰属してもいる．彼らは，組織の生活に忠誠を誓って，精神的にも肉体的にも，家郷をはなれた中産階級の人々である」（Whyte 1956：2）．

　もちろん，豊かさの問題を，大不況，戦争，地価，人種問題と切り離して論ずることはできない．明らかに，アメリカにおける郊外の爆発的発展は，その背後に，戦争（帰還兵）という歴史的な事態があった．郊外は豊かさの象徴であったが，そこには深刻なアメリカ問題（人種問題）が内在したことも記憶にとどめなければならない．アメリカ問題は，何よりも端的に，レヴィットの住宅販売方針にみられた．ローゼンバウムはレヴィットのプロフィールにふれていう．「レーヴィットは，黒人には家を売らない方針を守った」（Rosenbaum：60）．それは，「アメリカのニグロは，世界中のユダヤ人が六千年をかけてもできなかったことを，四百年で実現させようとしている．ユダヤ人として，私は意識的にも感情的にも人種差別をする余地はない．だが，…

（中略）…一軒でも黒人に売れば，白人の客の90%ないし95%がそのコミュニティに愛着を持たないことが経験からわかった．それが彼らの姿勢なんだ，私たちの姿勢ではなく…（中略）…会社として，私たちの単純な方針を持っている―住宅問題を解決することは可能，人種問題を解決しようと努力することは可能．だが，このふたつを一緒にはできないという方針だ」(Rosenbaum 1960：60-1)．「都市育ちの学生も，小さな町で育った学生も，郊外に住むことを望む．そればかりではない．郊外で育った学生達もまた，郊外―自分が育ったのとおなじ郊外である場合もしばしばだ―に戻ることを選んだのである．私の考えでは，小さな町から出てきた学生たちの場合には，その幼いころ，一度は町を出て，大都市に住みたいという気持ちをもったのではないかと思う．もちろん，都市に対する農村的な恐怖感や疑惑は残るだろうが．それでも大都市は魅力であったはずだ．だが現在ではそうではない．今日の都市は，多くの人々に犯罪，不潔さ，人種的緊張といったようなものを連想させる．それは，文化と機会の象徴でなくなってきているのだ．小さな町から大都市に流入してくる人びとがあることは事実だ．だが，それより多くの人びとが，都市から郊外に逃げ出しているのである．」(Riesman：122)．リースマンのいうように郊外への逃避はアメリカが抱える人種・民族問題と一体であった．郊外におけるアメリカ問題は，しばしば，3つのF (Fear, Fight, Flight) として説かれている．白人は，黒人の進入を恐れ，闘い，そして逃避した．それは郊外住宅に寄せるレヴィットの営業方針と合致する．逃避の先にレヴィットの郊外があった．

確かにアメリカは郊外において豊かな社会を実現した．しかしそこにみられる豊かさと平等は潜在する対立と闘争に導かれたものであった．なるほどアメリカ社会は公共的なものに敏感である．しかし，見方によれば，アメリカは人種・民族，宗教，世代，階層というサブ・カルチャーを超えて「公共的市民文化」を形成することに成功していない．アメリカ的なものを求めたデューイ，J.の時代，「公共」は「同化」であった (Mills 1964)．マイノリティがドミナントに同化すること，そこに「公共」の基準があった．アメリカにおける郊外状況はレヴィットの価値意識にみるように，ドミナントの公共でありデューイのそれと大きくちがわない．しかし，ミルズW.の批判にみるように (Mills

1963），同化主義は，ドミナント側からの理想の強制であって，アメリカを，そもそも，多様な人種・民族と多様な価値を追求する多様な集団により構成される国家とみれば，同化をもって公共の基準とすることは正しくない．むしろ，同化と適応を峻別し，適応から公共を追及する作法が必要である．アメリカの都市が，ドミナントを超えた公共的市民文化の形成に向かうためにはドミナント・マイノリティ関係を構築し直すことが必要である．

　日本の場合はどうか．日本の場合も，郊外が都市の発展・成長の帰結であることに変わりはない．しかし，アメリカとは事情を異にする．アメリカの郊外がアメリカ問題を内包していたように，日本の郊外は日本問題を内包した．敢えていえば，日本の場合，豊かさの象徴としての郊外という印象は薄い．もっとも，それは，郊外というより都市の貧困として説明されるであろう．以前，私は，大略，次のように書いたことがある．「過去に類をみないほどに巨大な余剰を集積し，現代社会の繁栄を集約的に示すわれわれの都市にも，一方では，この社会，この都市に固有なの立ち遅れと貧しさがみられる．…（中略）…三大都市圏のこのような過密地域は，その巨大な余剰の蓄積のゆえに，あたかも豊かな地域とみなされているようであるが，問題も決して少なくない．われわれの理解するところによれば，今日の繁栄した大都市は，まずなによりも生産の拠点としての都市である．…（中略）…今日，生産の拠点としての地域（都心）が繁栄を示す一方，生活の拠点（郊外）としての地域は，著しい立ち遅れを示している．…（中略）…今日的段階の郊外化は，東京を中心に，核拠点都市が有機的連結をはかる中で，それ自体一つの歴史的性格をもって，近郊農業の変貌など具体的な形をとりながら現れてきたものである．それは，戦後日本資本主義が生み出した，地域的不均等発展の帰結であり，所産であった．…（中略）…郊外の社会病理は，そうした郊外のもつ特殊性，あるいは郊外化を導いた都市化の性質と深く結びついているものである．仮に社会病理を，「生活機能の障害」というほどのものに理解し，もしそれを放置すれば，人々の社会生活に不都合をきたすものとみるならば，郊外という第三の地域社会（蝋山政道）における生活機能の障害＝郊外の社会病理の発生は，なによりもまず，第三の地域社会を導いた都市化の問題として考えなければならないであろう．…（中略）…アートル（R. Artle）は，安全・効率・利便・安定・審美の

五項目を都市空間の構造目標として設置した．当然，この目標は郊外においても達成されなければならないものである．しかし，現実にわが国の郊外をみるとそのいずれの目標をも達成しえていないようである．それどころか，しばしばそうした目標と反対の事態が目撃されるのである」(内藤 1982：98-105)．
「今日，郊外では，生産の社会化に対応する消費の社会化が充分なされていない．端的にいえば，生産の社会化と消費の社会化の不均衡を集約的に表現するのが，今日の郊外＝第三の地域社会である．そこは，高度な生産の社会化に見合った消費の社会化がなされていない社会である．あるいは都市化に対応して都市的生活環境が整備されていない社会である．余剰の創出に見合う配分がなされていない社会である．…（中略）…これまで，都市の機能は，都心において果たされるものと考えられてきた．しかし，今や郊外を都市の機能の中に正しく位置づけなければならないときがきた．今日，現実に都市人の居住地域である郊外は，都市の残余部分としてでなく，むしろ主要部分として見直さなければならない．そしてこれを一端都市の主要部分とみなすならば，そこにおける整備不足は明らかである．要するに，今日の都市にみられる巨大な余剰と繁栄は，真に都市人のものとして機能していないのである．…（中略）…もとよりこうした都市化を導いたものはなにかといえば，先ず何よりも，資本の要請によって推し進められた労働の社会化，すなわち，社会的分業の高度化である．…（中略）…問題は一連の都市化が，住居と職域とを分極化することによって，都市勤労者層を中心に生活の分断状況を強めていることであり，また生活の再生産に必要以上の緊張を強いていることなのである．住域と職域との極度の分離は都会人をして不必要に居住地域への結びつきを薄め，居住地域への結びつきの薄さは，時として，そこにおける物理的・社会的条件の不備を黙認させるという事態を生んでいる．その意味では，今日的郊外化を推し進めている大都市化，そうした大都市化を導いている資本の高度化こそ，郊外社会の病理を生み出す要因である」(内藤 1982：106-7)．

「今日の郊外における病理が，資本により導かれたものであったとしても，もちろんそれが全てではない．都市の形成をその主体という視点から問う試みは，都市と郊外化の社会病理が，単に，資本や経済的問題にあるとみない．今日的な郊外社会のあり方をみると自治の空洞化が顕著であり自治意識は希薄で

ある．今，これを，市民の視点として抑えれば，日本の都市に目撃される市民不在という事態は，資本の病理性同様，ひとつの大きな病理である．郊外における社会病理は資本の病理に尽きない．市民の価値志向，行動様式にも深く関連する」（内藤 1982：110-1）．郊外が市民不在の無秩序な状態に置かれていたのには理由がある．都市自体に自治の権限が十分な形で保障されていなかった，したがって，市民は育たなかったからである．ビアード, C. の指摘は，憲法に保障を得た後にも，内実化されずにきた．煩わしさを厭わずビアードの指摘を見ておくことにしよう．「六ヶ月間にわたる懸命な調査の末に，私（ビアード）は，東京市当局が当面している困難は，地域的行政需要に関する知識が欠けているためでも．また，この需要を充足する近代的行政技術が欠けているためでもなく，原因はそれ以外にあったということを確信するに至った．すなわち，困難の原因は，充分な財政的裏付けや法律的権限が欠けていること，時には，技術理論を実行する経験が不足していること，さらに，基本的には，知性と熱意に満ちた市政の指導者を支持する，市民の世論が欠けていることを知ったのである．地方自治の固有の権利というようなものが東京には欠けている．…（中略）…事実，東京市政府は，厳密な意味では，市の区域内にある中央政府の組織のひとつにすぎず，アメリカで地方自治に関連して都市に与えられている，基本的権利の多くを剥奪されている．たとえば，消火活動，火災活動，建築規制，警察その他，多くの公共の安全に関する事項について，市はなんら権限を与えられていない．これらの権限は，国の官吏である警視総監の手に与えられている．市はまた，都市の公益事業会社の独占的営業権の許認可または規制についても，なんらの権限をもたない．アメリカの都市がもっている独立の課税権をもっていない．すなわち，その市域内で自由に課税できないものである．主として国税および府県税に頼らなくてはならない」（Beard 1964; 内藤 1982：90）．

　日本の都市は郊外も含めて市民自治の文化，「公共的市民文化の形成」に成功しなかった．それは何よりも自治体と国の関係にある．国家は自治体の上に君臨した（本文において参照した宅地開発要綱をめぐる横浜市と建設省の関係を想起されたい）．市民の成長に歯止めをかけようとする国の姿勢があった．近代日本は国家＝天皇への忠誠に公共の基準を設定した．そこでは国民だけが

あって市民は存在しない.「国家あって社会なし」(後藤 1972) という言葉が近代における日本の姿を集約する. 市民という発想から公共を求める志向は, その条件が, ようやく戦後において用意されただけであってしかも内実化は依然課題である. それは, おそらく, 社会目標・国家目標の再設定, 行政・官僚国家を超える国家の造り替えとそのことに対するする市民の意識改革なしに達成することはできないであろう.

都市＝郊外は優れて社会体制と民族・国家のあり方を反映する. そのことは, アメリカと日本の例をみただけでも明らかである「極めて興味深いことに, こうした〈田園の中の郊外〉は, 19世紀に入りアメリカで全面的な展開を見たのに対して, フランスにおいてはついぞ選び取られることはなかった. 郊外において〈都市と田舎の結婚〉が執り行われることはなかったのである. というのも, 伝統的なヨーロッパの都市においては, 〈都市を自然に溶け込ませる〉ことは不可能であり, むしろ〈都市はそれ自体が1つの形態〉であって, その形態は, 田園ないし自然というネガティブは地を背景に, みずからの輪郭を浮かび上がらせるものだからである.〈城壁〉とはまさしくその〈輪郭〉そのものと言える」(今橋 2004：207). 都市＝郊外論は多元的に展開されてよい. 都市＝郊外を社会と国家の姿を映し出すものとみて, 郊外化のなかに豊かさと公共的市民文化の可能性を追求する試みもそのひとつである.

注
1) かつて私は都市を生産の拠点と生活の拠点において捉えるよう主張したことがある. 少なくとも当時の実態はそうであった (内藤辰美「現代日本の郊外都市化とコミュニティ」『現代日本の都市化とコミュニティ』渓泉書林, 1982年を参照されたい).
2) 民主党は, 国民生活が第一をスローガンに, 政治主導を掲げて政権交代を実現した. そして, いま, 官僚機構の前に, 政治主導は色褪せている. 政治主導は, 近代～現代日本の課題であった. そこには「天皇からの距離」(丸山真男『増補版現代政治の思想と行動』1964, 未来社) という問題をどのようにして超える (克服する) かという問題があった.「代議士は官僚より劣勢の地位におかれたが, 県会議員よりは代議士の方が国家権力の運営審議に直接参画する名誉感に支えられ,「天皇の代議士」と意識し, 解散にあえば〈天皇の譴責〉うけた不忠の代議士であり, 郷党の有志に顔むけできないと意識した. この心得こそ官僚と同質であり, 政府との妥協にたやすくくだり, 国権論への傾斜もきわめて容易であった. 藩閥政府攻撃に〈自由〉と〈民権〉をかかげても, 民権主張が代議士になるための手段であり, 個別的に抽出される出世欲, 権力欲にもとづく抗争であった」(福地重孝『明治社会史』弘文堂, 1955. 80-1) といわ

れる歴史に照し，政治主導が容易でないことは明かである．

補　注

筆者が編集委員会から提供を受けた4人の論者の原稿は査読過程にあるものであった．査読者の指示により筆者が引用した箇所に，その後，各論者が加筆・修正を加えた可能性がある．論者と読者には寛容を願う次第である．

文　献

Beard, C. A., 1923, *The Administration and Politics of Tokyo : Survey and Opinions*, The Macmillan Company．（＝1964，都政調査会訳編『東京の行政と政治』東京都政調査会）．
福田徳三，1980，『生存権の社会政策』講談社．
後藤新平，1972，「自治生活の新精神」（都市問題1972年2月号）．
Howard, E., 1902, *Garden Cities of To-Morrow*, London : Faber．（＝1968 長素連訳『明日の田園都市』鹿島出版会）．
今橋映子，2004，『都市と郊外』NTT出版．
Lefebvre, H., 1970, *La Revolution Urbaina*, Gallimard．（＝1974，今井成美訳『都市革命』晶文社）．
Mills, W., 1963, Power, Polities and People, Oxford Univ, Press（＝1971，青井和夫・本間康平監訳『権力・政治・民衆』みすず書房）．内藤辰美，1982，『現代日本の都市化とコミュニティ』渓泉書林．
Mills, W., 1964, *Sociology and Pragmatism*, Paine-Whitman（＝1969 本間康平訳『社会学とプラグマティズム』紀伊国屋書店）．
Riesman D., 1964, *Abundance for What?*, New York:Doubleday & Company, Inc..（＝1968，加藤秀俊訳『豊かさとは何か』みすず書房）．
Rosenbaum, R., 1983, *Fifty Who Made The Difference? An anthology of the December 1983 issue of Esquire Magazine*, Esquire Associates．（＝1988，小沢瑞穂訳「レヴィットが建てた家」エスクアイア・常盤新平監修『アメリカの歴史を変えた50人』新潮社）．
Senett, R., 1970, *The Use of Disorder*, Alfred A, Knopf, Inc．（＝1975，今田高俊訳『無秩序の活用』中央公論社）．
田村明，1974，「都市づくりの改革と実践」飛鳥田一雄・富田富士雄編著『都市自治の構図』大成出版．
──，2006，『都市プランナー田村明の闘い─横浜〈市民の政府〉を目指して─』学芸出版社，152-4．
田中角栄，1967，「自由民主党の反省」『中央公論』6月号．
Toffler, A., 1980, *The Third Wave*, New York : William Morrow．（＝1980，徳山二郎監修『第三の波』日本放送協会）．
Whyte, W.F. 1956, *The Organization Man*, New York : Simon and Schuster．（＝1959，岡部慶三・藤永保・辻村明・佐田一彦訳『組織のなかの人間』東京創元社）．
関東都市学会，2005，『関東都市学会年報』第7号，2005年3月，関東都市学会．

8 章

新しい地域的共同と地域リーダーの可能性
―公共的市民文化の形成とコミュニティ

8.1 社会変動・社会解体・地域リーダー

(1) 現代と社会変動

　いま，地域には，リーダーとリーダーシップが期待される事態がある．地域リーダーとリーダーシップが要請される背景は何か．事情は複数である．確かなことは，地域が困難な状況に直面しているということである．地域は，いま，様々な問題を抱え，問題の処理や解決に適切な方法をもてずに苦悩する．そこには自己管理能力を低下させた地域の姿がある．かつて地域がもっていた問題を解決する力，智恵や経験を，いま地域はもたない．それは，そうした智恵や経験を継承する地域を社会変動が解体してしまったからである．

　わが国の場合，地域の解体は，近代，とりわけ戦後において顕著であった．近代はそれまで地域がもっていた自己管理の仕組みを崩壊させた．どういうことか．中央集権化を進めた明治国家が地域社会と地方を支配下に置く，地域の国家管理を推進したからである．新しく生まれた明治国家が理想から程遠いものであることに気づき，旧体制下の地域リーダーのなかには，絶望する人もいた．『夜明け前』の主人公，青山半蔵を藤村はそうした人間の一人として描いている．

　社会変動は，近代における，そして現代における，常態，日常的な事態である．常態的な社会変動は地域社会を含めて，既存の社会秩序を間断なく揺さぶり解体させる．もちろん社会解体は程度の問題であるが，解体は，それが，国民の生活，地域の生活に不都合をもたらし，不都合が混乱や苦痛にまで進む

時，国民社会と地域社会の再建を求める声となる．ひとつの例を挙げれば，国民生活審議会の報告書『コミュニティ──生活の場における人間性の回復』(1969 年，昭和 44 年) は，そうしたものであった．『コミュニティ』は，目前の地域社会が解体の危機に瀕しながら，新しい秩序を形成し得ないでいる，そうした事態を深刻に受け止めた報告書であり，多くの国民の認識を反映させたものであった．

　いずれにしても，社会解体は，それを放置した場合，集団や社会にとって不便・不都合な事態を生む危険がある．社会解体を導く要因は様々であるが，産業化と都市化は，地域社会の変動と社会解体を導く主要な要因とみられてきた．産業化や都市化が，既存の地域社会を支えてきた構造与件＝地域社会の構造と秩序を支えてきた諸条件を変化させ，構造与件の変化が地域社会を流動化させたという図式である．もちろん，地域社会は一枚岩のものではない．それは，時に，内部に深刻な利害対立を抱える複雑な社会である．内部に矛盾を抱える地域社会は，その矛盾のゆえに，しばしば，支配・対立・敵対・闘争などの関係を表面化させるのであるが，近代の歴史は，やや誇張して言えば，そうした事態を日常的なもの，そして複雑なものとしたのである．

　産業化や都市化が一方に過密を，他方に過疎を生起させたことは，あらためて説明を要しない．体制原理の要請する産業化や都市化とその帰結として生起した過密や過疎が，過密地域，過疎地域の社会を解体させてきたことは周知のことである．もちろん歴史は歩みを止めない．現代の社会変動は，高度な産業化＝情報革命を背景にした情報化によって新しい諸相をもつ社会＝情報化社会を出現させることになった．同時に伸展したグローバライゼーションと重なって，情報化社会は，社会変動の速度を速め，規模を拡大した．いまや一国の状態をもっぱら国内的要因で説明し尽くすことは不可能である．

(2) 社会解体と地域リーダー

　情報革命，グローバライゼーションという変動の波が地域社会を洗うなか，地域リーダーの世界にも変化が表われた．一見，何事もなく推移しているかに見える地域社会も，その内部をよく観察すれば大きな動きがある．社会解体の危機を内包している場合すら少なくない．ここで，少しばかり，社会解体につ

いてふれておくことにしよう．マートン，R.K. は社会解体について，大方，次のような説明を与えている．「社会解体は，ある社会体系において，相関連する地位や役割が適切に機能していない状態にある場合に現れる欠陥を意味している．すなわち，有効な社会体系であれば，地位や役割が適切に機能している社会体系であれば，充分実現されるはずの集合的目標や個人的目標が，欠陥のある体系では実現されない事態を指す言葉である」，「社会解体は相対的で程度の問題である．集団や組織や地域社会が，効果的に組織されていない場合，解体の危険がある．地域社会であれ目的をもって結成された結社であれ，お互いに依存し合っている人びとの間のコミュニケーション・チャネルに不適切さや部分的故障がある場合，社会解体を招くことがある．確かにコミュニケーション経路の不適切さが社会解体の唯一の，あるいはもっとも重要な源泉というわけではないけれども，コミュニケーションの欠陥は，集団を構成する人びとの間に利害や価値の対立がないときにさえ，解体を招いているのである」(Merton 1969)．マートンは，程度の問題であると断ったうえで，集団や組織や地域社会が，効果的に組織されていない場合，解体の危険があるといい，その主要な要因をコミュニケーションの欠陥に求めているのである．

　社会解体は，軋轢・対立，紛争・闘争，衰退・機能低下，諦観・逃避，誹謗・中傷など，様々な表情を見せることになる．そして，それが，社会問題として意識されるとき，あるいは生活に対する影響を実感するようになるとき，人々は，それを放置できないと考えるようになる．問題を処理したり克服したりすることができるような社会＝地域を創らなければならないと思うようになる．普段は意識しない，リーダーやリーダーシップに対する関心と要請が，そうした場合に現れる．近年，そうした事態が，リーダーやリーダーシップを求める事態が，われわれの周囲に少なくない．人々は，「事態」を，放置できないと実感しながら，そして問題の解決に向けてリーダーの出現を待望しながら，自らが乗り出すこと（その問題に自らが関わること）については臆病である．「どうにかなる（あるいはどうにもならない）」，「誰かがやってくれる」という意識が，現実の深刻さに背を向けさせる．「事態」に対する自覚がないわけではない．危機感ももっている．しかし，行動までにはいくことがない．誰かいるはずだ，誰かがなんとかするだろうと，「誰か」に期待をかけ，ついに

は,「それほどの緊急性のない事態だ」と自分を納得させてしまい,いつしか忘れ去るのである.日常性の恐ろしさとはそういうものにちがいない.

　私生活主義(田中義久 1971)の台頭が,家計の外側にある地域=環境を生活のレファレンスから外してしまう,そうした風潮を生み出した.私生活主義は,何よりも,市場の要請するところなのであるが,それは同時に,「家」と「家族」の弱体化を背景に進展する,歴史の動きであった.家の外側の世界(他人の生活)に口を出すことは悪いことだという考えが一般化すると,口出しは,旧い時代の悪習とされるようになる.他人の生活に対する干渉を避けるという心はいつの間にか無関心であることが美徳であるかのような意識を生み出した.そうした意識が拡大したのにも理由がある.これまで,地域社会による個人生活への干渉が,地域に生きる人々の自由な生き方を阻害していたことも事実であったからである.私生活主義は,過去の日本社会がもっていた個人の自由な生き方を制約する規範に対する批判と抵抗でもあった.それにしても,「家」が地域生活の単位として存在する実態を踏まえて唱えられた,都市=家連合説(有賀喜左衛門 2001)は今や非現実的なものとなった.そして,生活の個人化(高橋勇悦 1973)という動きが,都市を構成する単位を,限りなく,個人に求めることになった.意識の変化もあった.都市的生活様式といわれる消費手段の共同管理が自治体の仕事となることと重なって,地域のことは国家や自治体の仕事であって(税によって対応される問題であって),自分の問題ではないという意識が浸透した.行政による生活の包摂は,地域的協働と共同から人々を遠ざけたのである.

　近年は個人情報保護法の成立があり,誤解を恐れず敢えて言えば,地域は新たな私生活主義の前におかれている.少なくとも,地域はいま,個人の権利と全体の利益=地域的共同をどのようなものとして構築したらよいかという課題の前にある.あるべき地域の目標として,「安心・安全」を掲げてみても,個人情報保護法が壁になって「安心・安全」に障害が生まれているという声もある.伝統的住民組織が弱体化しているなかで,コミュニケーション回路まで切断され,生活の危機に直面する社会的弱者がいるという話はめずらしくない.地域には,いま,「私」生活を余儀なくされている高齢者と,新たな私生活主義を誘発する可能性のある個人情報保護法が,見過ごせない問題として存在す

る．一例を挙げよう．日本経済新聞の社会面は，「災害制度はいま〈阪神大震災12年〉」(2007年1月16日) として個人情報保護法と弱者救済の問題を報じている．「行政や地域団体，介護事業者などがそれぞれ持つ災害弱者の情報が，〈万が一〉の際にほとんど利用できない現実．新たに生まれた法律に対し，戸惑っていては手遅れになりかねない．人の命をどう守るかが問われている」というのである．

もちろん，近年の動きには，注目される，あるいは期待される何かがあることも事実である．時代をもっぱら悲観的にとらえてはならない．時代には新しい動きがあり，そのなかには期待される動きもある．新しい動きは複数であるが，そのひとつに，地域的共同に価値を認める意識の広がりがある．地域的共同を生活の質の向上に活用しようという意識をもった人の台頭がある．もっと寛容の精神を大事にしなければならないということに目覚める人がいる．互助の精神が住民の心を豊かにするということを理解し，行動する人々がいる．NPOが機械的に地域を変えるわけではないし，新しい共同を確立するわけでもない．NPOも様々である．そのことを承知したうえで，NPOは時代の新しい動きを示している．

そうした新しい地域共同に対する意識や自覚が，いま，新しい地域的共同とそれを導くリーダーやリーダーシップを求めているのである．もちろん，そうした動きは全国に目撃されるが，どこにでもみられる動きとは限らない．ましてや成功例ばかりとは限らない．注目したいのは，私生活主義の行き過ぎに好ましくない影響が出ていることを憂慮する人が生まれてきていることである．新しい協働と共同に関心を寄せる動きが出てきたということである．かつての私生活主義が，若き「団塊世代」の生き方を映したライフスタイルであったとすれば，いま，高齢期を迎えたかつての若き「団塊世代」が求め出したライフスタイルが，地域をひとつの生活の枠として共有するライフスタイル，地域的共同への回帰というライフスタイルなのだということも可能である．団塊世代論はともかく，半世紀という時の経過が，人々に地域回帰を促しているとすれば，過ぎ去った半世紀は，これからを生きる人々に某かの教訓を提供するであろう．

8.2 地域リーダーの類型と変容

(1) 地域リーダーの類型

おそらく,リーダー不在という嘆きの,大きな部分には,コミュニケーション回路の欠陥が潜んでいる.コミュニケーション回路の欠陥は,地域が協働と共同の実質を失い,形骸化し空洞化していることの,言葉を換えて言えば,コミュニケーション手段としての言葉を失い,内容のない器になっていることの反映である.地域リーダーへの期待は明らかである.それは,地域の空洞化を阻止し,地域を共同生活のフレームとして活用するために,目標を掲げ,その目標のもとに,住民の関心を引き寄せ行動を促すよう,調整を図り,展望を示すことである.

地域リーダーは幅のある概念である.そもそも,地域リーダー論が対象とする「地域」は,近隣のような小さな単位からリージョンのような大きな単位まで幅がある.リーダーも日常的な,ごく身近な問題に関わる人から,地域社会の権力構造の頂点に位置するような人まで含まれる.高みに身をおくリーダーもいれば住民と一緒に動くリーダーもいる.地域が幅のある概念であるということは,また,地域問題が多様であり,問題の多様さは,解決の方法も一様でないということを意味している.当然のことであるが当該地域が求めるリーダーと,リーダーに期待されるリーダーシップは,当該地域の「特性」や「個性」と深く関係する.いったん地域の特性や個性に関心を寄せてみれば,地域が,何よりも,「歴史的形成体」(地域の特性や個性を育んだ歴史を体現する存在)であることが判明するはずである.すなわち,地域リーダーやリーダーシップは,「歴史的に形成されてきた地域」あるいは「地域的特性」という問題から遊離しないのである.

ところで,多くの場合,地域リーダーに期待されるのは(地域がリーダーに求めるのは),(1)現状を維持することか,(2)現状を改善するかあろう.そして,そのいずれかによって,求められるーダーは異なるものとなろう.現状維持の場合,理想とされるのは,仮に,状況肯定型(調整型)と呼ぶことのできるリーダーであろう.状況肯定型に対比されるのは,仮に,状況変革型(状況創造型・問題提起型)と呼ぶことのできるリーダーである.一般的に,状況

肯定型のリーダーには既存のコミュニケーション・チャネルを維持しようとする傾向があるのに対し，状況変革型リーダーの場合，しばしば，コミュニケーション・チャンネルの維持よりも，新しいチャネルを付加・創造することに重きを置く．現在の状況をできるだけ維持しようという状況肯定型と，現在の状況を変えようとする状況変革型とは，対照的であるが，このふたつのタイプは多くの地域で目撃される．状況肯定型は，悪く言えば「事なかれ主義」，良く言えば「穏便な対応」を特徴とするのであるが，良く評価すれば，「先走らない」，「全体をよく見る」という長所となる．いずれにしても，状況肯定型は，現状を「よし」とするリーダーであろう．それに対し，状況変革型リーダーには，時に，「先走り」，「特定の意見の重視」という短所がある．しかし，その短所もよく評価すれば，「マンネリズムの打破」，「問題に対する創造的な対応」である．

　地域リーダーの役割は，共同と協働が，地域の期待するあるいは理想とする形で，円滑・効果的に進むよう集団を調整し，誘導することである．地域の期待する価値や理想に分裂が生じ，地域が一体化を放棄し，対立する場合，地域は異なるリーダーを擁して対立・闘争する場合がある．その例は少なくないが，運河の「埋立てか」「保存か」をめぐり，町を二分する対立と闘争を続けた小樽市の事例や，核燃料再処理施設の建設をめぐり，村を二分した闘争を展開した六ヶ所村の場合はその例である．このような場合に求められるリーダーは，特定の価値を表出するリーダーであって，価値中立的なリーダーであることは稀である．もっとも地域は常に対立的状況にあるわけでないから，多くの場合求められるのは，価値中立型のリーダーであろう．地域を二分するような闘争は価値中立的リーダーの存在を許さない．

　一口に，地域リーダーといっても，地域リーダーには，トータル・イシューにかかわるリーダーもいるし，パーシャル・イシューへの関わりきりもたないリーダーもいる．そこで必要になるのが，地域の問題全般に関わるリーダーか，特定の問題に関わるリーダーかを基準とした類型である．それを，仮に，多機能的なリーダーか単一機能的リーダーかと呼ぶことも可能である．わが国の場合，自治体の長は，トータル・イシューに関わる「多機能的な」地域リーダーの代表例であろう．自治体の長は，単に，多機能的であるだけではな

い．行政資源の配分を通じて地域社会の隅々にまで影響力を行使する．自治会（町内会）の長は自治体の長に比べれば，そのスケールも権限も格段に小さいが，自治会（町内会）の長もトータル・イッシューにかかわる「多機能的な」リーダーの例とみることができる．有力者，とりわけ，組織を代表するような有力者の場合（市長や有力な団体・組織の長，連合自治・町内会長など），その地位にあることによって，その他の地位（充て職）に就くことが少なくない．それは，マートンが，「ロール・セット」という概念で説明したものである．「充て職」としての名目的リーダーは，「長」の地位を辞するに伴い，次の役職者と自動的に交替するのが一般的である．

　自治体の長や，自治会（町内会）の長が，トータル・イッシューに関わる「多機能的な」地域リーダーであるのは，何よりも，自治体や自治会（町内会）が，多機能的な団体・集団であることに起因する．トータル・リーダーとパーシャル・リーダーは，それぞれ，別の組織や集団のリーダーであって，必ずしも協力関係にあるわけではない．例えば，市長の市政運営方針と市民が行なうNPO活動の理念に食い違いがある場合，両者の間に良好な協力関係を創ることは難しい．しかしながら，両者は，それぞれの組織・集団を有効に機能させるため，一段高いレベルへ向けて合意し，協力関係を築くことがある．「調布ゆうあい福祉公社」の場合がそれに属する例で，しかも，トータル・リーダーの市長とパーシャル・リーダーのボランティア・リーダーが新しい形を創りだすことに成功した例であろう（松原2009）．

　ところで，地域リーダーのなかには，仮に，顕在的リーダーと呼ばれる，「表の顔」もいれば，仮に，潜在的リーダーあるいは「裏方のリーダー」と呼ばれる人もいる．潜在的リーダーについては，やや変種に属するが，カッツ，E.とラザースフェルド，P.がオピニオン・リーダーと呼んだリーダーも入れられてよい．オピニオン・リーダーとは何か．「すべての対人関係はコミュニケーションの網として潜在的可能性をもったものであり，オピニオン・リーダーというのは，たまたまある時点でコミュニケーションの流れの元締め的な役割を果たしている，グループ成員」（Katz 1955＝竹内1965：22）のことである．カッツとラザースフェルドは，コミュニケーションの流れを研究するなかで，このオピニオン・リーダーの存在を発見した．ある情報は直接住民に流れるの

ではなく，オピニオン・リーダーを通じて流れるのである．オピニオン・リーダーの有効活用が集団効果を左右することもある．もしそうであればオピニオン・リーダーは，注目的存在である．

　以上，地域リーダーの類型について少しばかり記述した．もちろん，地域リーダーの類型はこの試みに尽きない．地域リーダーの類型には様々に分類が可能である．なお，ここでは，理想のリーダーや望ましいリーダー像といったものについては積極的に触れていないけれども，それは紙数の制約からくるものであって，決して，その重要性に気付いていないためではない．民主的リーダーがリーダーシップを発揮できない例もある．権威主義的リーダーが歓迎されることもある．理想的な地域リーダー像は，地域が直面する課題により，あるいは地域社会の歴史的位相により変わるということも記憶されなければならない．調整型のリーダーを求めるのか，問題提起型のリーダーを求めるのかは，そして，特定価値肯定型のリーダーを求めるのか，価値中立型のリーダーを求めるのかは，リーダーの問題であると同時に，地域社会の直面する課題や地域社会の歴史的位相と関わる問題である．

(2) 地域リーダーの変容

　地域社会は，リーダーによって導かれる反面，リーダーの活動を規定する．そして，地域社会とリーダーは，ともに，時代の規定を受けている．地域リーダーは，その程度を別にして，しばしば，地域住民の生活姿勢と時代を反映する．住民に複数のタイプがあるように，例えば，「保守的」・「保身的」・「革新的」・「献身的」というタイプがあるように，リーダーにもそうしたタイプがある．そう考えれば，地域住民と地域リーダーは，大まかに，社会構造（当該地域）に対する変革への志向と私生活の変革意識を基軸に，社会構造への変革意識がなく私生活の変革意識をもたない〈保守〉，社会構造への変革志向をもちながら私生活への変革意識をもたない〈保身〉，社会構造への変革志向をもち私生活にも変革意識をもつ〈革新〉，社会構造への変革志向をもたないが私生活には変革意識をもつ〈献身〉に分けることができるであろう（社会構造への変革志向をもちながら私生活への変革意識をもたないリーダーを，なぜ，〈保身〉と呼ばなければならないのかという向きもあろうが，社会変革を説きなが

ら，自らの生活は変えないという，その文意に理解をいただきたい）．ここで敢えてこのような類型を持ち出すのはなぜか．それによって地域リーダーをめぐる近代日本と現代日本の違いを鮮明にしたいためである．もちろん，地域リーダーの類型化を歴史的視点に求める試みは，これまでにも存在する．そのひとつは，先に挙げた国民生活審議会の報告書『コミュニティ』（1969年，昭和44年）における「コミュニティ・リーダー」の記述である．報告書は，コミュニティ・リーダーの性格を，「名望有力者型」から「役職有力者型」へ，そして「有限責任型」への移行として把握する．そうしたことも念頭において，以下，私の理解を示すことにしよう．

　近代日本は〈献身〉型の地域リーダーによって支えられてきた．天皇制国家を受け入れ，私生活を国家に捧げるという，日本の近代国家は，国民（住民）とリーダーに，ひたすら，〈献身〉的であることを要求した．住民（国民）も地域リーダーも，そうした時代の規定を受けて，私生活を滅した国家への奉仕＝社会構造への変革志向をもたないが，私生活には変革意識（滅私奉公）をもつ国民像を「善」とした．当然，地域リーダーは〈献身〉を意識した．複数の要因がそれを可能にしたが，何よりも大きな要因は，天皇以外であれば何にでもなれるという，近代日本の方針＝明治国家が採用した方針の存在である．「原則的には，天皇以外であれば，いかなる有力者の地位にも，誰でもがのぼりうるというルールである．一方で上からの支配機構がありながら，他方で同じ機構が下の英才をすくいあげ，彼らがカウンター・エリット（機構反対のエネルギーの指導者）に走るのを前もって防止する社会的エントルの役割をはたすところに，無名の下づみから身をおこし，革命の嵐をくぐり，今日の栄位にのぼった伊藤たち元老の体験から学ばれた異常なかしこさがよく出ている」（久野・鶴見 1956：130-1）という指摘は，近代日本の本質を見事についた表現である．

　近代日本を地域リーダーという視点から眺めると，きわめて大雑把に，次のように捉えることができる．すなわち，名望家から名誉役職者（ここでは，多くの場合，家業として始めた事業の成功と，成功によって地域社会で名誉ある地位＝役職を得た人々を，名誉ある役職を得た人々＝名誉役職者と呼ぶことにしよう）へ，名誉役職者から行政役職者へ，行政役職者からボランタリーなリ

ーダーへという流れである．もちろんこれは歴史的に観た，かなり大まかな把握であり，最後の行政からボランタリーへという流れは始まったばかりである[1]．

　戦前と戦後の日本は，すべての点で大きな違いを示すのであるが，地域リーダーも例外に属さない．地域リーダーは近代日本そして現代日本の社会と国家を反映する．地域リーダー像は社会構造を映し出す．近代以前あるいは近代初期における地域リーダーは，多く，名望家であって，名望家は全国各地に存在した．名望家は，多分に，名望家の存在を許した前近代社会あるいは前近代的要素を残存させる社会の産物である．名望家層の背景にあるのは代々にわたり形成されてきた大きな経済力＝資力・資産である．名望家のなかには自らを地域リーダーとして意識していなかった人もいたかもしれない．しかし，彼らの多くは地域に君臨し，自家の繁栄だけでなく地域の安定に関心を寄せていた．もちろん彼らの存在は地域あってのものであったが，地域社会も彼らに依存し彼らの存在を誇りにした．彼らの地域社会に対する献身的な尽力があったからである．そしてその代償として彼らは絶対的な名誉を得た．しかし，名望家と呼ばれる人は多くない．近代化は名望家の存続基盤を弱体化させたため，地域における名望家の位置は相対的に低下した．そして名誉役職者を名望家に次ぐ，あるいは名望家に続く主要な地域リーダーとした．名望家に加え（代わり），名誉役職者といわれる人々が台頭し地域社会をリードした．彼らの特徴は名望家がもっていた絶対的な経済力＝資力でなく，家業として始めた事業の成功であった．彼らは地位の上昇移動を目指して努力を惜しまなかった．彼らは伝統的な名望家ではなかったが名望家がもっていた精神＝社会的奉仕の精神を継承した[2]．しかし，戦後は，こうしたリーダー＝名誉役職者たちも地域社会においてその比重を低下させた．戦後，台頭したのは，行政の役職者，とりわけ資源配分に影響力をもつ行政の長，あるいは行政における有力役職者である．戦前に支配層の一角を成していた地主層は，戦後改革を経て形成された新しい社会において以前の力を失った．その結果，戦前にもまして，行政の地域包摂が進行した．国家・自治体を通じた富の再配分が地域経済と住民の生活に影響をもち，国民生活の行政依存が強化されるに連れ，行政の長や行政における主要な役職者が新たなリーダーとして台頭した．とりわけ行政の長は，唯

一，トータル・リーダーと呼ばれる存在となった．地域社会が一枚岩の存在でなくなるにつれ，細分化され多元化するにしたがって，パーシャル・リーダーは増加する．そして，行政の長は，唯一のトータル・リーダーとなり，強力な権限を行使する．

　戦後日本の特徴は，戦前の名望家や名誉役職者が個人の富＝資産・財産を活用して地域社会に深く関わっていたのとは対照的に，公共財，わけても「税」の管理と配分を通じて地域社会にコミットし，「税」の操作を通じてリーダーシップを発揮していることである．しかし，近年はさらに，「共」の領域の拡大により，あるいは，マルチチュードという時代の趨勢があって，NPO などのボランタリーなリーダーが台頭しつつある．明らかに，リーダー像の変化は社会変動によってもたらされたものであって，リーダー像の変容は社会変動と社会構造の変化に連動する．

8.3　地域社会における「新しい共同」と地域リーダーの可能性

(1) 地域社会における「新しい共同」と地域リーダー

　すでに，序章で取り上げられているように，今日解決を求められる地域的課題は多様であり，共同と協働に対する要請も随所にある．そうしたなかで，リーダーへの期待も強い．それにしても，リーダーとは何か，リーダーシップとは何か．簡単に記述しよう．「リーダーとは，実在する人物を示す言葉」(金井 2005：62) である．人物概念であるリーダーは，(1) 現状を変革する人，(2) ビジョンを描く人，(3) 問題を解決する人，(4) チームをまとめる人，(5) マネージメントする人，(6) コミュニケーションをとる人，(7) 力を配分する人，(8) 関係を築く人，(9) 計画を立てる人 (Caroselli 2000＝ディスカヴァー・クリエイティブ 2003) と説明される．一方，リーダーシップには，「前向きな変化を起こすための力の行使」(前掲書：48) という説明が与えられる．それは，バーナード，C. I. が言うように，協働において諸力を機能させる〈起爆剤〉であり，前向きな変化を起こすための力の行使である．そして，それゆえに，体力・技能・技術・知識などの，そして，決断力・想像力・不屈の精神などの，個人的優越性を含意するものである (Barnard 1938＝山本 1956：270

-1)．リーダーとリーダーシップの定義が示すように，それは，協働と共同に関わる概念である．どのような集団であれ，組織であれ，地域社会であれ，協働と共同のあるところ，リーダーとリーダーシップの問題を避けて通れない．

　地域社会における共同について見れば（さしあたりマンションの管理組合や自治会，地域の活性化・再生を進めようとする団体や自治体を念頭においてみよう），リーダーには，大まかに，次の諸点に対する留意が求められるであろう．以下に述べるところは，私がこれまで，若干の地域でかかわった地域振興の仕事を参考にしたものであるが，紙数の関係できわめて簡略化した記述にとどめている．

　リーダーは，集団（当該地域，以下「地域集団」と記述）が追及する目標＝課題を明確にしなければならない．もし，その目標が，処理を必要とする問題の克服にあるならば，その点を念頭におけばよい．しかし，目標が，処理を必要とする問題の克服だけでなく，それを含めて新しい地域的共同をつくることにあるなら，そのことを認識し，集団の課題として設定しなければならない．地域集団が追求しなければならない目標の確認（目標の設定・課題の確認）は，何よりも優先されなければならない作業である．当然，そのためには，まず，地域集団のおかれた状況＝その現状と問題点の認識は，地域リーダーにとって，初めにして最も基本的な課題である．解決すべき課題は何か．解決を要する問題＝課題に対する認識なしに，問題の処理も新しい共同を求める作業もスタートしない．

　それができれば次の作業である．すなわち，問題に対する対応と対応に向けた情報の収集と組織づくり．理念を先行させるあまり，現状から乖離するようなことになってはいないか．当然，課題の達成に要する時間をどの程度見込むか（工程表の作成）はリーダーの重要な仕事である．長期に及ぶ課題であればそれなりの準備と対応が必要である．その意味で，リーダーには，陣営の力量に対する冷静な判断がなければならない．陣営の力量を読み違えたことにより，リーダーの努力＝リーダーシップが有効に働かないという事態に陥ることも少なくない．リーダーシップの空転は，成員間の信頼関係を損ね，リーダーは求心力を低下させる．リーダーにおける求心力の喪失は，集団を機能させるための役割分担を困難にさせ，最悪の場合には，コミュニケーションの回線を

切断することになる．

　仮に，集団目標＝達成課題についての合意ができ，それを追求する体制が順調に整えられれば，次なる作業は実践＝日常活動である．構成員が作業過程でもつ不満を吸収し，満足を実感させることに配慮をすること，それが，この段階におけるリーダーの心得である．とりわけ，役員（執行部）が一人歩きをしていないか，全体から遊離してしまっていないか．コミュニケーションの回路が塞がり機能障害を起こしていないか．課題の消化が工程表に従い順調に進んでいるか．順調な進行を阻害する要因が発生していないか．進行を阻害する内的・外的要因の確認を行なうのもこの段階の仕事である．課題の内容によっては，地域集団の作業を地域集団の外側の状況に照らしながら進行させるという配慮も必要である．もちろん，リーダーの向ける関心は阻害要因だけに限られない．作業の進行過程で生まれた団結力や融和は作業の消化に弾みをつけるだけでなく，地域集団の集団力（地域力）を向上させるから，リーダーは，実践が生み出す効果とその活用についても敏感でなければならない．

　実践は，もちろん，課題への挑戦であり課題の克服である．そして，それが達成された時点で当初の目的は一応の終結を見る．しかし，それも地域集団の永続性という視点からも見た場合，ひとつの段階にすぎない．大きな目標として，状況の変革と新しい地域的共同の創造がある．それゆえに，リーダーは，地域集団の活動成果（集団の得た報酬と支払ったコスト）の確認＝収支決算という仕事を行なわなければならない．大状況における変化を想定すれば，地域ないし集団の将来に向けて，結果に対する評価＝アセスは不可欠である．アセスを通じて確認される成果を，地域集団の共有財産として活用する体制ができれば，それは，次の新たな課題に対する有力な武器となる．

(2) 新しい地域的共同と地域リーダーの可能性

　地域社会の再組織化は時代の要請である．再組織化の求めるところは何か．それは，地域社会を安心・安全な状態に保つことであり，緊張が発生した場合，それを処理する力をもつよう柔軟で活力ある存在にすることである．組織化を状況の固定化と判断してはならない．いま，大状況，中状況，小状況を通して社会解体が進んでいる．それらはいずれも社会変動の帰結である．「大

状況的にみれば，社会体制や福祉国家の再編が社会変動の帰結として今日的なテーマとなっている．中状況的にみると，質の高い大都市の形成や活力ある地域・自治体の創造が課題である．そして，それは疑いなく，今日的なテーマである．「小状況」的にみると，そこにも，様々な問題があり解決を求めてリーダーへの期待がある．「小状況」にコミュニティや近隣を想定し，そこにおける問題をみると，コミュニティも社会解体を経験し再組織化を迫られていることが判明する．近隣トラブルは跡を絶たない．独居高齢者の対応は緊急の課題である．日常生活の基盤をなす環境を少しでも理想的なものにするということは切実な今日的テーマであり，それゆえに，地域リーダーへの期待がある．

　いずれにしても大・中・小の状況改善は，私が，生活の「再」構造化と呼ぶ，生活の現代的再建に関連する（内藤 2009）．なるほど現代におけるわれわれの生活は市場に規定されているけれども，市場はすべてではない．市場による生活の包摂が顕著であればあるほど，われわれは生活における非市場的部分に注目し，生活の再建に一助となる仕組みを構築しなければならない．これまで，社会学が過度と思われるほどコミュニティに期待を寄せてきたのは，コミュニティが，生活の再構造化に有益であるという確信に基づくものであった．生活をもっぱら家計において考えるのであれば，コミュニティの存在意義は大きくない．しかしながら，いったん，生活を家計の外側にも求めてみれば，コミュニティは生活の重要な部分を構成することが明らかである．ここでコミュニティに関する私の定義を記述しよう．「コミュニティとは，一定の地域に住まう人々とその地域に共属の感情を持つ人々が，そこを拠点に，生活協力と交流を体内的・対外的に実現し，日常生活を営んでいる具体的な環境である」（内藤 2001）．環境とは何か．生態学は次のように説明する．「環境とは，具体的に生活の場である．具体的な存在としての生活体は，つねに生活の場においてある．生活の場とは，かれの生活に必要な，またなんらかの関係をもつ，もろもろの事物によって構成されるところの，具体的な空間である．生活体は，生活の場において，その場の個々の構成物と，機能的に連関しあうことによって「生きている」というより，むしろじつは，そういう過程それ自身が，いきているということの内容なのである」（梅棹 1976）．

　生活のレファレンスとしてコミュニティを評価し，その充実をもって生活の

再構造化を促すという発想は決して新しくないけれども，それが必要なことは，以上の定義（コミュニティと環境に対する定義）にも明らかであろう．もちろん生活の再構造化に貢献するのはコミュニティだけではない．様々な生活拡充集団があり，非市場的な人間関係がある．生活の豊かさを，もっぱら，貨幣媒介的な関係に求め，市場を生活の質を確保する唯一の手段と考える向きには理解が難しいにしても，貧富の問題をフロムのいう「持つ様式」から「ある様式」に転じて眺めてみると，豊かな生活という風景はかなり変わって見えてくる（Fromm 1977）．

　持つことによって人間は他者との距離を拡げ，他者との間に格差という壁をつくる．近代は，「持つ様式」を社会構造の中核部分に位置づけ，そこから派生する社会と個人の関係再編を不断のものとした．近代において「一体化」は常に要請されるテーマであったが，常に幻想的なものでもあった．「ゲマインシャフトにおいては，いかに分離しているようにみえても結合し，ゲゼルシャフトにおいては，いかに結合しているようにみえても分離している」というテンニースの指摘は近代の性格を見事に表現したことばである（Tönnies 1922）．市場原理を中核に据えた「協働」と「共同」は，いかに強い結合を演じてみせても分離しているのであって，いま，求められる新しい「共同」は，市場原理を中核に据えた「共同」の限界を踏まえて，その限界を補う「共同」である（内藤 2009）．

　持つ人を「富者」，持たない人を「貧者」としてみる見方は，市場型の産業社会では普通のことであるが，この社会の陥っている行き詰まりはそうした見方に限界があることを示唆している．人類学が確認した「互恵」のもつ豊かさに注目する人は少なくない．持たなくとも（個人的に所有しなくとも），あるもの（自然的・物理的・社会的・文化的地域諸資源）が活用されれば生活の質は向上する．あるもの，環境＝コミュニティが生活の質を形成することに対する自覚は，わが国の場合，コミュニティとシビル・ミニマムからアメニティへという関心の推移に，そして近年におけるソーシャル・キャピタルへの関心に認められるであろう．

　ところで，日常生活が展開される具体的な生活空間，コミュニティは，緊張＝問題の発生，緊張＝問題の処理の舞台にほかならない．問題の発生と処理と

いうサイクルを自然的なものとみて，いつしか自動的に解消されるとみる見方はあまりに素朴である．確かに，社会は，問題＝緊張を発生させる母胎であるが，その処理を行なう能力もそなえている．解体を生み出す素であるが，再生を促す力の源でもある．社会は優れた問題＝緊張処理の体系（Etzioni 1976＝石村他 1983）である．しかし，緊張は機械的に処理されるわけではない．意図的な取り組みによって処理をしなければならない問題もある．リーダーとリーダーシップへの期待が生ずるのはそうした事態である．「もやい直し」に直面した水俣市の場合にその例をみておくことにしよう．水俣市における新しいコミュニティづくりの推進力は，「〈寄ろかみなまた〉という地域を基盤とした住民組織の活性化と，〈みなまた環境考動会〉という機能別サークル型の集団づくりで，それが縦横うまく作用して〈もやい直し〉が進行し，環境モデル都市の動きができたと思う．この過程で重要であったのが吉井市長のリーダーシップ，熊本県水俣振興推進室の強力な企画調整活動，各層住民の合意形成と参加であり，そのタイミングである」（鈴木 2004）．緊張の処理はその解消を意図する主体によって行なわれるのであって，そこで重要なのがリーダーシップと広範な層の参加である．

　結論を述べよう．緊張処理体系としての社会は，そのために新しい「協働」と「共同」を求める．そして「協働」と「共同」は言語を求める．碧海純一によれば，言語には，伝達，思考補助，情緒的安定確保という3つの機能があるという．言語を失った地域社会は伝達力を欠き，思考する能力を低下させ，情緒的安定のゆらぎを露呈する（碧海 1967）．コミュニティの再生や生活の再構造化，そして公共的市民文化の形成を非日常的なものと考えてはならない．いま，私たちの日常から「関係」が消え，それが「安心と安全」の崩壊につながっている事態を想起してみよう．「人間関係の省略」（高橋 1973），「接触項の縮小」（Senett 1970＝今田 1975）が，われわれの生活を貧困にしているという認識は，ゲゼルシャフト的関係がますます優位する現代においては意識されることが少ないけれども，あるいはまた，個人情報保護が必ずしも正しい意味で理解されていないようにも見受けられる事態のなかでは意識されることが少ないけれども，本来関係的なものである生活をもっぱら個人的なものと思わせてしまい，人間を孤立させ，空虚な存在としている現実には見直しが必要であ

る．久しい以前，パーク，R.E. は，都市を「社会的実験室」と呼び（Park 1929 = 町村他 1966），デューイ，J. は学校を，社会進歩の実験室と見て，「実験室学校」を創設した（Dewey 1902 = 市村 1998）．実験室という見方はアメリカのとりわけシカゴの，この時代の流行であった．私は，ここで，コミュニティを「社会的実験室」として取り上げるよう主張する．私見によれば，コミュニティは，生活の再構造化を図る具体的場であり，伝統的市民文化叢生の母体であり，公共的市民文化形成の実験室である．

　公共的市民文化には新しい地域共同の形成が含意されている．公共的市民文化の形成には，伝統的市民文化を超えて，コミュニティを，国家を，社会を再組織化するという目標がある．もちろん，公共的市民文化は伝統的市民文化と敵対しない．それは市民文化として共通の土俵をもつ．昨今，生活における公共領域の拡大は顕著となり，公共への関心も高まりを示している．そして，コミュニティ，国家，社会の再組織化が意識されている．一方，マルチチュードとガヴァナンスは時代の要請として認識されつつある．そうしたなかにあって地域社会は新しい共同とその共同に適合的な，あるいはその共同を導く市民文化＝公共的市民文化を求めている．もちろんそれが容易に形成されるとは思わない．その動きは当分続くであろう．しかし悲観的にのみ考える必要はない．今や，生活における公共的境域の広がりは決定的であり，その重要性は認識されつつある．公共的市民文化の形成は，コミュニティを基盤にして，やがてひとつの形を獲得するであろう．

　そこに到達するために，リーダーとリーダーシップの問題は避けて通れない．「公共的市民文化の形成とコミュニティ」という実験的テーマの追求にとって，「新しい地域社会の共同とリーダー」というテーマは参考に価する．以前，色川大吉は，水俣病の闘いにふれ，「歴史は小リーダーが創る」と述べたことがある．「私はこう思うんです．歴史というものは，多数の人によって作られるといいます．それは真理でしょう．しかし，私は，30 数年歴史を研究してきまして，今，確信しておりますのは，歴史を本当に作るのは大衆の中の小リーダーなんだと．大リーダーではない．エリートとか英雄とかいうものは，その民衆の勢いの高まりの中で方向づけを与えたり，目標を指し示すだけで，本当に歴史を根底から動かすのは民衆なんです．しかし，その民衆が，大

衆として政治行動に参加するのは，いつも最後の段階なのであって，むしろ最も困難な時期に，政治行動，社会行動の前面に立って，道を開くのは，大衆の中の小リーダーなのだということです」（色川 1980：90-1）．「小」リーダーが目指すところは，コミュニティの復権を通じた社会と文化の再編である．

コミュニティの復権と文化の再編はいかにして可能か．詳細は別稿に譲らなければならないが，住民にとって理想的な，あるいは望まれるコミュニティ＝グッド・コミュニティは，たぶん，公的領域と私的領域を調和させたコミュニティである．おそらく，公的領域（公的生活）が確保されないコミュニティも私的領域（私的生活）の確保されないコミュニティも，コミュニティとしては理想的，あるいは良いコミュニティということができない．「私的領域を取り除くことが，人間にとっていかに危険なことであるかということを理解しなければならない．このような危険を理解するためには，親密さの発見よりも古く，それとは関係のない私生活の非欠如的特徴を考えるのが，最もよいだろう．私たちが共通にもっているものと私的にもっているものとの違いは，なによりもまず次の点にある．すなわち，私的な所有物は，毎日，使用され，消費されるものであって，共通世界のどの部分よりもはるかに切迫して必要とされる．…（中略）…大いに富んでいる共同体というものは，住民の中に無関心が広がり，逆に創意がなくなりがちであるが，生命の必要は，そのような明白な脅威をも防ぐのである．…（中略）…実際，私有財産は，共通世界で行われる一切の事柄から身を隠すだけでなく，公に見られたり，聞かれたりすることから身を隠す唯一の場所である．すべて他人のいる公的な場所で送られる生活は，よくいうように，浅薄なものになる．こういう生活は，たしかに，他人から見られ，聞かれるという長所をもっている．しかし，非常に現実的かつ客観的意味での生活の深さを失うまいとすれば，ある暗い場所を隠したままにしておかなければならない」（Arendt 1958＝志水 1994）．現代における公的領域（公的生活）の必要性と重要性を認識すれば，いっそう，私的領域（私的生活）の必要性と重要性に留意しなければならない．それは，とりわけ，新しい共同，公共的市民文化の形成に当たる市民とリーダーに期待されるところである．

重複を恐れず，最後に，一言，加えることにしよう．言語は，地域的協働と

共同の形成に重要な役割を有している（内藤 1982）．社会の解体と社会の再組織化に深く関与する．「協働」と「共同」は言語の復権によって可能となる．すでに見てきたところで言えば，リーダーは，現状を変革する人，ビジョンを描く人，問題を解決する人，チームをまとめる人，マネージする人，コミュニケーションをとる人，力を配分する人，関係を築く人，計画を立てる人であった．そして，リーダーシップは，協働において諸力を機能させる〈起爆剤〉であり，前向きな変化を起こすための力の行使であった．おそらく，新しい地域共同の形成も，そのために期待されるリーダーシップの発揮も，言語を欠いては難しい．言語を欠いて，リーダーの機能を果たすことも，前向きの変化を起こすことも難しい．そのことは新しい協働と共同の形成が，新しいコミュニティの形成が，そしてそれに関わるリーダーの創出とリーダーシップの確立が，言語によって可能になることを示唆している．

注

1) これは流れを描いたものであって，ボランタリーなリーダーの台頭が行政役職者リーダーを消してしまうということではない．行政役職者と名誉役職者の関係についても同様である．
2) 名望家と名誉役職者の区別は難しい．とりわけ北海道のように，近代以降に発展した地域では，近代以前に支配的位置を占め財産を獲得した「場所請負人」がいるけれども，近代以降に渡道して，財産と社会的地位を獲得した人もいる．それらの人々の中には「場所請負人」とともに「名望家」と呼ばれるに価する人がおり，名望家の規定には地域特性のことを念頭におかなければならない．

文　献

碧海純一，1967，「言語と社会秩序」も『東京大学公開講座　言語』東京大学出版会．
Arendt, H., 1958, *The Human Condition*, University of Chicago Press.（＝1994，志水速雄訳『人間の条件』筑摩書房，100-1）．
有賀喜左衛門，2001，「都市社会学の課題」も（有賀喜左衛門著作集第 8 巻）未来社．
Barnard, C.I., 1938, *The Functions of the Executive*, Harvard Universty Press.（＝1959，山本安次郎・田杉競・飯野春樹新訳『経営者の役割』ダイヤモンド社）．
Caroselli, M., 2000, *Leadership Skills for Managers*, The McGraw-Hill Companies, Inc.（＝2003，ディスカヴァー・クリエイティヴ訳『リーダーシップ 10 のルール』ディスカヴァー・トゥエンティワン）．
Dewey, J., 1900・1902, *The School and Society, The Child and The Curriculam*, The University of Chicago Press.（＝1998，市村尚久訳『学校と社会・子どもとカリキュラム』講談社学術文庫）．
Etzioni, A., 1976, *Social Problems*, Englewood Cliffs, N.J. Prentice-Hall.（＝1983，石村善助・和田安弘

訳『社会問題』至誠堂).
Fromm, E., 1976, *To have or To Be?*, New York:Harper & Row. (＝1977, 佐野哲郎訳『生きるということ』紀伊国屋書店).
色川大吉, 1980, 「水俣—その差別の風土と歴史」『不知火海一調査団員の証言』反公害水俣共闘会議事務局.
Katz, E. and P. Lazarsfeld, 1955, *Personal lnfluence*, The Free Press. (＝1965, 竹内郁朗訳『パーソナル・インフルエンス』培風館).
久野収・鶴見俊輔, 1956, 『現代日本の思想』岩波書店.
松原日出子, 2009, 「新しい地域的共同の構築と地域支援—調布市の試みから—」高橋勇悦・内藤辰美編『地域社会の新しい共同とリーダー』恒星社厚生閣.
金井壽宏, 2005, 『リーダーシップ入門』日本経済新聞出版社.
Merton, R.K., 1968, *On sociological theories of the middle range*, The Free Press. (＝1969, 森東吾・森好夫・金沢実訳『社会理論と機能分析』青木書店).
内藤辰美, 1982, 『現代日本の都市化とコミュニティ』渓泉書林.
——, 2001, 『地域再生の思想と方法—コミュニティとリージョナリズムの社会学』恒星社厚生閣.
——, 2009, 「都市の現在と地域福祉」『社会福祉』日本女子大学社会福祉学会 49.
Park, R.E., 1929, "The City as a Social Laboratory", Smith, T.V. and L.D. White eds. *AnExperiment in Social Science Reseach*, University of Chicago Press. (＝1966, 町村敬志・好井裕明編訳『実験室としての都市—パーク社会学論文集—』御茶の水書房).
Sennett, R.1970, *The Use of Disorder*：Personal ldentity and City life, Alfred A. Knopf, Inc. (＝1975, 今田高俊訳『無秩序の活用』中央公論社).
鈴木広, 2004, 「不妊化する社会とローカリズムの可能性」第 77 回日本社会学会退会報告.
田中義久, 1971, 「私生活主義批判」『展望』4 月.
高橋勇悦, 1973, 「生活と社会関係」も倉沢進編『都市社会学』東京大学出版会.
Tönnies, F., 1887, *Gemeinshaft und Gesellshaft*, Leipzig. (＝1957, 杉野原寿一訳『ゲマインシャフトとゲゼルシャフト』岩波書店).
梅棹忠夫, 1976, 『生態学入門』講談社.

9 章
「日本」福祉国家の再編とリージョナリズム
―市町村合併の歴史的課題

9.1 いまなぜ「市町村合併」なのか

　本論のテーマは市町村合併の歴史的課題である．今日的課題とか現代的課題という表現でなく大袈裟にも歴史的課題とするのは，市町村合併を歴史的な課題として認識しなければならないという筆者の思い入れを反映したものである．今日，市町村の合併が求められる背景は何か．予想される複数の要因を考慮しながらイメージすれば，そこにはまず，財政困難に苦しむ市町村の姿をみることができる．財政難に直面して歳出の節約を求められている国家と市町村が困難打開の手段として合併を意識しているのだといってもあまり多くの異議申し立てに直面しないであろう．しかし，市町村合併の意義ははたしてその点にのみ存在するのであろうか．そうであればわれわれのテーマを，敢えて，歴史的課題とすることもなく，今日的課題とか現代的課題という表現で十分である．歴史的課題という表現には一歩深遠な意図がある．その意図とは何か．それは歴史を転換させる文化的目標の設定でありその目標を実現する制度的手段の構築である．それは市町村の直面する財政難への対応という内容を遙かに超えた構想である．

　金沢忠雄氏が50万都市構想を掲げて臨んだ山形市長選挙が随分昔のことに感じられるほど，一頃に比べ，山形市を中心とした合併論議は低調である．この間，金沢忠雄氏が引退し，後継の佐藤幸二郎市長が辞任し，合併に積極的であった永田上山市長が任期中に逝去され，合併への機運は一挙に萎んだ感がある．そうした中もともと山形市との合併に消極的であった天童市が合併構想か

らの距離を鮮明にしつつある．告示を直前に控えた天童市長選挙で立候補を表明している遠藤市長が平成13年2月2日，「自治体の規模は10万人程度が限度ではないかとのべ，山形市を中心とした広域合併には消極的な考え方を示した」（朝日新聞，平成13年2月2日）ことで，そして，その後，天童市が山形市広域合併構想からの離脱を表明した（朝日新聞平成13年3月30日）ことで，その様相はいっそう強まった感がある．しかし，そうした動きとは逆に，国のサイドからする合併論議は少しずつ温度を上げており，そうした動きを受けて山形県も合併に対する関心を強めている．

　およそものには複数の面がある．見方によっては異なる判断がある．市町村合併についてもそうである．市町村の合併にまったく問題がないわけではない（三橋2000）．したがって様々な不安と思惑がつきまとう．住民は合併が，人々の地域に対する愛着を弱めるのではないかという不安，小さな生活圏やコミュニティに対する配慮を後退させるのではないかという不安，税の負担を増やしたり行政サービスを低下させたりするのではないかという不安，審議会・委員会等に対する住民参加の機会を減少させるのではないかという不安の前にいる．また，自治体職員のなかには，身分や勤務地問題等に対する不安をもつ人も少なくない．そして，首長・議員のなかには，失職に対する不安を抱く人もある．もちろん，そうした不安とは逆に，地価の値上がり，利便性の増大，知名度の向上，税負担の軽減などに期待を寄せる人もある．小さな自治体では難しい大規模開発など市町村合併によるプラスの効果を期待する向きも少なくない．

　そうした不安や期待・思惑の中，いまなぜ合併なのか．実は，市町村合併の場合，一番基本的で一番やっかいな問は，この，いまなぜ合併なのかという問である．市町村合併が前進しない一番の理由も，ここに，すなわち「今」「なぜ」にというところにある．合併の問題に限らず，およそ，必要性と緊急性が自覚されないところでは，問題に関する市民の意識は高まらない．一般的に，大きな不都合のないところで市民は行動を起こさない．今なぜというところに明確な回答がないところで敢えて合併を強行するとなれば思惑や憶測が闊歩する．懐疑心が醸成される．そこでは推進派と反対派という構図が生まれ，市民生活や市政に対立と混乱を生むおそれがある．確かに，人々は，社会が大きく

変化しつつあることを意識する．そして市町村合併がその変化の一環にあるのではないかと考えている．いまや社会圏と生活圏の拡大は誰しも認めるところである．境(きょう)はかつてのような明確さも強さももたない．いまやグローバライゼーションは歴史の方向であり市場は国境を超えている．市場による国家・地域の包摂は今後ますます強まるであろう．市町村，県，国の境界は日ごとに重要性を薄めている．市場による地域の包摂とともに地域の個性も弱くなりつつある．文化の同質化・標準化が顕著である．とは言え意識の変化はなだらかであり文化はしたたかに生きている．社会が大きく変化しても，文化は簡単に消滅しない．文化や意識は技術の進歩や進歩がもたらす社会の変化と一致しない．裏を返して言えば文化遅滞（cultural lag）の概念（Ogburn 1922）はいまなお有効である．市町村の合併に対する住民の意識には文化遅滞に絡むところが少なくない．市町村合併の検討において，いま必要なことは，まさに，「いま」「なぜ」に市町村合併なのかという問題でありその歴史的意義の確認である．

9.2 市町村合併における理想と現実

大きいことはいいことだという認識は「成長」を至当のものと考える人々にみられるところである．大きいということは力が強いこと，力が強いということは負けないこと，負けないということは良い結果（幸福）を期待できること，というような単純な連鎖（戦後日本経済をリードしてきた主流的観念，「成長至上主義」）が「大きさ」に対する神話を助長する．「自治体の規模は10万人程度が限度ではないか」という判断は，たぶん，「大きいことはいいことだ」という観念に対する批判的認識と考えることができる．なぜならば10万という数字に決定的な根拠があるわけではないからである．そのことは現在50万を超える都市と10万以下の都市を比較して，どちらが都市として良い状態にあるかということをみてもわかる．確かに，市町村，地方公共団体，自治体の理想的な姿を規模で表わすことはひとつの方法である．しかし，それは一番素朴な方法である．合併の論議を人口数という規模だけをあるいは人口数という変数だけを優先させて論議することは危険である．そもそも合併の問題は，歴史的現実を直視して，住民自治の高揚を促し住民に適正なサービスを提

供し，住民の当該自治体への帰属意識を高めるという視点に立った場合，一体自治体はどうあるべきかという大きな構想のなかにおかれるべき問題であって，はじめに規模ありきという話ではないのである．

　合併の問題は首長や地方議会議員の選挙において候補者の公約という形で持ち出されることが少なくない．50万都市構想（山形市）がそれであれば，10万都市適正論（天童市）もそれである．合併問題は候補者が選挙を戦う道具として，選挙民を意識して使われる．もちろんそのことは，裏を返して言えば，合併の問題が強く住民の意識するところだということである．顕在的か潜在的かは別にして市町村合併は多くの住民の意識するところである．候補者はそうした住民感情を意識して，合併を俎上に乗せたり降ろしたりしているのである．合併の問題は1つ間違えば議員・首長の，特に首長の命取りになる可能性があり，それだけに合併問題を本格的な争点とする首長選挙は少ない．仮にそうした論議が現実に行なわれている場合でも，それを争点とする選挙にはしない（ならない）というケースが多いのも，この問題の厳しい一面として理解されるであろう．

　理想と現実という問題は何事にもつきまとう．市町村の合併についてもそうである．市町村合併の場合は理想と現実の間にしばしば距離がある．必要性と緊急性に欠ける市町村合併に多くの関心と同意を獲得するためにしばしばみられる主張は，(1) より望ましい状態への志向＝「理想」を掲げることであり，(2) 潜在的な危機，「知られざる厳しい現実」に訴えることである．しかしそのふたつとも難しい．現状に満足する人間は理想に燃えて行動しない．理想に訴えるということには限界がある．一方，市町村の合併の場合には「生き残り」という現実の前に合併を余儀なくされる企業合併のような厳しさは存在しない．現状はうまくいっている，現状に大きな問題があるわけではない，問題もあるが何とかやれているという状況で合併への意欲をかきたてるのは至難の業である．ましてわれわれの国家は住民の意向を無視した形で合併を強行することを許さない．しばしば，市町村合併が，より望ましい状態への志向，「理想」を強調して進められるか，潜在的な危機，「知られざる厳しい現実」に訴えて進められるか，あるいはその両方に訴えて進められるのか，多くの選択肢をもたない中での話しにもかかわらず迅速に進まないのは，この問題の背景に

強い危機感が存在しないということにある.

　ここで筆者の理解を示すことにしよう. 市町村の合併を初めに合併ありきという方針で進めるのは間違いである. さりとてひたすら機の熟するのを待つという待ちの姿勢も歓迎され難い. 市町村の合併は中長期的視野（例えば25年, 50年あるいは100年）に立って積極的に検討されることが望ましい. ものごとの判断を近視眼的に行なうのではなく中長期的展望に立って行なうことは何事によらず必要なことであろう. 市町村合併に伴う不均衡の発生や短期的マイナスの問題は中長期的展望のなかで解消するという認識が必要である. そしてそうした認識と関連して, 次のような問も忘れてはならない. 現在われわれの国家における行政区域（都道府県・市町村の区域）は, 将来とも, あるいは様々な条件を想定してなお, 絶対的なもの, あるいは理想的なものであろうか. いま, 市町村の合併を, 単なる行政区域の再編と考えず, 当該市町村をめぐる行政区域の再編をセットにした中央—地方関係の再編と国家の再生だと考えてみよう. 仮に, 単なる行政区域の再編であれば, 市町村合併を急ぎ進める必要は少ない. しかし, 後者の場合, すなわち, 市町村合併は中央—地方関係の再編や国家の再生にかかわる一大事業だと考えてみれば, それは国民的, 歴史的課題であり, 真剣に, しかも迅速に検討されなければならない. もちろん合併が単なる連合でない以上, 合併による利害の発生は当然予想されるところであるし, 合併にかかわる当該市町村民がすべて利害を同じくしないことも明らかである. 俗にいう, 合併のメリット・デメリットの問題は避けて通れない. 確かにデメリットに対する考慮は慎重でなければならない. それが不平等の拡大を生起させるような場合には特にそうである. しかし, ここで重要なのは, メリット・デメリットの問題に対する考え方である. メッリット・デメリットの問題や平等・不平等の問題はしたがって利害差の問題は, それが短期的に発生することが予想される場合にも中長期的展望のなかで解消するような工夫が可能である. それが決定的に合併の阻害要因となっている場合には特別の措置も可能であろう. おそらく過去における合併の歴史を紐解けば, そうした工夫や措置が採用されていることを確認できるはずである. そもそも市町村合併は短期的利害に徹した場合進行させることが難しい. なるほど短期的利害に目ざとい人々がいて合併をもっぱら自己の利益のために利用することもあるけ

れども，圧倒的に多くの人々は合併により明日からの生活が一変するわけではない．裏を返して言えば合併の効果は10年先のものであることが多く，場合によっては次世代に出てくるものである．合併が進まない，あるいは合併問題の論議が進まない1つの理由がここにある．

　それにしても，いま，われわれの社会と国家はそのあり方を問われている．社会のあり方と国家像の再構築を迫る要因が国の内外にあり近代—戦後の国家像に代わる新たな国家像の構築は緊急の課題である．国内的にはこれまでの中央—地方関係が問われ，国際的には日米に偏重してきた国際関係の再構築が問われている．それは明治日本—戦後日本の経験した課題と変わらない．いまわれわれの国家は国内的にも国際的にも新しい関係の構築を必要としており，従来枠や従来的発想を超えた対応が要請されている．市町村合併の問題はそうした新しい国家構築の一環として論議されることが望ましい．もちろん合併を促す要因は，行政に対するニーズと行政サービスの提供における適合性の確保や行政のスリム化と財政における均衡の確保，広域的視点からの環境管理など，複数存在する．中央—地方関係の再編もそのなかの1つに数えてよい．明治日本—戦後日本に続く新たな国家像の構築の必要が，いま，市町村の合併論議を要請する．官僚主導の国家・硬直化した中央集権的国家からの脱却，国土の有効活用を目指す国家への脱皮，無責任という行動様式を蔓延させている文化状況からの脱出等々，負の遺産に対する清算の必要が，いま，新たな文化的目標と制度的手段を求めている．おそらくあらゆるものが見直しの対象である．自治制度のあり方についても例外ではありえない．

9.3　コミュニティ・リージョン・リージョナリズム

(1) コミュニティとリージョン・リージョナリズム

　われわれは，いま，地方自治の強化を促し，中小自治体の衰退に歯止めをかけ，地域の再生を実現する具体的な方法を確立し，行政に対するニーズと行政のよるサービスの適合性を確保しながら，行政のスリム化と財政における均衡を実現し，生活の質を高めるという課題の前にいる．私見によればその課題の克服のためには，どうしても，「コミュニティ」という原点に立ち返らなけれ

ばならない．と同時に，現在の，国・県・市町村というという3層構造の見直しが必要である．そしてそこに「リージョン」と「リージョナリズム」の登場を促す舞台がある．少しく「コミュニティ」と「リージョン」・「リージョナリズム」について述べよう．

　マッキーバー，R.K. は，かつて，コミュニティを「自らの内部から発し（自己のつくる法則の規定する諸条件のもとに），活発かつ自発的で自由に相互に関係し合い，社会的統一体の複雑な網の目を自己のために織りなすところの人間存在の共同生活」（MacIver 1917）と定義した．この定義はいまなお有効である．こうした定義を念頭に置きながら，今日的状況を踏まえて言えば，コミュニティは次のように定義されるであろう．すなわち，コミュニティとは，「一定の地域に住まう人々とその地域に共属の感情を持つ人々が，そこを拠点に，生活協力と交流を対内的・対外的に実現し，日常生活を営んでいる具体的な環境であり，生活主体が，その空間を日常的に自己の存在と結び付け，そこに意味付けをなしている意味空間，すなわち空間的に意味のある世界である」（内藤 2001）．われわれの理解によれば，コミュニティが含意するのは地域における人々の生活共同である．その状況如何は生活の質を規定する．コミュニティは生活のそして自治の原点である．自然村はコミュニティの最も基礎的な，しかし古い形である（鈴木 1968）．それが古いのは自然村には生活協力と自治はあったけれども主体性をもった個人という重要な前提が欠けていたからである．近代において自然村は衰退した．基礎社会衰耗の法則（高田 1922）である．自然村がもっていた生活協力と自治の機能はコミュニティにおいて新しい形のものに創り代えられなければならない．コミュニティに対する次の定義は記憶に価する．「コミュニティとは，単に，快適な生活をエンジョイする場ではなく，人間が人間を相互に守る場と認識するところから始まる．つまり，住民の利害差を隠蔽する自主性，自発的共同性としてでなく，意図的，主体的に利害差を明確にしたうえで，連帯を形成する場と理解するのである」（阿部 1986）．現代におけるコミュニティの形成は自然村への復帰を意味していない．共同と自治の新しい形の追求である．

　もちろん地域の実態は多様である．過疎地域の場合コミュニティの形成が決して容易でないことは私も承知する．しかし，現実の地域が多様であり，コミ

ュニティの形成が難しい状況にあるからこそコミュニティが必要なのである．そしてコミュニティへの期待が大きいからこそコミュニティに与えられる定義が重要なのである．コミュニティの定義は多様な地域に適合的なものであることに加え，人々のこれからの生き方や地域の再生に対しても適合的でなければならない．もう少しコミュニティの核心をなす地域的共同についてふれよう．地域的共同は，たとえ部分的であり，かつてのような包括性をもたないものになっているにしても，それを欠いた場合生活の再生産に歪みを来すことは明らかである．行政の守備範囲をいかに拡大させてみてもコミュニティを包摂することはできない．国家をもってしかりである．機能集団の代替不完全性（富永健一）という事態が教えるところは機能集団の限界である．近代―現代に至る国家の地域支配は行政による地域管理が当然のものであるという，またその帰結として行政上位の考えは肯定されるべきだという錯覚や俗説を生んできた．行政による地域管理（行政文化）に慣らされた人々が，地域問題の解決を行政依存の姿勢で行なうようになったのも自然のことである．コミュニティという原点に立ち返り自己の生き方と地域のありさまを見直すということは，行政依存の姿勢と行政文化を見直すということであり，行政活用，文化行政への取り組みを図るということである．

　リージョンとリージョナリズムについてみよう．リージョンという視点は環境管理や地域資源の有効活用といった問題を考える場合絶対に必要である．加えて言えば中央―地方関係の再編を実現する新たな地方制度の創出という課題を念頭におく場合きわめて重要である．もちろんリージョンを大きなコミュニティとみてもよい．しかし，ここでは敢えて，中央―地方関係の再編，国家再生という点を強調し，コミュニティとは区別して概念の活用を図ることにしよう．リージョンは広域と訳されることが多い．確かにリージョンは広域を意味する概念であるが単に広域とみるだけでは平板的である．それは，多分に，自然の系・社会の系・意識の系の3つの系が交わるひとつのまとまり，緩やかではあるがひとつのまとまりである．もちろん，交通・通信技術の発達はリージョンを固定的に描くことを許さない．リージョンはその構成を変化させていく．ジージョンを絶対的な単位と考えてはならない．そのうえで言えば，たとえ緩やかであってもひとつのまとまりとしての系は存在するし，新たな系を発

見・創造することもできる．そうしたリージョンを意識して均衡と調和ある地域の発展を志向したひとつの例に，アメリカ・ノースカロライナ州の「リサーチ・トライアングル・パーク」がある．このリージョンはリージョナリズムの精神の応用である．オーダム，H. はリージョナリズムを重視し，リージョンの創出を説いた人として知られている．オーダムは主張した．「リージョナリズムの関心は諸々のリージョンによって構成される全体的な社会にある．リージョナリズムは，セクショナリズムとは対照的な，国家統合への歴史的・文化的アプローチなのである」（Odum 1947）．別の言葉で表現すれば，「政治的，経済的，歴史的な各地域の特徴に着目して，その地方地方，そして一国全体の政治と経済の動きを説明しようとするアプローチ」（小倉 1982），それがリージョナリズムである．オーダムはこの国（アメリカ）第一の社会問題と言われたアメリカの南部問題を，南部がもつ地域資源に注目し，従来の発想に固執しない新しい発想で豊かに発展させるための構想を提示した．リージョナリズムは地域と国家の再生を目指す社会理論であり，同時に実践を射程に入れた運動理論であった．州権に付着するセクショナリズムを廃し真に有効な地域資源の活用を図る構想である．州を超えて地域発展の方向を探ることで南部に付着した停滞というイメージを払拭しようというこの試みは，ノースカロライナと南部を自立的発展の軌道に乗せようとする企てであり，彼の構想は半世紀近くを経て実現され，近年，ノースカロライナと南部地域はアメリカを代表するハイテクメッカに変貌した．もちろんアメリカと日本は事情を異にする．しかし，地域をセクショナリズムから解放し，自立的発展の軌道に乗せようと企てるリージョナリズム精神は今日の日本に示唆するところが少なくない（内藤：2001）．

　ここでコミュニティとリージョナリズムの関係についてふれよう．リージョナリズムはコミュニティを否定しない．否，コミュニティを重視する．リージョナリズムは一方でコミュニティを意識し他方で国家を意識する．しかし，リージョナリズムが意識するコミュニティと国家はともに柔軟なものである．生活の原点であるコミュニティの充実なしにあるいはコミュニティにおける民主化なしに地方自治の発展はありえない．一方，国家の存在を軽視することも許されない．確かに国家の機能は相対化されてよい．言葉を換えて国家を絶対視する必要はない．しかし国家は依然有力な機能集団である．国家を健全に機能

させるために，リージョナリズムの活用があってよい．リージョナリズムの目標は歴史的・文化的にみて意味のあるリージョンを発見・創出することにあり，その試みを通じてコミュニティと国家を一体的に再生させることである．リージョナリズムの精神によれば現行の都道府県制度に大胆な検討が加えられて当然である．コミュニティと国家の再生に適正なリージョンを構想することで，リージョナリズムは新たな地方制度の創出に貢献する．リージョナリズムは現行の都道府県制度に代わる新しい地方制度を要求する．なるほど現行の制度に馴染んできた人々にとって現行の地方制度を変えるということには抵抗があろう．しかし，ある制度を絶対視することは，したがって現行の地方制度を絶対視することは，歴史の歯車を停止させる試みにも似た行いである．

(2) 国家の再生と中央―地方関係の再編

いまわれわれに求められているのは国家と地域を一体として再生させる構想である．従来枠や旧来的発想を超えて新たな国家を構想し地域的発展を展望する構想力であり，実践のための方針である．リージョナリズムは何よりも地域の主体性を強調しローカルな地域資源の活用に強い関心を示すけれども，それは小さく完結する，閉じた地域社会の創造を意図していない．リージョナリズムの構想するリージョンとは，世界に開かれた多面的・多元的な交流を通じて，コミュニティと世界を連結させる，ダイナミックな「圏」の謂である．地域資源の開発・活用と，あるいは地域の再生と，またコミュニティの衰退阻止と，国家の再生とは一対不可分である．従来の市町村枠あるいは都道府県枠を超えた新たな地方政府を創造し国家の再生を図るという試みは検討に価する．顧みれば，日本の近代は，徳川幕藩体制下で変質を遂げつつも維持されていた局地的経済社会を全面的に解体させる過程であった．そして戦後体制は，地主制によって維持されてきた近代における地域経済体制を根こそぎ解体させた．もちろんそれらが，ともに，摩擦と緊張を生み出したことは誰もが知るところである．旧制度から新制度への移行が決して容易なものでないことは様々な国の歴史が証明する．

認識されるべきは移行に伴う問題の発生ではなく，発生する問題に対する適切な処理・対応である．危惧されるべきは問題処理のシステムをもたない社会

のあり方である．わが国の歴史について言えば，徳川幕藩体制と体制下の地域は，いずれ，解体の運命にあった．近代日本の誕生は歴史の力であり，その流れを逆流させることはできなかった．同様に地主制を体制の中心部分に残存させた資本主義あるいは産業社会，市場経済もいずれは解体の運命にあった．新体制への移行が社会的諸階層の間に摩擦や緊張を発生させようとも歴史の新しい流れを逆流させることは不可能であった．近代以降，わが国が堅持した中央集権体制と国家を絶対視する認識から脱し，リージョン政府への権限委譲と自治体の権限強化による柔軟な分権国家を構想しなければならない時代が到来した．もちろん事は闇雲に進めることができない．われわれがリージョンの発見・創出を通じコミュニティと国家の再生を促すリージョナリズムに関心を寄せるのはそのためである．

9.4　コミュニティとリージョナリズムの可能性——まとめに代えて

　最後に，コミュニティとリージョナリズムの可能性に少しく言及し，本論のまとめに代えることにしよう．

　改めて言うまでもなく，いま，日本の病は深刻である．この日本病は，確かに，もっぱら国内的要因により引き起こされたものではない．それがグローバライゼーションのなかに生起していることは明らかである．しかし根源は日本人の生き方が生み出した文化の病である．それは経済・政治・教育などに問題という症状をとって現われている．われわれの国家が脆弱な体質になり健康を害したのには複数の理由がある．本論ではその理由についてふれていない．それは別稿の課題である．本論は，病の克服に必要な抵抗力を回復させるために，国家と地域の再生が不可欠であると主張する．繰り返し言えば，地域の再生と国家の再生は一体である．地域の再生なしに国家の再生はなく，国家の再生なしに地域の再生はない．そして国家と地域の再生は機械的に実現しない．国家と地域の一体的再生（新たな文化的目標）というテーマにはそれに迫る媒介的手段（新たな制度的手段）の構築が必要である．われわれはそれをリージョナリズムによるリージョンとリージョン政府の創出に期待する．

　きわめて大雑把な構想を提示しよう．リージョナリズムの精神に基づき日本

を複数のリージョンに分割し，各リージョンに議会をもつリージョン政府を置く．県は廃止する．現在県のもつ機能はリージョン政府と市町に移管する．国の機能も可能な限りリージョン政府に移管する．リージョン政府に現在の国と県がもつ機能を移管することから国の中心的機能は外交・国防治安・基礎教育・社会保障・エネルギー・リージョン政府間の調整などに置かれる．立法府は衆・参両院の機能を見直し，議員定数についても大幅な削減を図る．行政府は前の機能を遂行するに適合するものとしできるだけスリムなものにする．住民自治の基本的単位は市町とする．市町は合併によりその数を縮小する．新たな市町における議会は議員数を必要最低限に止め，各議員には政策担当秘書を配置し議員の調査・政策提案能力を高める．市町議会は，人事・予算・基本計画など市町の骨格的・中長期的内容にかかわる議案を議し，地域問題の現実的処理の多くは住民の自治組織（コミュニティの運営機関），コミュニティ評議会を新設してそれに委ねる．コミュニティ評議会の運営については緩やかな基準とそれに則った組織を設ける他は各コミュニティの自主性を尊重する[1]．

　もちろん，この構想は法律の問題や組織機構，税や財政にかかわる具体的提案を含んでいない．それらは十分な検討を経て作られるはずである．われわれの前にはこれまでに道州制や連邦制の提案があり，リージョン政府の構想はいまや珍しいものではない．現行の県を廃止する提案には議員・県民の間に少なくない抵抗や違和感があることは，われわれが実施した調査が示すところである（内藤：2001ｂ）．しかし，現行の地方制度に対しては限界を意識する議員・県民が一定割合存在することも記憶にとどめよう（内藤：2001ｂ）．新しい制度的手段の構築をという提案は決して可能性のない話ではないのである．われわれが長い間維持してきた制度を変革するということに抵抗や違和感があるのは当然である．そうしたことを踏まえて，なお，いまわれわれの国家を包み込む大きな変化を自覚すれば，とりわけ近年における複合革命の影響を認識すれば，そして現時における日本の危機を強く意識すれば，新たな文化的目標の設定とその目標にふさわしい制度的手段の構築は不可避の課題である．

　私のこの構想の特色はこの構想が国家改造・再生の視点からリージョン政府の必要性を強調すると同時に，自治体改革とコミュニティの機能強化を唱えていることにある．これまでにも市町村合併と道州制・連邦制を構想する主張や

道州制・連邦制と国家再生を構想する主張は少なくない．市町村合併とコミュニティの機能強化をセットにという小西砂千夫『市町村合併のススメ』（ぎょうせい 2000）のような示唆に富む構想も存在する．しかし，リージョン政府の創出を媒介にしてコミュニティの再生・機能強化と国家再生をセットに考える構想は多くみられない．市町村合併がコミュニティの崩壊を加速させるのではないかという懐疑は少なくない人の心にある．しかし，前に少しくふれたように，市町村の合併と離れてコミュニティの衰退は目撃されるし，起こり得ることである．繰り返し言えば，そうした懐疑を払拭するために，市町村の合併を通じた市町村の大胆な改革とコミュニティの機能強化をセットにする，具体案を構想することが必要である．もちろん市町村合併が自動的にコミュニティの衰退を阻止し，コミュニティにおける自治の内実化を促すわけではない．反対に合併抜きの現状維持がコミュニティの活性化を保証するわけでもない．いくら制度を創り組織図を描いてみてもそれを動かす人がいなければ前進しない．そのことを意識したうえで言えば，人を創る構想と制度が必要である．私の構想は，多分，ありふれたものである．しからば敢えてなぜに「構想」なのか．機能的国家の創出とリージョン政府の設置，地方自治を充実させるための新たな地方制度の構築，そしてそれを観念の所産としないための保障，コミュニティの機能強化を意図したコミュニティ評議会の設定．もし，市町村合併の歴史的意義を確認するという作業が，いま，われわれに与えられている課題であるとすれば，われわれはこうした構想を必要としているのではないか．

　とまれ，リージョナリズムは久しく社会学的関心の外にあった．一時期それが注目を集めたアメリカ社会学の場合ですらリージョナリズムの社会学は下火であった．しかし，その間，社会学の動向とは別に，リージョンとリージョナリズムに関する関心は決して衰えていなかったといってよい．そのことは，リージョンの問題を扱った興味深い出版物がみられ，現実のアメリカ（ノースカロライナ）には，リージョナリズムに情熱を傾けたオーダム，H. の夢を現実したリサーチ・トライアングル・パークの誕生と成長があった．目をヨーロッパに向ければ，EU の出現があり，リージョナリズムが世界的規模で現実のものとなっていることを教えている．まだ EU のような実体を得ないものの，東アジア共同体の構想も，おそらく，国際リージョナリズムのひとつである．

21世紀の日本は，国家の再生に向け内外に新たな途を探らなければならない．その際，リージョナリズムは有効な，ひとつの，途であろうというのが私の認識である．いま，国内だけに限定してみても，既存の地方制度と境界枠に固執しては展望をもち得ない．しかしながら，ひとつ視点を変えるならば，新たな可能性を見出すことができる．例えば，関門海峡を挟む一体，四国と中国を挟む一体，本州と北海道を挟む一体は，仮に，「海峡都市構想」とでも呼ぶことのできる視点で一体的に将来を構想すれば，これまでにない可能性が認められるであろう．現に，岡山県には，日本海・瀬戸内海・太平洋を結ぶ三海構想がある．

　確かに，こうした発想には，飛躍があって，夢物語と受け取られる内容を含んでいる．しかし，夢を否定してはならない．夢には「社会誘導」の機能がある．リサーチ・トライアングル・パークも，オーダムらの夢が根底にあった．夢を現実のものとするところに「政策科学」の存在意義がある．そう考えた場合，政策科学としてのリージョナリズムには期待が寄せられるのではないか．その点で，近年，社会学のテキストにおいて，「リージョナリズム」を取り上げているものがあり（関東学院大学人文学部社会学部会編 2009; 橋本他 2009）新しい動きに注目したい．なお，リージョナリズムについては，拙稿，『地域再生の思想と方法―コミュニティとリージョナリズムの社会学』（恒星社厚生閣，2001年）の参照を請う次第である．

注

1) 当該地域，コミュニティの自主性を尊重して地域，コミュニティの運営を行なうということに疑問をもつ人も少なくあるまい．確かにすべての地域，コミュニティが地域管理・地域運営に十分な力をもつわけではない．しかし地域管理・地域運営に力をもつ地域，コミュニティが全国各地に生まれていることも事実である．あしたの日本を創る協会による『あしたのまち・くらしづくり』はそうした地域，コミュニティを紹介する（公益財団法人あしたの日本を創る協会編「あしたのまち・くらしづくり活動賞39の事例」2010年度版，2011年2月）．

補　注

　この論文が書かれたのは2001年9月である．この間，わが国は大きな変化を経験した．いまやリージョン政府（道州制）は，橋下徹大阪府知事の熱心な主張もあり，単なる夢物語でなくなりつつある．私が考えた大胆な自治体改革も現職の河村たかし名古屋市長による改革案が飛び出して現実味を帯びてきた．地方議会の活性化や地方自治体の自立に向けた取り組みを促す目的で「日本自治創造学

会」設立の動きもある（日本経済新聞, 2010年5月7日, 31面). 決して早い動きではないけれども, こうした動きの到来を予想していた私としては, いよいよ本格的に日本再生・自治体再生が進行するよう願うものである.

参考文献

阿部志郎編著, 1986,『地域福祉の思想と実践』海声社.
橋本和孝・藤田弘夫・吉原直樹編著, 2009,『都市社会計画の思想と展開』東信堂.
関東学院大学人文学部社会学部会編, 2009,『社会研究のプロファイル』ハーベスト社.
小西砂千夫, 2000,『市町村合併のススメ』ぎょうせい.
MacIver, R,M., 1917, *Community : A Sociological Study*, London : Macmillan.（= 1975, 中久郎・松本通晴監訳『コミュニティ』ミネルヴァ書房）.
三橋良士明, 2000,『ちょっと待て市町村合併』自治体問題研究社.
内藤辰美, 2001a,『地域再生の思想と方法―コミュニティとリージョナリズムの社会学』恒星社厚生閣.
――, 2001b,『市民文化と地方都市―地方都市の自立的可能性―』恒星社厚生閣.
Odum, H., 1947, *Understanding Society — the Principle of dynamic Sociology —* , The Macmillan Company.
Ogburn, W,F.,1922, *Social Change*, Viking （= 1994, 雨宮庸蔵・伊藤安二訳『社会変化論』育英書院）.
鈴木栄太郎, 1968, 日本農村社会学原理（鈴木栄太郎著作集）, 未来社.
小倉和夫, 1982,「米国におけるリージョナリズム」コングレッショナル・クオータリー編／日本経済新聞社訳『米国政経地図』日本経済新聞社.
高田保馬, 1922,『社会学概論』岩波書店.

付章

生命化社会の探求とコミュニティ

1 問題の所在

　環境破壊は人類生存の危機であることを喚起したカーソン R.の著書が出てほぼ 100 年，ますます事態は悪化し，人類生存の危機を強めている．狭義の環境破壊だけではない．この時代に生きる人間にとって大きな環境＝時代環境である現代は，われわれの生命感覚をも奪い取る勢いを示している．現代的危機の様相は随所にみられるけれども，生命感覚の喪失という事態は最も深刻である．現代社会に生きる人々が生命の危機に直面し生命感覚を喪失させている事態は，われわれに，人間と自然の関係について，人間と人間の関係について根源的な問いを求めている．当然，現代における人間と社会のあり方を問う視座は複数であろう．それを承知したうえで，私は，(1) 生態学的均衡の撹乱，(2) 人間学的均衡，(3) 国際関係の爆発的負荷というハバーマスの指摘を念頭におきたいと考える (Habermas 1973 : 64-71)．現代は，ハバーマスの指摘するとおり，生態学的均衡を撹乱させ，国際関係の爆発的負荷を生起させ，人間学的均衡＝人格体系の統一に対する圧力を強めている．「環境の劣化が内在化して身体の劣化を不可避なものとし，この傾向に照応して精神の劣化たるイデオロギーが優勢となる．このように総括できるのが，21 世紀へ踏み出そうとする先進社会の生活様式を尖端的に集約しているアーバニズムの具体的内容である」(鈴木 1998 : 348)．もちろんそうした危機は，すでに，資本主義という社会体制の本質として，早くから指摘されていた (Marx 1962)．そのかぎりにおいて言えば，ハバーマスの指摘するような危機を，殊更，「現代」の危

機として捉える必要もないといえよう．しかし，ハバーマスが認識するような現代の危機を近代以降の歴史に内在しているものと理解した場合にも，現代＝晩期資本主義が近代そのものではないと考えられるのである．仮に，近代と現代とを分かつ分水嶺に，世界を巻き込んだ大恐慌をおいてみよう．そしていま，その「現代」を見れば，情報革命を背景に，新しい動きが世界を包摂し，しかも，その動きの行き先が不明である．生命感覚の喪失という深刻な事態がそうした不透明性のなかでますます顕著になりつつある．それは正に現代の病理性そのものである[1]．

いま，現代の危機を，現代社会，現代文明の問題として捉えてみれば，そして，それが生命感覚の喪失を招くまでに至った事態に注目してみれば，そこに困惑と恐怖を感じる人がいても当然であろう．もっとも，われわれは現代的危機の前にただ困惑し恐怖していたわけではない．それを「不可知」なものとして諦観してきたわけでもない．現代が直面する，生命感覚の喪失という危機は，すでに早く，優れた思想家の予知したところであった（Oretega 1933；Fromm 1974）．

現代の危機，生命感覚の喪失は決して偶然の所産とみなせない．それは，常に破壊し創造する，現代の二面，正の機能と負の機能とに発する問題である．それは，シュムペーターが「創造的破壊」（Schumpeter 1962）と表現した事態と，あるいは，創造的破壊に導かれる「産業の絶えざる再編成」と，そしてそれを導く「依存効果」（Galbraith 1958）とに関連する．人類は利潤追求を核とする企業文明によって地球を隈なく包摂し，一方で人間の解放を進めながら，他方において人間の健全な生存に不可欠な「共存」の絆を断ち切り，巨大な文化装置を通じて人間をひたすら欲望追求の生命体に仕上げている．生命感覚の喪失がそうした事態のなかで生起し促進されていることを記憶しれなければならない．

当然のことながら，現代の病ともいうべきこの深刻な事態，生態学的均衡を撹乱させ，国際関係の爆発的負荷を生起させ，人格体系の統一を困難にする圧力に対しては，そして，生命の危機と生命感覚の喪失という事態に対しては，一国を超えた対応が必要である．私は，それを認めつつ，その対応をもっぱら世界システムの問題とせず，身近なところに求めるという立場をとりたいので

ある．われわれの手には負えないものと認識せず，われわれの手によって解決できる問題と認識したいのである．生命の危機と生命感覚の喪失という事態に対峙して，生命化社会＝生命を尊重し生命感覚を重視する社会の構築は可能であるという立場を採用したいのである．

　もちろん，ボウルディング（Boulding, K.E.）のいう5つのサブ・システム，すなわち，ポピュレーション・システム・交換のシステム・脅迫のシステム・学習のシステム・愛のシステムをサブ・システムとする社会システム（Boulding 1968）総体の創りかえを目指す「生命化社会の構築」は時間のかかる作業である．しかし，それを不可能なことだと考える必要はない．現に，いま，深刻な環境問題と資源問題がこれまでのポピュレーション・システムに見直しを要求し，交換のシステム（経済）にも変化の兆しがある．資本主義あるいは市場経済型の産業社会が世界を包摂するなかで，「社会企業家」が台頭し，脅迫（政治）のシステムでは国家の相対化が進み，近代に顕著な〈国家へ〉という動きは，〈国家から〉という動きにその方向を変えている．学習（教育）のシステムは，これまた，近代に顕著であった学校中心から多様な形に移行しつつある．愛（家族）のシステムは血縁という絆を超えた一体化を求め，ケアを要する弱者や子育てを狭い家族から切り離し広義の社会的な領域に移している．そしてマルチチュードはいまや世界的な広がりをもって多面的な場面で目撃されている．かつて，あるいは歴史を遡れば，日常的生活空間は小さく孤立した存在であった．しかし，いまや日常と日常的空間は，ともに，世界的なあるいは地球規模の連鎖を示している．今日，コミュニティは世界の動きから孤立せず，〈様々な世界〉と共存する．

　私は，現代の深刻な病に立ち向かうひとつの拠り所を「コミュニティ」に求め，コミュニティを，「生活の再構造化」と「公共的市民文化の形成」を実践する，あるいは社会変革を遂行する，日常的拠点として機能させようと考えるのである．この試みは，複雑な現代社会を前にして，小さな，あるいは一見的外れのような試みにも見えるけれども，私は，そこに，われわれの未来を切り開くひとつの確実な道があるとも考えるのである．

　確かにそうした試みは，巨大な資本による世界の包摂が進行する現在，容易になされるとは思わない．しかし，決して無謀な試みとも思われない．参考に

なる「ヒント」がふたつある．ひとつは，よく知られたヴェブレン（Veblen, T.）の教えである．周知のように，彼は，「産業」と「企業」を峻別し，そこに近代資本主義の核心を見ようとした．ヴェブレンによれば，営利企業の本質——近代資本主義の核心——を理解するためには「産業」と「企業」という視点が必要である．彼の理解によれば，「企業の目的は金銭的利得であり，その方法は，本質的には，ものの売買である．その目的と通常の結果は，富の蓄積である」．「産業は企業のために営まれるのであってその逆ではない．したがって，産業の進歩や活動は，市場の見通し，すなわち予想される企業収益の機会によって制約される」．「企業は決して産業ではなくまた投資は生産ではない」(Veblen 1965)．ヴェブレンが指摘する現代資本主義の核心——この社会に生きる人々の生活に一定の構造を付与している核心——に修正を加え，この社会システムを構成するサブ・システムの在りかたを変化させることで，「生活の再構造化」を促すことは可能である．ヴェブレンの理解者＝社会企業家に関心を寄せてみよう．すると，そこから，生活の再構造化という試みが現実味を帯びてくる．「資本主義の基本的発想は，自己利益の追求による利潤獲保とされてきた．その結果，人々は経済的自由と豊かさを手に入れたが，しばしば環境をはじめとする公共財に途方もない悪影響が発生している．社会企業家が取り組みはじめているのは，自己利益をゼロにするのではなく，自己利益を多くの人々の能力開発や社会の改善に活かすための道筋をつけることである」．「自己利益をゼロにするのではなく，自己利益を多くの人々の能力開発や社会の改善に活かすための道筋をつけようとする（Goi Peace Foundation 2010：177)」社会企業家の精神は公共的市民文化の形成に連動する．もうひとつは，ネーダー，R.の実践である．これもよく知られるように，彼は，消費者運動を通じて大企業の不正に挑戦し，隠蔽されてきた大企業の不正＝非公共性を告発する．そして，生活の再構造化と公共的市民文化の形成に人々の目を向けさせる．彼の告発する大企業の非公共性は，市民に，生活の再構造化が不可能でないことを教えている．「いま必要とされていることは，企業経済についての分析であって，いままで経済学者が全然といってよいほど明かにしてこなかったことである．つまり，いかにして企業は市場と政府の両方をコントロールすることによって，乏しい資源を，もっとも人間の利益にならない，あるいはむしろ有害

であるような用途へと転ずることができたか．これを示すことである」(Neder 1972：166)．ネーダーは「気づかないサブ・エコノミー」という概念を活用し，生活の再構造化と公共的市民文化の必要を訴える．「気づかないサブ・エコノミーというのは，もし消費者が，自分たちが得ようとしているものが何であるかを知ったり，それを規制したりすることができるような場合，支払いはしないであろう何10億ドルのことをいうのである」(Neder 1972：167)．サブ・エコノミーに関心を寄せその不当性に気づく消費者は生活の再構造化の必要を自覚する人々である．それだけではない．「税制は，不快なほどに，会社その他の特権グループにとっての間接的な補助金となってきた．毎年，国会をすり抜けるまぎれもない税金の抜け穴の多くは，さもなければ，政府が受理したであろう巨額の実際上の政府による支払いである」(Neder 1972：173)．ネーダーは製造物の責任問題も含め，市民が，不当な支払いを強いられている情況を告発することで，生活の再構造化と同時に，公共的市民文化の形成が緊急の課題であることも主張する．公共的市民文化は，公共の領域における文化の謂いであるが，その文化は，公共的市民すなわち「自分や家族のことに関心を集中させる市民，私的市民とは対照的な，公共の利益を考えることのできる市民」(Neder 1972：284-94)なしに形成されることがない[2]．

　生活の再構造化と公共的市民文化の形成は表裏一体の関係にある．それは，ともに，生命化社会の構築を目指し，生活を意識的・意欲的に変え，私的生活を大事にしながら，同時に，公共の生活も重視する．公共的市民文化とは，そういう生き方を選択する人々の行動様式であり，そういう生き方をする人々が追及する価値である．生活における公共領域の広がり＝生活の社会化がますます進展する現在，公共的市民文化の構築は緊急の課題である．生命化社会へ向けた生活の再構造化と公共的市民文化の構築の舞台をコミュニティに（も）求めたい．それが私の考えである．

2　生命化社会への前進と福祉国家

(1) 近代社会の誕生——生命化社会への前進

経済史家が区分する「共同体と近代」という歴史の区分でいえば，共同体の

歴史は近代に比べ，素晴らしいものであったわけではない．むしろ，端的に云えば，共同体は人間を「植物的状態」（Engels）においてきたという点で，生命感覚に乏しいものであった．私は，数年来，現代という時代の危機を生命感覚の喪失に求め，いまわれわれは生命化社会――「生命が尊重され生命感覚が重視される社会」――の構築という課題の前にいると主張してきている．しかしながら，生命化社会というタームはこれまでに馴染みがなくイメージされ難いところがある．したがってそれをいくらでも了解可能なものとするために，あるいは，多少なりとも具体的にするために，複数の概念を用意しなければならないと考えてきた．生命化社会にかかわるタームは複数であるが，ここでは，そのひとつとして，広義の福祉社会を念頭におくこともできるであろう．

　生命と生命感覚の問題は，いま，われわれの福祉国家が取り組みを要請される緊急のテーマである．福祉国家，すなわち，「福祉国家とは，さしあたり社会保障制度を不可欠の一環として定着させた現代国家ない現代社会の体制を指す」（運営委員会 1984：9）と定義される福祉国家は，もともと生命と生命感覚の問題に深い関心を寄せている．しかしその内実はどうであったか．現代の福祉国家はいまだ発展途上のそれであり，より高次の福祉国家を目指して進化の過程にある．そもそも近代は，その歴史的固有性，すなわち共同体からの個人の解放，植物的状態から解放された自由なる個人の創出を前提にして誕生したという歴史的固有性をもって，生命化社会＝生命感覚を重視する社会への道を蔵していたのであるが，初期段階における近代は，生命の尊重とも生命感覚の重視とも距離をおいていて，近代における人間の評価は，もっぱら労働力としてのそれであった．しかも労働力が大量に供給される現実は，救貧法に対して向けられたエンゲルスの批判が示すように，人間自体への視点や生命感覚への視点を欠如させることになった．しかし，そのことを踏まえてなお，近代の真髄は生命の尊重と生命感覚に対する希求が広く民衆に開放されたこと，繰り返し言えば，エンゲルスのいう「植物的状態からの人間の解放」，それが時代の潮流となった事実に求められるのである[3]．

　顧みて，共同体はそれをいかに理想的に描こうとも，生命の尊重と生命感覚の希求においてみる限り，未成熟な時代であった．共同体において，名も無き多数者は社会の中心から遙か遠く周縁にいて，歴史の中心舞台に登場すること

がなかったのである (Huizinga 1919). 近代の歴史的意義は, 中世の未成熟を克服すること, 名も無き人々を歴史の舞台に登場させることにあった. 近代は, そこに, 新しい社会目標に照応する新しい生命観を求めたのである. 近代が求めた生命観は, 近代が理想とした社会理念と, 社会における個人の位置において最も良く観察することができる. その序幕は, 中世的世界に対するベーコン F., パスカル B. らの懐疑を経て, ロック J., ルソー J-J. らの思想, 自然法によって告げられた. しかしすでに知られるように自然法は過渡期のものであった. コントがフランス革命を直視して「秩序もまた進歩」と言い, 社会の再組織化を提唱しなければならなかったこと (Comte 1822) や, フランス革命の歴史的性格=位置を論じたエンゲルスが, 新しく組織された社会, すなわち, コントが究極の理想とした社会を「ブルジョアジーにとっての理想王国に過ぎない」(Engels 1882) と述べたことが, ともに, 自然法の過渡的性格を示している. しかしながら, それによって, 自然法の歴史的意義を過小に評価することは許されない. 自然法の歴史的〈意義〉は, 何よりも, それが, 生命への尊厳を, そして生命感覚と幸福の追及を, 特定の階層に限定することなくすべての人間においた (正確には行なうとした) ことである. 生命への尊厳と幸福を, 生命感覚の重視を, 人間の希求するものとして承認した, その一点こそ, 自然法の最も偉大な歴史的役割であった.

(2) 近代社会への危機意識と福祉国家

市民社会がブルジョアジーにとっての理想社会であれば, そこで追及された生命の尊厳もブルジョアジーの理想とするもの, 理想とする範囲のものであった. それはマルクスやエンゲルスの強く意識し主張したところであったが, 市民社会の限界は, また, ヘーゲルの認識するところであった.

ヘーゲルは, マルクス K. やエンゲルス F. とは異なり, 後進ドイツの立場から市民社会の問題を意識した. 周知のように, ヘーゲル G.W.F. にとって, 最初の現存在は, 「自然的なもの」, 「愛と感情の形式における自然的なもの」, 家族であった. 家族において, 「個人はそのあつかいにくい人格性を揚棄しているのであって, 彼の意識もろとも 1 つの全体のうちにあるのである」. しかし, 次の段階, 市民社会では, 「ほんらいの倫理の喪失, そして実態的な統一の喪

失が見られる．家族は崩壊し，成員たちはたがいにたいして自立的ものとしてふるまい合う．なぜなら，ただ相互のいろいろ必要とし合うものが彼らを絡ませたに過ぎないからである」．市民社会の段階は，しばしば国家とみなされてきたが，市民社会と国家は別物である．「個人の自立性と普遍的な実体性とのとてつもなく大きな合一がそこに起きるところの精神にして，はじめて国家なのである．それゆえに，国家の法ないし権利は他の諸段階よりもっと高い．それは，自由がその最も具体的な形態においてあるすがたである」(Hegel 1967 : 228)．ヘーゲルによれば，個人の自立性と普遍的な実体性とのとてつもなく大きな合一がそこに起きるところの精神にして，はじめて国家なのである．そこには市民社会に対するヘーゲルの懐疑がある．「ドイツにとって市民社会は美しいものである限り単なる言葉であり，現実である限りは恐るべき混沌であったといわなければならない」(清水 1951 : 16)．まさに，それが，ヘーゲルの認識であった．

　敷衍しよう．ヘーゲルにとって，「市民社会は家族と国家の間にはいる差別状態である．…（中略）…市民社会においては，各人が自分にとって目的であり，その他いっさいのものは彼にとって無である．しかし，各人は，他の人々と関連することなくしては，おのれの諸目的の全範囲を達成することはできない．だからこれらの他人は，特殊者の目的のための手段である」(Hegel 1967 : 414)．その点でアドルノT.W. もヘーゲルに共感する．「市民社会は，敵対的関係を含む統体性である．それはただ自分のなかのさまざまな敵対関係を通じてその命脈を保っている．しかしこれらの敵対的関係を調停する能力をもたない．このことは，その王政復古的傾向や，既存の体制の弁護，国家礼賛などのために非常に評判の悪いヘーゲルの著作『法の哲学』のうちであからさまに述べられている」(Adorno 2006 : 62)．アドルノの言うように，ヘーゲルにおける国家は頗る評判の悪いものである．テンニース F. もヘーゲルの限界を指摘する．「ヘーゲル的な法哲学は，国家の単なる叙述ではない．それはさらに，国家の賛美でもある．道徳的理念の現実である国家は，彼にとって現実の国家であり，過激な過去を完全には否認することのできない，王政復古時代のプロシャ国家である」(Tönnies 1887 : 9)[4)]

　だいぶ迂回した．本題に戻ろう．市民社会に宿る「生命感覚剥奪の構造」を

止揚するために，ヘーゲルの市民社会に対する危機意識は記憶されてよい．もちろん歴史は逆行しない．暴走する市民社会を国家によって統制するというヘーゲルの発想は，間違いなく復古的な一面，そして明らかに限界をもつけれども，暴走する市民社会に国家を活かそうとする試みは，現代国家＝福祉国家の目標に通じるところがある．現代は福祉国家を前面に打ち出して，ヘーゲルが見た市民社会の限界を克服しよう試みる．そしてその試みは部分的に成功した．しかし，現代国家＝福祉国家の限界は明らかである．福祉国家の限界は，その国家を社会の維持と展開を意図して創り出した市民社会そのものの限界である．もしそうだとすれば福祉国家の再編と市民社会の再生は軌を一にするものということになるであろう．

3　生命化社会の形成とコミュニティの可能性

(1) 産業革命と田園都市—生命化社会への憧憬

　近代を象徴するのは新しく誕生した産業都市である．近代と近代の産業都市はそれまでにない繁栄と希望的未来を覗かせる一方，これまたそれまでにない貧困と絶望的状況を生み出した．前者はアシュトン T.S. に代表される産業革命楽観論に，後者はマントウ P. に代表される産業革命悲観論に，それぞれ根拠を与えている．近代が直面した新しい貧困は「貧困との闘い」に人々の関心を向けさせた．そして，そこに，ブース C. やロントリー S.B. など，貧困を社会の問題として認識し，その克服を意図した人々が登場した．

　ハワード E. の『田園都市』を誕生させた力＝歴史の姿も，大きな意味で，産業革命の産物である．田園都市の背景にあったものは都市に住む人々生命を，とりわけ労働者・下層民の生命を危機にさらし，生命感覚を奪い取った産業都市の状態であった．ハワードの田園都市は，一方で，「彼の独創というものはほとんどない」(Ashworth 1987：163) と酷評されながら，飛行機と並ぶ20世紀最大の発明という評価もある（Mumford 1976）．確かなことはハワードの『田園都市』には前史があるということである．田園都市はハワードによって世界に広く知られることになったが，前史があり先駆者がいる．もとより，そのことは，ハワードの評価を低めるものではない．先のアッシュワーズ

さえ認めるように,「ハワードの人柄と情熱もまた構想実現を大いに進めた要素」(Ashworth 1987：164) であった．事実，田園都市が世界的に関心を呼んだのはハワードに負うところが大である．マンフォードという優れた紹介者・賛同者を得たことがハワードの名を世界に広めるうえで大きな力になったことは間違いない．しかし，それだけではない．ハワードに名声を与えたのは，何よりも，彼の『田園都市』に流れる，理想と精神，生命が危機から解放され，生命感覚が満たされる都市の条件を追求した，その精神にある．彼の，生命と生命感覚が確保される都市に対する憧憬は，その意味で，未来的，したがって今日的なものであった．

　ハワードに共感し，アメリカにおいて田園都市運動を展開させたマンフォードが追及したのも，「生命と生命感覚が豊かな都市」であった．ハワードにとって都市は，生命を維持し，生命感覚を充足するには，あまりにかけ離れた環境であった．20世紀を通じてハワードが掲げた田園都市(「都市と農村の結婚」) は実現しなかったけれども，この世紀には福祉国家が実現した．先にみたように，マンフォードは田園都市と飛行機を20世紀最大の発明と主張したが，飛行機と並ぶ20世紀における人類の偉大な発明となったものは福祉国家である．もちろん福祉国家は突如として出現した (発明された) わけではない．それはエリザベス救貧法にまで遡るとみることもできる長い歴史＝前史を有している．イギリスにおける社会主義は時に国王と対立し，時に自由主義と対立して，20世紀において福祉国家を生み出した．その福祉国家が，いま，ほころびと限界を示している．それは偉大な歴史的成果への懐疑を導出する．そしてわれわれは福祉国家に代わる有効な社会的装置＝制度をいまだ創造できずに苦悩する．

　田園都市の追求した理想は福祉国家において実現されていない．そこに福祉国家の限界を読み取ることができる．コミュニティ再建の鍵は国家ではなく社会にある．そのことを念頭において，以下，少しく論を展開させてみることにしよう．

(2) 福祉国家の二面性――水俣に映された現代国家と地域社会

　現代の福祉国家はそれまでに成立したいかなる国家よりも福祉を民衆のもの

にした反面，依然として民衆の抑圧という事態を残していた，あるいは抑圧された民衆によって支えられていた．われわれは，そのことを，すなわち，福祉国家の二面性という問題を記憶しておかなければならない．20世紀を通じて，田園都市が理想の域に留まり，生命化社会を追求する社会体制と福祉国家が生命の危機と生命感覚の喪失を招く事態を創り出していることに示されるように，福祉国家＝現代国家には明らかな限界が存在する．福祉国家を誕生させた社会体制は生命化社会に迫るはずであった．しかし，いま，その社会体制と国家は，生命化社会を実現していない．そこには，〈経済の成長〉が〈社会の成長〉に結びつかないという事態がある．産業都市の悲惨な事態は，生産活動の拠点となった多くの地域に現出し，そこに住む人々を生命の危機に直面させ，生命感覚を剥奪した．生命感覚を涵養するコミュニティを破壊し，コミュニティを対立と不信の場にした例は少なくない．その一例が水俣である[5]．

　公害が生命と生命感覚の喪失に力を貸していたことは明らかである．大事なことは，近代がそしてわれわれの現代国家が，私的資本の利益追求を前提に成立している社会体制が，常に，「水俣」病を生起させる可能性があるということである．水俣病は，ひとり「水俣」を超えて，利潤追求至上主義が生活と人権を犯すとき，あるいは，企業が地域を自己の目的に追従させるとき，いつでも発生することを示唆している．そのことは近代日本における複数の事例，足尾＝谷中村を含む，人権と地域が圧殺されてきた歴史に明らかである．水俣病は，企業中心社会に立脚した国家＝福祉国家が，市民社会の目標＝生命化社会実現の阻害要因となっているという矛盾を端的に示した例である．水俣病は，確かに，企業＝チッソによって引き起こされた社会問題であるが，チッソ＝企業だけの問題ということはできない．それは，なによりも，国家の意図と密接であった[6]．

　近代日本とそれをリードした明治国家．明治国家の地域支配．水俣に先立つ足尾の悲劇．近代日本を通じて語られなければならない重要なテーマ，そのひとつが「企業と国家の連合」，すなわち，2大アソシエーション連合によるコミュニティの管理・支配という問題である．戦前の日本では，その問題の検討を家族国家観により巧みに隠蔽した．日本における近代はアソシエーション＝企業が，もうひとつのアソシエーション，国家との連合においてコミュニティ

を管理・支配する歴史であった．そうした見方に立てば，水俣の出来事を偶然の結果とみることはできない．それは，近代という新しい歴史の舞台に日本を登場させる，あるいは，脱亜入欧を目指した，作為的な営為の帰結であった．水俣は，足尾の，そして近代日本の延長線上に位置している．

　水俣病とは何であったのか．水俣病の根底には競争に勝つことを前提にした企業の活動がある．「1950年代後半のエネルギー変化，つまり石油化学への乗換の時，水俣病が発生した．この業界は市場が狭く，各社の競争が激しかった．しかも石油化学への転換のため，旧装置をスクラップしなければならなかった．このような中でチッソをはじめ各社は，水俣病を理由にアセトアルデヒド製造装置まで止める状況にはなかった」（飯嶋1990：2）．そうした状況のなかでは発生した公害である．まちがいなく水俣病は企業に責任がある．利潤追求，生産優位の企業体質が水俣病を生んだことはまちがいない．しかし，それだけではない．そこには，民衆とりわけ底辺にある民衆を下敷きにして企業を支えてきた国家がある．さらには，企業・国家の前に沈黙せざるを得なかった民衆自身がいる．緒方正人が苦悩のなかで行き着いたところは，そうした国家を生きざるを得ない自己の存在であり，そうした国家を包む社会体制，彼のいう，巨大なシステム社会に依存せざるを得ない自己の存在である．緒方の言葉に耳を傾けてみよう．「私自身，1985年，自らが求め続けていた患者としての認定申請を取り下げました．そう考えるようになったのは，一つには水俣病事件の本質的な責任のゆくえを自分が追っかけていたからだと思います．確かに水俣病事件の中では，チッソが加害企業であるし，国や県がそれを擁護して産業優先の政策を進めてきたのも事実です．その意味では，三者とも加害者であることは構造的な事実です．しかし，チッソや国や，県にあると思っていた水俣病事件の責任が，本質的なものなのかという疑問がずっとありました」（緒方2001：45）．「そしてチッソで何なんだ，私が闘っている相手は何なんだということがわからなくなって，狂って狂って考えていった先に気づいたのが，巨大な「システム社会」でした．私がいっている「システム社会」というのは，法律であり制度でもありますけれども，それ以上に，時代の価値観が構造的に組み込まれている，そういう世の中です」（緒方2001：8）．「私はこう思うんですね．私たちの生きている時代は，たとえばお金であったり，産業であ

ったり，便利なものであったり，いわば〈豊かさに駆り立てられた時代〉であるわけですけれども，私たち自身の日常的な生活が，すでにもう大きく複雑な仕組みの中にあって，そこから抜けようとしてなかなか抜けられない．まさに水俣病を起した時代の価値観に支配されているような気がするわけです」．「この40年の暮らしの中で，私自身が車を買い求め，運転するようになり，家にはテレビがあり，冷蔵庫があり，そして仕事ではプラスチックの船に乗っているわけです．いわばチッソのような化学工場が作った材料で作られたモノが，家の中にも沢山あるわけです．水道のパイプに使われる塩化ビニールの大半はチッソが作っていました．最近では液晶にしてもそうですけれども，私たちはまさに今，チッソ的社会の中にいると思うのです．ですから私たちも〈もう一人のチッソ〉なのです」（緒方 2001：49）．

緒方は，チッソとは何かと問い，それは人間を欠落させた現代の強大なシステム社会であるというところに行き着いた．チッソとは現代のシステム社会であるという緒方の認識は充分記憶されてよい．しかし，水俣病には，さらに，それ以上の何かがある．敢えて言えば，水俣病の深淵には，それ自体社会システムの一環としてあって，それと絡み合う，たぶん，潜在して絡み合う，風土の存在がある．「水俣病患者にたいしてチッソ労働者が，患者のなかに労働者自身がふくまれていたにもかかわらず，ひややかな態度をとりつづけた理由は何か．この問いにこたえる常識は，企業のへの忠誠心とか，保身とか，低収入者の差別とかいった，どこの企業城下町にもみられる傾向であろう．水俣にもそれが皆無とは言わないが，その底に流れているのはもっと白熱した憎悪である．冷淡と言っても，憎悪が言葉のかたちをとらないための冷たさである」（谷川 1989：7）．こう指摘される事態がある．谷川によって，「その底に流れているのはもっと白熱した憎悪である」と指摘された問題には，生命感覚を脅かす風土の存在を読み取ることができる．風土を育んだコミュニティがある．チッソを生む社会体制，チッソ化する生活，そして白熱した憎悪を生む風土とその風土を育むコミュニティ．水俣病においてわれわれが意識しなければならないのはそれらの連鎖であり，重層である．巨大なシステム社会とふたつの顔をもつ現代国家．そしてそのなかで，歴史と風土を残存させる地域．生命と生命感覚を脅かすものは強力で根深いことを記憶にとどめることが必要である．

(3) 生命化社会とコミュニティの可能性

　生命と生命感覚に重大な関心を寄せ，それを実現する社会，すなわち私が意識する生命化社会は，かつて，フロム E.の規定した「健康な社会」に重なるところがある．以前，フロムは強調した．「精神の健康は，個人の社会への「適応」という意味では定義できない．反対に社会が人間の欲求にどのように適応したか，つまり精神の発達を促進したり，妨害したりする社会の役割によって定義されなければならない．個人が健康であるかどうかは，まずなによりも個人的な事柄ではなくて，その社会構造に依存している．健康な社会は，仲間の人間を愛し，創造的にはたらき，理性と客観性を発達させ，自分の生産力の経験にもとづく自我の感覚をもつように，人間の能力を自重させる．不健康な社会とは，相互に敵意と不信とを生じさせ，人間を他人が利用し，搾取する道具に変え，他人に服従するか，自動人形にならない限り，人間から自我の感覚を奪ってしまう社会である」(From 1956＝加藤ほか 1974：287)．水俣が示唆する世界は，搾取と抑圧，不信と憎悪の世界であり，フロムのいう愛の世界とは対照的な世界である．水俣は，フロムが健康の証として指摘した，愛情・融和・一体とは正反対の事態，憎悪・対立・排除を示してきた．「言葉にすればたったの三文字の水俣病に，人は恐れおののき，逃げ隠れし，狂わされて引き裂かれ，底知れぬ深い人間苦を味わうことになった．そこには，加害者と被害者のみならず，〈人間とその社会総体の本質があますところなく暴露された〉と考えている．つまり〈人間とは何か〉という存在の根本，その意味を問いとして突きつけてきたのである．私自身，その問いに打ちのめされて85年に狂ったのである．それは，〈責任主体としての人間が，チッソにも政治，行政，社会の何処にもいない〉ということであった．そこにあったのは，システムとしてのチッソ，政治行政，社会にすぎなかった」(緒方 2001)という緒方の認識は，おそらく，「存在の問題視」から生まれている．フランクルによれば，「存在の問題視」こそ最も人間的な表現である．「言語能力や概念的思考あるいは直立歩行よりも，その存在の意味を問うというこの契機こそ人間と動物との本質的な相違の基準として一層重要なのである．…（中略）…生命の意味を問題にするということは，…（中略）…人間存在本来の表現だったのであり，まさに人間における最も人間的なものの表現なのである」(Frankl 1952：33)．

ところで，生命化社会の実現は可能か．巨大なシステム社会とふたつの顔をもつ現代国家．そしてそのなかで，歴史と風土を刻む地域．生命と生命感覚を脅かすものの強く根深い存在．そうした現状に照らしてみる限りそれが容易でないことは明らかである．生命化社会には強い希求があるが実現までに大きな距離がある．否，近年の動きを見れば，生命化社会に反する事態が生起しているといってよい．そうした現実を眼前にして，われわれは，戸惑い，無関心のなかに逃避する．暴漢に襲われた女性の助けを目前で見た多くの人々が直接助けることも救急車の出動も要請しなかった結果一人の女性，キティ・ジャノベーズを死なせてしまった出来事は生命感覚を喪失させている現代を如実に示している．すでに見たように，モリス, D. は，殺伐とした現代の都市を，「コンクリート・ジャングル」と呼ぶのは間違いで，正しくは「人間動物園」と表現すべきであると主張した．共同体から解放された人間は世代的に繋がる関係の網の目から脱落し，生命の意味を他者と確認し合う機会を失った．

確かに，コミュニティを共同体と同一視することはできない．近代において基礎社会は衰退する．しかし，人間は地域社会を完全に見捨てることができない．地域社会は先行世代と現世代そして次世代を結びつけるうえで重要な働きを期待されている．人間の生命は世代継承的営みによってのみ維持されるのであって，生命感覚もその営みのなかで醸成されるものである．コミュニティに対する期待はそこにある．

近代に発し，現代に至る過程は，技術革新を背景に，驚異的なまでに生産力を向上させ，情報革命を核にして高度に複雑な社会システムを発達させている．そこに人間はみえない．人間を意識させる生活がみえてこない．それは，たぶん，本来，人間が人間であることのために営む「生活」が，社会システムという装置に隅々まで吸いとられてしまい，生活と社会システムとの同一化を限りなく進展させているからである．現代の悲劇は現代の病のなかに目撃される．人間が，人間をみえなくするシステムをつくり，そこに懐疑を抱かせない日常こそ，現代的病の根源である．緒方の指摘するシステム社会は人間が人間をみえなくしてしまったところに，言葉を換えて，未来を展望する力を失ってしまったところに生まれている．

私見によれば，生命化社会の構築は，そうした「歴史的現実」を，「人間を

透視不可能とする現代」を直視し，人間を，人間として透視可能なものにすることから始められなければならない．貧困や差別も人間の透視を阻害しているという点で克服の対象である[7]．

　それだけではない．今深刻なのは言語が失われていることである．言語の喪失が示す恐ろしさは，最も身近な人間との間に大きな距離（社会的・精神的距離）を創り出し，それを不自然と感じないところにある．

　共同体は人間を人間としてみることを否定した．繰り返すならばわれわれは共同体への回帰を志向しない．われわれが志向するのは健全な地縁社会，個人の自由を限りなく認めたうえに存在するコミュニティの形成である．健全な地縁社会，コミュニティにおいてはじめて，われわれは人間を人間としてみることのできる関係を構築することができる．われわれには，巨大なシステムとは別の次元に，人間の存在と生活を意識できる社会を創るという課題，「生活の再構造化」を通じた社会の建設という課題が与えられている．まちがいなく個を前提に成立する近代においてわれわれの生は孤独である．しかし，その孤独は共属への強い憧れを内包する．オルテガ Y.G. はいう．「つまり，私の生は譲渡できぬものであり，各人はめいめい自分一人で生きている．―あるいはおなじことだが，生は孤独である，根本的な孤独であるということなのだ．しかし，それにもかかわらず，あるいはまさにそれゆえに，生のなかには信じがたいほどの激しい公共への，社会への，共生への憧れがあるのである．……われわれの生は必然的に根本的な孤独であるが，この孤独の根底からわれわれはたえず，それに劣らず根本的な共存と社会への憧憬のなかへうかびあがる．……われわれの孤独からのがれようとするこのようなこころみのうちで最も根本的なものは，いわゆる愛である」（Oretega 1933 = 前田・山下 1970：100）．近代に生きるわれわれが，オルテガの言うように，「信じがたいほどの激しい公共への，社会への，共生への憧れ」を求める以上，たとえ，挫折を繰り返すにもせよ，その挑戦を止めることをしないであろう．

4　福祉国家再編の射程と文化的目標の再設定

　すでに見てきたように，私は，現代の危機が，1）生態学的均衡の撹乱，（2）

人間学的均衡の問題，(3) 国際関係の爆発的負荷にあるというハバーマスの見方に同意する．そして，その現代の危機が，世界の国々に及んでいることに関心を寄せている．グローバライゼーションが世界の不透明性を深めるなか，生命感覚の喪失は地球規模で進行する．近代の歴史的使命は中世の未成熟を克服すること，名も無き人々を歴史の舞台に登場させることにあったが，それを，実現したのは地球上，極一部の国家と国民にすぎない．

　20世紀，福祉国家は誕生し，市場システムと一体となって成長した．ここにいう市場システムとは，「たんに，財を交換する手段にとどまらず，社会全体を養い維持していくためのメカニズム」(Heilbroner 1953：40) のことである．しかし，この世紀，福祉国家は〈進化〉という視点で，いまひとつ課題を残してきた．それは，20世紀，先進国における福祉国家が，「基本的には，工業成長あるいは資本主義的拡張は一つの〈指数的〉な発展プロセスであり，雪だるまのころがるプロセスのように，単に一定速度の拡張を維持するだけでも，絶えず増大する資源量を要求し，絶えず増大する廃棄物を吐き出すプロセスであることから問題は生ずる．指数的成長をするいかなるプロセスも無限に維持することはできない．遅かれ早かれ，このようなプロセスはすべてその環境に過大な負荷を与え，その栄養物をすべて使い尽くし，成長に伴う廃棄物によってそれを汚染してしまうのである」(Heilbroner 1976：123) といわれる事態とともにあったからである．何が問題か．私の認識によれば，20世紀における福祉国家の経済的基盤は生命化社会に馴染まないものであったということである．21世紀はどうか．21世紀の世界は，いま，依然として，そうしたプロセスを，すなわち生命化社会に馴染まないプロセスを地球規模＝途上国にまで拡げている．21世紀の福祉国家がこの構図を容易に変えられるとは思わない．貧富の格差が拡大し，資源争奪が激化し，環境問題をめぐる合意が難しい現実を目の当りにしてみれば，21世紀が，依然，厳しい世紀であることは否定し難い事実である．しかし，福祉国家は挑戦をやめることができない．近代の，「国家へ」という動きから，21世紀の現代は，「国家から」という動きを示している．現代のグローバライゼーションは，福祉国家に，途上国をも射程に入れた，再編を求めている．われわれの福祉国家が，その挑戦に意義を認める以上，新しい途を探る試みは継続されなければならない．福祉国家の持続的

発展を可能にするためには，体内的・対外的な再編が必要である．水俣病に象徴される公害＝環境問題は福祉国家の再編にひとつの方向を提示した．生命化社会へ向けた社会の建設であり，そのための生活の再構造化である．資源の浪費と地球環境に及ぼす負荷の増大は，福祉国家の持続的発展を阻害する要因である．もちろん，福祉国家が資源の浪費と負荷の影響を抑制するためには複数の対応が必要であるけれども，何にもまして重要なことは，そのための文化的目標の設定である．私見によれば，21世紀の福祉国家は，生命化社会の構築，生活の再構造化，公共的市民文化の構築という作業を「文化的目標」として掲げ遂行し，自らを一段と高い進化の軌道に乗せなければならない．そのためには，20世紀の福祉国家がその基盤として保持してきた巨大主義，経済成長至上主義に制限が必要である．

　以前，シューマッハー J. は，世界の秩序を変えるため，巨大主義の束縛から解放されること，地域密着型の技術・生産体制を確立することを提唱した．地域的特性，歴史的・文化的な個性を無視した援助・開発は成果を約束しない．それを無視した援助や開発はしばしば環境破壊を招き，援助という名の不信を招くことになる．援助にせよ，開発にせよ，それが真に有効なものとなるためには，個々の国や地域の個性を活かすという前提が必要である．地域の実情や個性を踏まえない援助や開発は，あるいは，生態系の急速な破壊を導く援助や開発は，「循環」のルートを切断する．大規模な乱開発が人々を都市に追い出し，都市は巨大なスラムを抱え，住民が慢性的に不安的な状態におかれるという構図が創り続けられるかぎり，環境問題の解決は難しい[8]．

　ところで，福祉国家再編の射程に言及する以上，市場と資本主義の関係を問う作業が避けられない．資本主義を想定しない市場は可能か．今日まで，市場同様，資本主義も多くの問題を抱えつつ，有効な社会的装置として機能した．しかし，資本主義の寿命は市場ほど長くないと予想することも可能である．21世紀の資本主義と福祉国家の行方については予想の範囲を出ない．福祉国家の行方にかかわる問題は複数あるが，中心に位置するのは資本主義＝企業文明である．当然その行方＝資本主義の変貌と行方に無関心ではいられない．すでに見てきたように，資本主義の変貌は明らかである．それでは，もう一歩進めて，変貌する資本主義＝企業文明は，将来にわたり資本主義であり続けること

ができるのか．それとも新たな条件の下で新しいものに籍を譲り実質的に消滅してしまうのか．これまで資本主義の運命を論じ予測した人は少なくない．マルクス K., シュムペーター J.A. は積極的であった．ハイルブローナー P.L. もその一人である．ハイルブローナーは企業文明にも寿命があるという．その理由は3つである．いささか長いが引用しよう．「1つは，国境を超えて進出する現代企業の生産にみられるような，企業システムの特徴である拡張への駆動力の抑圧である．工業成長への厳しい制約が増大することによって，企業文明のもつ私的拡張への強い情熱は停止せざるを得ない．2つは，計画の機構の拡張である．計画化は資本主義の次の不可避的な段階であり，…（中略）…計画化の要求は，財産権や市場機構と両立できるものを遙かに超えたものとなるであろう．…（中略）…実際，先見性のある計画によるにせよ，あるいは単に地域的災害の発生によるにせよ，環境破壊の危険から大規模な工業プロセスの撤去が余儀なくされるところでは，政治的権力は企業システムの伝統的基準を顧慮することなく行使されるであろう．3つは，資本主義の「魂」の腐食のおそれである．…（中略）…社会的モラールを与えうる能力に関して企業文明に対する信念が弱まりつつある．…（中略）…伝統的には，このモラールは，その構成員の物質的福祉を向上させることができるという企業システムの公認された能力から自動的に生じるものとされてきた．…（中略）…資本主義の擁護者で，その動機づけの高尚さや目的の神聖さによってそのシステムを正当化しようとした者はほとんどいない．…（中略）…現代のアメリカ人は，先祖よりもより豊かであるだけでなく，より良い市民であろうか．…（中略）…このような空虚さの本質は何であろうか．それは主として，疑いもなく物質的進歩がわれわれに与えた利益を損なうような企業文明の2つの側面に原因があると思う．その第1は，企業文明が人格的・非金銭的価値を，非人格的・金銭的価値におきかえてしまうという傾向をもつことである．…（中略）…企業文明の物質的成果が，われわれがそれに期待する満足をなぜ生み出し得ないかについては，第2の理由があると私は思う．それはビジネスが労働の価値を無視していることである．企業文明は労働を，それ自体が目的ではなく，目的に対する1つの手段であるとみなす．…（中略）…いうまでもなく，労働は必須のものであり，物質的生存は労働に依存している．…（中略）…しかし企業文明は，か

なり高い物質的生活水準における生存のための客観的必要条件によって要求されるものをさえさらに超えて，労働の軽視を進めるのである」(Heilbroner 1973：129-40)．この主張は念頭におかれてよい．

　世界は複雑な体系である．世界を動かす力は経済だけではない．経済は世界を動かす力のひとつ，社会の一部にすぎない．経済と社会という枠を設定してみれば，経済的指標や産業に現われた変化は複雑な社会の一面を現わすにすぎない．いま，世界の動きを，「成長」という視点で見ても，経済成長が社会成長に重ならないという事実があり，そうしたことへの認識が，2つの「成長」に対する関心を惹起する．そして成長の意味を問い直す作業を要請する．とりわけ，その要請は，短期間に経済成長を実現した，あるいは目覚しい成長を経験しつつある途上国に焦点を当てた場合に重要である．「発展なき成長」や「周縁的民衆」という言葉が途上国の実態を捉えている．もちろん，「発展なき成長」という問題は先進国のなかにもある．経済的に成長している（しつつある）国や社会にも成長から取り残された地域がある．地域的不均等発展の問題は，先進国においても経済成長が社会の発展に直結していないことを示唆している．そしてそのかぎりにおいて，「経済の成熟と社会の成熟」の異同をめぐる論議は継続する．先進国＝欧米モデルでは，産業化と都市化と民主化が連動して相互規定的に進行した．しかし，世界を前提に言えば，欧米モデルは少数の地域のモデルである．梅棹はいち早くそのことを指摘した（梅棹1967）．

　21世紀の福祉国家は，インダストリーとその発展を積極的に推進しながら，ビジネスに対する規制を強め，企業活動に「理性」を促す国家に，視点を変えて，経済成長を社会成長と人間の解放の手段とするために活用する国家になろう．新しい福祉国家の目的は人類共存・繁栄のための産業と福祉の追及である．現代の福祉国家はその意味でいえば未成熟であり，歴史的にみて過渡的な段階にある．福祉国家はそこに留まることはできない．チトマスのいうように，今日のそして将来の福祉国家は，近代のそれと性格を異にする．それは新しい社会の建設において可能になる．「人間平等の原理とヒューマニスチックな価値の普及に身を捧げている社会，そういう社会のみが，充分な道徳的確信をもって，世界における〈もてる〉国と〈もたざる〉国とのギャップを埋めるため，必要な資源を利用しうるということである」(Fromm 1965：154)．い

ま，チトマスの指摘を受け容れるならば，われわれの福祉国家は人間平等の原理とヒューマニスティクな価値の普及に身を捧げる社会の建設に意欲的でなければならない．そして，そうだとすれば，新しい福祉国家は，収奪と覇権を求める近代国家から脱し，生産優位を積極的に肯定し環境に負荷をかけ続けた経済システムから脱し，調和ある世界システムの構築に力を尽くす国家でなければならない．しかし，今日の世界情勢は，その課題がきわめて困難な課題であることも教えている．「これまでの歴史上の世界帝国はせいぜい大陸の一部を包含しただけのものであり，力の覇権に基づいて成立したものであって，自発的な統合によって生まれたことはなかった．それゆえ，全面的な権力を基盤として立つ世界政府への自発的な服従は決して現れない」(Gruhl 1984：311) ということも現実である．それにも拘わらず，あるいはそれゆえに，新たな世界秩序，観念的な先進—途上国の理解を超えた新たな世界秩序の構築を追求するプラン＝実践可能なプラン，持続可能なプランへの希求は途絶えることがない．

　世界は混沌として行き先不明である．かつて，カーE.H.は，次のように述べたことがある．「歴史家の任務は，過去を作り変えることではなく，過去を受け容れて，その中から，意味があると思われるものを分析し，現代社会に見られる根本的変化と，その背景にある遠い昔からの過程とを取り上げて，これを明かにすることであります．そうすれば，これ等の変化から生まれた現代の諸問題を解決する方法についても，1つの見方が生まれてくるであろう」(Carr 1953：28)．歴史における意味あるものを取り出し，分析する作業を通じて，現代社会にみられる根本的変化を洞察するという試みは決して容易なことではない．しかし，何人も，現代世界において中心的といえる問題から目をそらすことはできない．

　中心に位置する問題は複数あるが，そのうちのひとつが，資本主義＝企業文明の問題であることはまちがいない．ハイルブローナーのいうように，企業文明が終焉するにしても，終焉はいつどのような形で訪れるのであろうか．いつ・どのような形でということは条件次第というきりないであろう．しかし，それが，どのような歴史的意味をもつのかということは関心の対象である．それは，はたしてわれわれをいまよりも幸福にするものなのか．それはどのよう

な矛盾を抱えたものになるのか．それはなぜか．これまで，われわれはそのような問題を追及する科学をもっていなかった．かつて，コント A. は，フランス革命後の社会を，神学的段階・形而上学的段階に続く，実証的段階とみて，それを永遠のものと考えた．しかし，マルクス K. とエンゲルス F. はそれも過渡的な段階にすぎないと断定した（Engels 1962＝寺沢 1966）．ここ暫らく，社会科学は，必ずしも未来社会のあり方に強い関心を示してこなかった．コントを意識してこの問題に関心を寄せてよい社会学も全体社会や歴史的次元の社会について強い関心を寄せてこなかった．「全体社会への関心並びに歴史的次元への関心は，もちろん社会学それ自体とともに古い．けれども，最近のことだけを考えればそれはたしかに無視されているのであって，そのためにこの種の研究をこころみることは，あたかも地図のない探検のようなものになっている」（Dahrendorf 1959）というダーレンドルフ R. の指摘が不自然でない状況にあった．

　確かに，無限に遠い将来の社会を予想して未来社会を論じてみてもはじまらない．おそらく予測可能性あるいは意味ある予測こそ現在科学の領域に属している．そうだとすれば，資本主義がどのような社会にとって変わられるのかという問いは，「われわれが求める新しい社会はいかなる〈価値〉を追及する社会なのかという」という問いに置き換えて論じられるべきであろう．生命化社会の追及とそのための生活の再構造化は，そして，新しい市民文化の創造は，21 世紀の福祉国家が目指す射程と文化的目標の設定に深くかかわるものである．私の意図は，文化的目標の設定と追求を「コミュニティ」を基点として展開し，コミュニティを国家と世界社会に連結させようとする提案である．コミュニティは国の内外に自己を解放する．国内だけでなく世界と連結する．コミュニティに対するこの理解はコミュニティをめぐる現実に派生するものであって特別奇異なものではない．現実のコミュニティは，自治体・国家・世界のそれぞれを，自己の再生産における環境として活用する．コミュニティは，その意味で，国際社会のなかにある福祉国家を自覚し，福祉国家の進化に向けて地域福祉を実践する拠点であり，社会正義と社会教育を考え・実践する拠点であり，生命感覚とヒューマニスティックな価値を回復・獲得する拠点であり，生活の再構造化を実践する拠点であり，公共的市民文化の形成を実践する拠点で

あり，地球規模の環境問題に挑戦する拠点である．

注
1) 近年の事件は生命感覚の喪失を端的に示している．モリス，D. の『人間動物園』（矢島剛一訳，新潮社，1970 年）に傾聴すべき個所がある．「現代の生活はいろいろな圧力が大きくなると，その煩わしさにやりきれなくなって，都市居住者は，しばしば人間の充満する都市をコンクリート・ジャングルなどという．人間ばかり多い都市社会の生活様式を表現するのにはおもしろい言い方だが，本物のジャングルを研究した人なら誰でもがいうように，これは不正確な言い方である．自然な生息環境の正常な条件のもとでは，野生の動物たちはわが身を傷つけたり，…（中略）…自殺したりするようなことはしない．いうまでもないことだが，都市に住む人間の間では，こうしたことがすべてみられる．ではこの現象は人間とその他の動物たちとの根本的な相違を示すのだろうか．ちょっとみたところではそうみえる．が，事実は違うのである．他の動物たちもある情況，つまりとらわれて檻に閉じ込められた不自然な条件のもとでは，上記のような行為のすべてを演じてみせる．動物園の檻のなかの動物は，人間仲間の行為からわれわれにはお馴染みのこうした異常行動のすべてを演じてみせる．してみれば，都市をコンクリート・ジャングルというのは適当ではない．都市は明らかに人間動物園なのである」（Morris 1969＝矢島 1970：5-6）．
2) なお，こうした事態に社会科学も無関心ではいられない．念のため，ベラー（Bellah, R.N.）らの言う，「公共哲学としての社会科学」について触れておくことにしよう．「今日の専門化した大学人は，注目すべき例外を除けば，同僚の間でしか通用しない一連の知的前提と語彙とを用いて著作をしている．私たちは，専門化され，職業化された社会科学の成果を忘れようというのではない．それは複雑な現代社会においては不可欠な企てであるし，本書もまたその発見の多くを用いる恩恵に浴している．…（中略）…有能な社会科学者は「社会の一般市民」であることを止める必要はない．専門家は統合を必要としている．それは互いに排除するものではない．広い社会への関心を欠いた職業的社会科学は，その職業上の仕事すら満足にこなせないだろう．そういう姿勢では対処できない現実があまりにも多くあるからである」（Bellah 他著，島薗進・中村圭志共訳『心の習慣』みすず書房，1991 年，360 頁）．こうした認識は，ハイデッカー，M.，ミルズ，C.L.，レヴィ＝ストロース，C. などによっても指摘されており決して新しいものではないけれども，「公共」の問題を考えるうえで，留意に価しよう．
3) 産業革命の楽観論と悲観論が示すように，近代は，その初期，「生活」においては共同体にもまして惨めな様相をしめしていた．しかし，共同体のなかで植物的に生きていたのとは違い，近代において人々は自由を得た．近代が与えた自由こそ生命感覚の根源である．近代を超えるはずであった社会主義（ソ連）は近代が与えた自由を国家の秩序維持のために制限した．社会主義は自由を保障できない社会なのか，生命感覚を剥奪する社会なのかということはポスト資本主義に問題として論議されなければならない問題である．
4) ヘーゲルの限界をこのように指摘するテンニースであるが，テンニースにもドイツと国家は重くのしかかる．この点は頗る興味深いところであるが，ここでは直接的なテーマとならないから言及しない．ただ一つの指摘を記述しておくことにしよう．「テンニースは 1887 年の『ゲマ

インシャフトとゲゼルシャフト』ではじめてこの構想を世に問うたが，あまり反響はなく，1912年になってやっと再版が出た有様。かれの業績が注視の的となり，この書が続々版を重ねるようになったのは，第1次世界大戦が終わってからのことである。この時期になってかれの名が宣伝されるようになったのは，一つは終戦と共に自由主義の機運のなかでドイツ社会学がにわかに勃興し黄金時代を現出したせいでもあるが，テンニェスの場合かれの社会学の基本概念の1つをなしていたゲマインシャフトが言葉としても祖国の復興を願うドイツ国民の心琴に強く訴えるものをもっていたからにほかならない。テンニェスの本来の構想ではゲマインシャフトは過去のものとしてくずれていくことになっていたが，テンニェスはその後かれの考え方を悲観主義的と批判するものも出たたので，旧来の構想に修正を加え，ゲマインシャフトはゲゼルシャフトに解消されるとはかぎらず，その復興は可能であり，げんに，協同組合運動のなかにその萌芽がみえていると主張するようになっていた」（新明正道「ゲマインシャフト・ゲゼルシャフト論について」世界思想教養全集19 ドイツの社会思想，月報18）。

5) 共同体が抱える生命感覚の喪失という問題と，近代が抱える生命感覚の喪失という問題は，内容を異にする。共同体のそれは，自由を制限する結果，人間を植物化させていた結果生じたものであって，近代のそれは，人間を前近代的束縛から解放し，自由に解き放った結果生じたものである。生命感覚が重視され，大事にされるはずの近代において，生命感覚の喪失という問題がむしろ深刻化し，近代の精神に逆行していることは，歴史の悲劇であるといわなければならない。近代そして現代は，強大な生産力を背景に，過去の歴史に類をみない富を創造し，人間の開放という成果を産み出した，その一方，これまた過去の歴史にはみることのなかった深刻な危機を創り出している。人類が獲得した歴史的成果，「自由」を基盤に，生命と生命感覚が重視される社会を創るという難問にどう対応したらよいか，われわれは，いま，大きな課題の前にいる。

6) 以前私は企業・国家・市民の責任について次のように述べたことがある。「それは多分これまでの系破壊――自然の系と社会的・世代的な系そして意識的・文化的な系――の歴史に対する反省に立脚していると考えることができる。……系破壊の主役は資本であった。歴史の範疇としての資本であった。そしてその関係を維持し動かしてきたのが企業であった」（田村紀雄『地域イベントの時代』ダイヤモンド社）。田村が企業を生体のなかの異物として捉えたのは賢明である。今日この異物はそれを生み出した生体を食いつぶしている。アソシエーションのコミュニティに対する優位というように表現してもよい。わが国で噴出した一連の公害に，企業の活動が深く絡んでいることはここに改めて指摘するまでもない。企業という異物は生体を養分として肥大化し排泄物を生体に押し出している。系の破壊はこの動きのなかにある。その象徴的な例が水俣である。この運動――資本のための営利活動――は異物の本性として営まれる。……しかし系の破壊を進めたのはこの異物だけではない。主役の地位にはいないが脇役がいる。そうした脇役の中心は国家であり，自治体であった。勿論そうした主役や脇役からみれば罪は軽いが，問題の本質を見抜くことができず，克服の努力をも怠ってきた市民もそれに続く」（内藤辰美『地域再生の思想と方法』恒星社厚生閣，2001年，123頁）。

7) 見田宗介は言う。「貧困とはたんに生活の物質的な水準の問題ではない。それはそれぞれの具体的な社会の中で，人びとの未来を挫き未来を解体し，〈考える精神〉を奪い，生活のスタイ

ルのすみずみを〈貧乏くさく〉刻印し，人と人との関係を解体し去り，感情を枯渇せしめて，人の存在そのものを 1 つの欠如として指定する，そのようなある情況の総体性である」(見田宗介「まなざしの地獄―都市社会学への試論―」見田宗介『現代日本の精神構造』弘文堂，1979 年).

8) その意味で，21 世紀には，いよいよ，リージョナリズムの発想とその発想の基づいた地域体制の形成が求められるであろう．環境の問題に関して言えば地域は一体として捉えられないかぎり良好に維持され難い．自然的・社会的・文化的諸要因に考慮した地域の一体的形成は，大都市地域，大都市圏のあり方に関してもその必要性が認められるであろうし，一国のあり方，国際関係についても同様である．

参考文献

Adorno, T.W., 1963, *Drei Studien zu Hegel*, Suhrkamp Verlag, Frankfurut am Main. (＝2006, 渡辺祐邦訳『3 つのヘーゲル研究』筑摩書房，62).

Ashworth, W., *The Genesis of Modern British Town Planning*, London, 1954. (＝1987, 下總薫訳『イギリス田園都市の社会史』御茶の水書房，163-4).

Boulding, K.E., 1968, "Social and Economic Studies", *Beyond Economics*, the Univ. of Michigan. (＝1968, 公文俊平訳『経済学を超えて』竹内書店).

Carr, E.H., 1951, *The New Society*, arrangement with Curtis Brown Ltd. and the British Literary Center. (＝1953, 清水幾太郎訳『新しい社会』岩波書店，28).

Comte, A., 1895, *System de politiqe positive, IV*, Societe Positiviste, Paris:Appendice General. (＝1970, 霧生和夫訳「社会組織に必要な科学的作業のプラン」中央公論社).

Dahrendorf, R., 1959, *Class and Class Conflict in lndustrila Society*, Stanford Univ. Press. (＝1961, 富永健一訳『産業社会における階級および階級闘争』ダイヤモンド社).

Engels, F., 1945, *Die Lage der arbeitenden Klasse in England*, Marx=Engels Werk, Berlin Dietz. (＝1956-68, 全集刊行委員会訳『イギリスにおける労働者階級の状態』大月書店).

――, 1962, *Die Entwiclung des Sozialismus von der Utopie zur Wissenschaft*. Berlin Dietz. (＝1956-68, 全集刊行委員会訳『空想から科学への社会主義の発展』大月書店).

Frankl, V.E., 1952, *Aerztliche Seelsorge*, Wien：F. Deutich. (＝1957, 霜山徳爾訳『愛と死』みすず書房，33).

Fromm, E., 1956, *The Sane Soceity* New York:Rinehart & Winston, Inc.. (＝1974, 加藤正明・佐瀬隆夫訳『正気の社会』中央公論社，19-20，287).

―― (ed), 1965, *Socialist Humanisum：an International Symposium*, Garden City, New York：Doubleday. (＝1967, 城塚登監訳『社会主義ヒューマニズム (下)』紀伊国屋書店，154).

――, 1976, *To Have or To Be?*, Horper & Row. (＝1977, 佐野哲郎訳『生きるということ』紀伊国屋書店).

Galbraith, 1958, *The Affluent Society*, Houghton Mifflin (＝1985, 鈴木哲太郎『ゆたかな社会』岩波書店).

Goi Peace Foundation (ed), 2010, *How Capitalism Will Evolve*, Herbert Utz Verlag Gmbh. (＝2010, 五

井平和財団編『これからの資本主義はどう変るのか』英治出版,177).
Gorz, A. and Bosqet, M., 1977 [1975], *Ecologie et Politique*, Ecologie et Liberte. (=1980, 高橋武智訳『エコロジスト宣言』技術と人間,3).
Gruhl, H., 1975, *Ein Planet Wird Gepllunert*, S. FischerVerlag GmbH. (=1984, 辻村誠三・辻村透訳『収奪された地球』東京創元社).
Habermas, J., 1973, *Lagitimationsprobkeme im Spatkapitalismus*, Suhrkamp Verlag, Frankfurut am Main. (=1973, 細谷貞雄訳『晩期資本主義における正当化の諸問題 岩波現代選書』岩波書店,64-71).
Hegel, G.W.F., 1821, *Grundlinien der Philosophie des Rechts*, Lasson Aufl. (=1967, 藤野渉・赤澤正敏訳『法の哲学』中央公論社,386).
Heilbroner, R.L., 1953, *The Worldly Philosophers*, New York:William Morris Agency, Inc.. (=2004, 八木浦隆一郎・浮田聡・奥井智之他訳『入門経済思想史―世俗の思想家たち―』筑摩書房,40, 123, 129-40).
――, 1976, *Bussiness Civilization in Decline*, W.W. Norton & Company. (=1978, 宮川公男訳『企業文明の没落』日本経済新聞社).
Howard, E., 1902, *Garden Cities of To-Morrow*, London:Faber. (=1968, 長素連訳『明日の田園都市』鹿島出版会).
Huizinga, J., 1919, *Herfsttij der middeleeuwen Haalem*:Willinck. (=1976, 堀越孝一訳『中世の秋』中央公論社).
飯嶋孝,1990,「水俣病の〈心性〉」『聞書水俣民衆史』草風館・付録5, 2.
Marx, K., 1962, *Das Kapital*. karl Marx/Friedrich Engels Werke, Dietz Verlag, Berlin. (=1968, 全集刊行委員会訳『資本論』大月書店).
Neder R., 1971a, *What can just private citizen do? Ralph Nader urges you to become a Public Citizn*, New York Times. 3. Nov. (=1972, 野村かつ子訳『アメリカは燃えている』亜紀書房).
――, 1971b, *zen's Guide to the American Economy*. (=1972, 野村かつこ訳「アメリカ巨大企業経済のかげに」『市民』文化社,5月号,166-7, 173).
緒方正人,2001,『チッソは私であった』葦書房.
Oretega Y.G., 1933, *En torono a Galileo*, Revista de Occidente. (=1970, 前田啓作・山下謙蔵訳『危機の本質』オルテガ著作集4, 白水社).
Schumpeter, J., 1942, *Capitalism, Socialism and Democracy*, London:Allen & Unwin. (=1962, 中山一郎・東畑精一訳『資本主義・社会主義・民主主義』東洋経済新報社).
清水幾太郎,1951,『市民社会』東京創元社.
新明正道,1956,「テンニエスの思い出」『季刊社会学7』東京社会科学研究所.
鈴木広,1998,「都市社会学の現代的課題―災害分析から環境対応へ―」鈴木広編『災害都市の研究―島原市と普賢岳―』九州大学出版会,348.
谷川雁,1989,「無数の暗点,白熱した憎悪」『聞書水俣民衆史・付録2,草野風便り』草風館,34.
Tönnies, F., 1887, *Gemainshaft und Gesellshaft*, Leipzig. (=1957, 杉之原寿一訳『ゲマインシャフトとゲゼルシャフト』岩波書店,9).

東京大学社会科学研究所編, 1985-95, 『福祉国家』全6巻, 東京大学出版会.
梅棹忠夫, 1967, 『文明の生体史観』中央公論社.
Veblen, T.B., 1904, *The Theory of Business Enterprise*, New York：Scribner's.（＝1965, 小原敬士訳『企業の理論』勁草書房）.

初出と解題

第1章　福祉社会の形成とコミュニティ
（東北社会学会，社会学年報，2000年，No.29，2000年7月）．
　　この論文は私の健康状態が深刻な時期に書かれている．吉原直樹氏は，そういう状態のときこそ，書いていた方が深刻にならずに過ごせると私を説得して，私にこの論文を書く機会を提供した．健康を回復したいまとなれば懐かしい仕事である．内容は福祉国家の限界を地域福祉で克服する必要を強調したものであるが，大味で迫力に欠ける印象をもたれる読者も多いであろう．しかし，この論文を書きながら接した「福士国家の展望は人々の欲求を再構造化することなしに拓かれない」という，ジャノウイッツ，M.の所説は収穫であった．社会保障と税の一体化が常識のごとく語れる昨今であるが，果たして人々の欲求を再構造化する必要にどの程度の認識があるのか，またそれをいかなる形で実現すべきかについて，政策科学的論議が十分なされているのかとなると一抹の不安を禁じえない．

第2章　都市コミュニティの現在と地域福祉
　　―縮む都市と地域福祉に関連して―
（日本女子大学社会福祉学会，社会福祉，2008，第49号，2009年3月）．
　　私の地域福祉に対する理解を多少なりともまとまった形で展開することができた論文であるが，もしかすると，「狭義」地域福祉を地域福祉の主流と考える研究者には同意が難しい内容であろうか．日頃，私は，地域福祉は対象として論じられるだけでなく，方法として，福祉国家の限界を克服する方法として論じられてよいと考えていた．そして地域福祉を，狭義のそれから解放して考察することも，社会福祉を専門としない私のような者には許されるのではないかと考えてきた．そのような意識が私にこの論文を書かせることになったが，このテーマは，橋本和孝・藤田広夫・吉原直樹編の『都市社会計画の思想と展開』（東信堂，2009年）の求めによるものである．出版までの経緯があって『社会福祉』にも掲載することにし

たものである．橋本和孝・藤田広夫・吉原直樹の三氏には，あらためて，感謝したい．

第3章　生協とコミュニティ
―生活の再構造化・公共的市民文化の形成とNPO―
((財)生協総合研究所，生活協同組合研究，1996年12月)．

　この論文を書く契機となったのは，1996年に鶴岡市で行なわれたシポジウム「21世紀を展望する生協の地域戦略」(主催：財団法人生協総合研究所，生協共立社)である．シンポジウムの報告者としてお誘いをいただいた大高全洋　山形大学名誉教授に感謝したい．内容は共立社（旧鶴岡生協）を事例に，生活協同組合とコミュニティの関係を考察した論文である．地域生協共立社は，「班」を核として発展・成長した．その活動には目覚ましいものがあるけれども，生協とコミュニティには，それぞれ，いっそう深い交流が期待される段階を迎えている．交流は，双方に活力を与え，地域社会を生きる人々に望ましい状態をもたらすはずである．コミュニティが，生活協同組合という1つの生活主体（地域資源）を活用することで，生活の再構造化が可能になるという点に注目をいただければ私の試みは成功である．

第4章　生命化社会の構築と伝統文化
―豊かさと生活の再構造化のために―
(社会移動研究会，近代都市の創出と再生産―小樽市における階層構成を中心に―日本女子大学「社会移動研究会」，2005年3月)．

　このところ葛西大和氏と取り組んできた小樽調査の一環として書いた調査報告の加筆修正である．金銭に還元できない豊かさがある．伝統文化や伝統文化を継承するコミュニティが人々に豊かさ実感させることがある．小樽高島地区はかつて漁業で栄えた集落であるが，200海里以降，衰退を続けてきた．しかし，その衰退にもかかわらずここに生活する人々には，精神的な豊かさというものを観察することができる．ここに生きる人々の豊かさは，たぶん，伝統文化を継承するコミュニティ，そのコミュニティにアイデンティティを発見し，共属の感情に満たされる人々の暮らしぶりにある．こ

こにおいては，伝統文化もまた，豊かな生活を実現する生活の再構造化に一定の役割を演じている．伝統文化がコミュニティを生きる人々に生命感覚を与えている点に注目して書かれた論文である．

第5章　生活の再構造化とコミュニティ
　　　　—防災・コミュニティ・消防団—
(関東学院大学人文科学研究所，人文科学研究所報，第23号 2000年3月).

　安心・安全は豊かな生活における1つの基準である．安心・安全な生活に向けて生活の再構造化をはかる，そこに，伝統的な地域集団，消防団を位置づける，そうした可能性に言及した論文である．伝統文化や伝統的地位集団は確かにかつての姿そのままではないし，忘れ去られていることもある．しかし，それらは消滅していない．これに新しい光を当てて現代に活かすことも可能である．この論文は生活の再構造化が伝統文化や伝統的地域集団によって追求されることに注目を促した．なお，この論文が執筆される契機になったのは，吉原直樹氏を研究代表者として実施された仙台市における消防団の調査であった．報告書を執筆したあと，畏友 小林照夫 関東学院大学名誉教授（当時研究所所長）のお誘いで関東学院大学人文科学研究所主催の「公開セミナー・防災と福祉」で，報告書の内容の一部について話す機会をいただいた．この論文はそのまとめである．小林氏と私は，若いころ，一緒に学び一緒に街を楽しんできた．そして今日まで多くを教えられてきた．この機会に記して感謝したい．

第6章　公共的市民文化の形成とコミュニティ
(鈴木広先生古希記念論集刊行委員会編『都市化とコミュニティの社会学』ミネルヴァ書房，2001年3月).

　金子勇・森岡清志両氏の編による鈴木広先生古希記念論文集に寄せた論文である．戦後日本，われわれの民主主義はどこまで成長したのであろうか．この論文は松下圭一氏の「市民文化」論に啓発され，市民文化について少しく検討を試みたものである．内容は，現代における公共的領域の拡大という動向を直視し，新しい市民文化（公共的領域において市民に期待される行動様式）の形成が緊急の

課題であることを指摘したものである．伝統的市民文化の存在意義を確認するとともに，日本の社会は公共的市民文化形成の形成に関していまだ途上にあることを強調した．戦後日本の民主主義は成長が認められるものの成熟の域に達していない．日本の民主主義を成熟させるためにも市民文化は論じられる必要がある．そして論じられるだけでなく実証的研究を通じて追及される必要がある．特に，社会学の研究者を自認する場合はそうであろう．そうした問題意識から，山形市で行なった調査を踏まえて書かれた論文である．

第7章　公共的市民文化の形成と郊外
(関東都市学会，関東都市学会年報，第7号，2005年3月)．

　関東都市学会の主催したシンポジウム（「〈生きられる経験としての郊外―衰退か再生か―〉」に，討論者として意見を述べるようにという藤田弘夫氏の奨めに応じて参加したのは，2004年のことで，藤田氏はまだ健在であった．藤田弘夫氏と吉原直樹氏は，矢崎武夫先生に学ばれた俊英で，二人の研究が学会を刺激してきたことは大方の承認するところである．矢崎先生の教えを受けた私も早くから両氏の研究に刺激されてきた．この論文はシンポジウムにおける報告者の報告にコメントを行なったものをベースに，加筆を試みたものである．最終節の「郊外におけるアメリカと日本―豊かさと公共的市民文化の可能性―」はこの論文の補論として用意したものであったが，敢えて補論とせず，本文に組み入れた．整合性を欠く印象があって読者には忍耐を求める形式になったことに反省がある．内容は，郊外を都市と国家，都市と社会体制に派生するものとみながら，戦後における日本の郊外はアメリカのように豊かさの象徴として存在しないこと，都市自治・市民自治の視点でみても後進性を有していて，都市・自治体に権限が不足してきたこと，それは近代日本における特質であったが，いまなお，課題であること，都市自治・市民自治における後進性を脱するためには国家と自治体の関係再編が不可避であることを指摘したものである．一方，豊かさの象徴とみられているアメリカの郊外にも，人種的に分断されたアメリカ社会を象徴するという「もう1つ」のアメリカ（貧困なアメリ

カ）が隠されており，アメリカにおいても公共的市民文化の形成は課題であることを併せて指摘した．

第8章　新しい地域的共同と地域リーダーの可能性
　　　　―公共的市民文化の形成とコミュニティ―
（高橋勇悦・内藤辰美編著『地域社会の新しい〈共同〉とリーダー』恒星社厚生閣，2009年9月）．

　いま地域社会は新しい共同と協働を求めている．そうしたなかで，求められているのがリーダーである．リーダーやリーダーシップに関する研究は少なくない．しかし，地域リーダーに関する研究は必ずしも多くない．コミュニティを，生活の再構造化を図る，あるいは公共的市民文化形成を追及する実験室とみた場合，すなわち，コミュニティに，われわれの将来―生活と社会―を展望する重要な位置を与えた場合，コミュニティにおける実験はきわめて重要である．当然，コミュニティ・リーダーの役割には大きな期待が寄せられることになろう．それだけに，コミュニティとコミュニティ・リーダーについては多元的・多面的な研究が必要である．コミュニティにおける実験は，何よりも当該コミュニティの歴史的な特性，あるいは個性を尊重して行なわれることが望ましい．この論文は，そうしたことを意識して書かれた，1つのコミュニティとコミュニティ・リーダー論であり，リーダーシップの可能性を検討した論文である．

第9章　「日本」福祉国家の再編とリージョナリズム
　　　　―市町村合併の歴史的課題―
（山形経済社会研究所，年報第14号「やまがたの社会・経済・2001」，2001年8月）．

　いま日本は国家と社会のありかたに深く立ち入った検討を求めている．万能化した国家，機能を肥大化させた国家に限界を認め，社会の復権を追及しなければならない．マルチチュードードは時代の潮流であり，社会の復権はいたるところでその必要が認識され，NPOの叢生には社会復権の予兆ともみえるものがある．しかし，明治以来の中央集権国家のありかたを変えるということまでを射程

においた場合，社会復権の追及は，国家それ自体の構造を変えるというところまで構想しなければならない．この論文はリージョン政府の樹立と国家再編の必要を論じたものであるが，リージョン政府の構想を，コミュニティの強化と自治体の主体性確保，国家の改造という三位一体で遂行するよう促したところに関心を寄せていただければ幸甚である．

付章　生命化社会の探求とコミュニティ
　　　（本書のための書き下ろし）．
　私は，これを，本書の最終章においているが，内容は，本書全体にかかわる私の問題意識である．近代は共同体で「植物的」に生きていた人間を解放した．しかしその近代も大きな制約を抱えていた．制約を抱えていただけでなく思わぬ落とし穴ももっていた．生命感覚の喪失という現代に特徴的な現象は，近代と現代が，生命を尊重し生命感覚を重視する社会＝生命化社会から距離をおいていることを示すものある．生命化社会から距離を置く社会が精神の健康を実現できない歪を内包する病理的社会であるとすれば，われわれはこれとどう対峙しなければならないか．われわれは，いま，生命感覚の喪失を招いた現代社会・現代国家の構造とそれを主導する企業文明と対峙して，福祉国家の，諸制度・諸システム全体を進化させなければならないという課題に直面する．その試みをコミュニティから始めようというのが私の主張であるが，その主張の根底には，世界に連結するコミュニティという認識がある．迷路に入り込み出口を見失った場合，まずは，最も身近な空間（環境）を見直し，そこから，現代文明の成果と限界を確認しようという提案である．巨大で複雑なシステムは，そのシステムをいかに精緻に追及しても，正体を見破ることができないのではないか．こうした認識は，現代の主流に位置する学問や科学に懐疑的な学問や研究者の主張するところであり，私も，その主張に同意するものである．

事項索引
(五〇音順)

● A〜Z ●

EU　185
Goi Peace Foundation　192
ICA（国際協同組合同盟）　62
Lipnack and Stamps　19
NPO　60, 155

● あ行 ●

アーバニズム　104
愛　34
　　──の意識　34
　　──のシステム　19, 38
あがすけ　116
新しい地方制度　182
アメニティ　166
ある様式　43, 52, 166
意識改革　13
依存効果　43, 190
井戸組合　74
イメージの公共化　37, 101
越後盆踊り　68
オーガニゼーション・マン　143, 144
オピニオン・リーダー　158

● か行 ●

介護保険制度　10
開拓使　67
外部経済　33
革新都政　134
加工された自然とのゲーム　85
価値中立的なリーダー　157
価値を創出するリーダー　157
活動人口（社会的機能人口）　75
環境　32, 79, 87, 165
　　──破壊　189, 206
関東都市学会　127
企業　192
　　──文明　207
記号としての豊かさ　138
基礎社会　100
　　──衰耗の法則　30, 86, 179
気づかないサブ・エコノミー　193
機能集団の代替不完全性　31, 105
機能人口　17, 38
旧都市計画法　133
狭義の社会問題　83
凝集家族　141, 142
行政依存　51, 62
行政活用　51, 62
行政区域　177
行政文化　180
行政役職者　160
協同組合　49, 59
共同体　193, 194, 212
共立社（旧鶴岡生協）　49, 57, 58
漁業　77
近代化　111
近代的住居空間　129
近代的人間　111
緊張処理体系　167
空間の生産　137
グッド・コミュニティ　104, 105, 169

グローバライゼーション　152, 205
群化社会　115
経済の成長　199
圏　182
言語　37, 169
健康な社会　202
言語の復権　170
現代国家　28
　　──＝福祉国家の限界　197
郊外　127
　　──的生活様式　142
広義の社会問題　84
工業化以前の社会　85
工業化社会　85
公共家族　13
公共財　162
公共市民　12, 114
公共的市民文化　6, 12, 16, 20, 35, 113, 119,
　120-122, 168, 193
　　──の形成　191
　　──の構築　206
公私協同の体系　8
高質の都市　40
交流人口　17
国際関係の爆発的負荷　189, 190
個人情報保護法　154
国家　177
　　──あって社会なし　149
　　──像　178
　　──の再生　183
コミュニケーション・チャンネル　157
コミュニティ　17, 32, 38, 50, 59, 76, 81, 87,
　122, 123, 132, 165, 168, 178, 179, 181, 191, 210
　　──・アイデンティティ　66, 74, 77
　　──・ケア　16, 33
　　──の衰退　65
コンクリート・ジャングル　203

●さ行●

災害　101
生産の拠点　146
在宅福祉　7, 29
作為と不作為の責任　122
サブ・カルチャー　145
サブ・システム　28
差別　39
産業　192
　　──化　152
資源　60
市場システム　205
システム社会　200
私生活主義　154
自然災害　82
自然とのゲーム　85
自然法　195
自然村　179
自治会　158
自治体　122, 158
　　──改革　11
市町村合併　173, 174, 176-178, 185
実行委員会　72, 75
私的市民　12
シビル・ミニマム　135, 166
資本と賃労働　37
私民　121
市民意識　121
市民社会　195
　　──の再生　197
　　──の衰弱　21
自民党の反省　134
市民の会　117-119
市民文化　97, 112, 120
社会解体　151, 153
社会圏　175
社会政策　137

事項索引 | 225

社会体制　　128
社会的実験室　　168
社会的弱者　　29
社会学的想像力　　15, 37
社会的排除　　39
社会の解体　　170
社会の再組織化　　170
社会の成長　　199
社会の正当性　　120
社会の復権　　3
社会病理　　148
社会福祉基礎構造改革　　27
社会変動　　151
社会保障制度　　4
社会問題　　82
社会誘導　　140, 186
周縁的民衆　　208
自由な民衆　　111, 120
住民組織　　58, 68, 69
首長　　176
常備消防体制　　88, 89
消費の社会化　　147
情報革命　　190
消防団　　81, 98
小リーダー　　169
人格体系の統一　　190
新高島町史　　66
スティグマ　　20
生活圏　　175
生活構成行為　　15
生活構成集団　　55
生活主体　　60
生活の拠点　　146
生活の再構造化　　14, 165, 191, 193, 204, 206
生活様式の追求　　50
政策科学　　186
生産の社会化　　147
成熟社会　　26
精神の健康　　34

生態学的均衡　　189, 190
制度的手段　　173, 178, 184
生命化社会　　6, 16, 20, 102, 139, 202
生命感覚　　189
　　　——の喪失　　190
生命と生命感覚　　6
接触項　　66
接触項の縮小　　141, 142, 167
選挙　　176
全国社会福祉協議会（全社協）　　30
専門的機関　　84
創造的破壊　　190
ソーシャル・キャピタル　　166

●た行●

第三の地域社会　　146
第三の波　　25, 31
対象としての地域福祉　　40
大都市　　81
高島　　66
　　　——越後踊り保存会　　68, 71
　　　——町会　　69
　　　——町史　　66
多機能的なリーダー　　157
宅地開発要綱　　135
多選首長　　115
脱工業化社会　　85
縦の福祉　　39
単一機能的リーダー　　157
談合事件　　119
地域管理　　180
地域資源　　65
地域支配　　180
地域社会　　8
　　　——の再組織化　　164
地域集団　　58, 82, 89
地域的共同　　155
地域的協働　　169

地域的資源　60
地域的不均等発展　146
地域の再生　183
地域福祉　3, 8, 18, 29, 33-35, 39
　　──計画　40
　　──「論」　40
地域リーダー　152, 156
縮む都市　26, 41
中央集権的国家　178
中央─地方関係　10
町内会　52
　　──の〈期待機能〉　53
　　──の〈現実機能〉　53
鶴岡市　54, 55
テーマ・コミュニティ　102, 106
田園都市　139, 197
　　──運動　198
伝統的市民文化　12, 113, 120-122
伝統的地域行事　65, 77
天皇への距離　111
東京市区改正条例　133
道州制　185
東北都市社会学研究会　100
トータル・イシュー　157
特定非営利法人くらし協働館なかよし　61
都市＝家連合説　154
都市化　152
都市計画法　133
都市政策　45
都市的生活様式　89, 154
　　──論　33
都道府県制度　182

●な行●

日本型福祉社会論　4
日本社会の家族的構成　121
ニュータウン　129
人間学的均衡＝人格体系の統一　189

人間関係の縮小　167
人間同士のゲーム　85
人間動物園　203, 211
人間の自由化　112
ネットワーキング　19, 20
年中行事　70
ノーマライゼーション　7, 20, 103

●は行●

パーシャル・イッシュー　157
派生社会　100
発展なき成長　208
班　55, 57, 58
阪神・淡路大震災　81
風土　201
福祉国家　3, 27, 194, 198
　　──の再編　33, 197
　　──の二面性　199
福祉社会　3
福祉ニーズ　7, 8
文化行政　11, 180
文化装置　37
文化装置としての郊外　128, 136
文化遅滞　175
文化的目標　5, 173, 178, 184, 206
偏見　38
防災コミュニティ　97, 98, 100
防災対策　84
方法としての地域福祉　40
ボランタリー・アクション　15, 20
ボランタリーなリーダー　160

●ま行●

マルチチュード　44, 162
水俣病　199, 200
無定形の巨大主義　123
明治国家　199

名望家　　160
名誉役職者　　160
メガロポリス　　104
持つ様式　　43, 166
　　——の文化　　52

● や行 ●

山形市　　54, 55, 115
有限責任　　160
　　——型　　160
　　——のコミュニティ　　31
役職有力者型　　160
名望有力者型　　160
要綱行政　　135

横の福祉　　39

● ら行 ●

ライフスタイル　　155
　　——の変革　　13
乱開発　　134, 135
リージョナリズム　　179, 181, 183, 185
リージョン　　179, 180
　　——政府　　183, 184
リーダー　　151, 153
　　——シップ　　151, 162
リサーチ・トライアングル・パーク　　181
レヴィットタウン　　140

人 名 索 引
(アルファベット順)

Adorno, T. W.　196
Ashworth, W.　197
阿部志郎　8, 17, 29, 38, 123, 179
碧海純一　167
アレント（Arendt）, H.　36, 169
有賀喜左衛門　154
アートル（Artle）, R.　146
新睦人　30
Barnard, C. I.　162
ボードリアール（Baudrillard）, J.　138
Beard, C. A.　122, 148
ベル（Bell）, D.　13, 34, 36, 85, 114, 121, 122
バーガー（Berger）, P.　14
Bosquet, M.　21
ボウルディング（Boulding）, K. E.　19, 28, 35, 191
Caroselli, M.　162
Carr, E. H.　209
カーソン（Carson）, R.　189
Comte, A.　195
Coulanges, N-D. F.　42
Dahrendorf, R.　210
大黒昭　76
デューイ（Dewey）, J.　145
Engels, F.　103, 195
Etzioni, A.　167
Frankl, V. E.　202
Fromm, E.　34, 44, 52, 166, 190, 208
藤田省三　120
福地重孝　149
福田徳三　138
ガルブレイス（Galnraith）, J. K.　43
Gans, H.　78

Gorz, A.　21
Gottmann, J. M.　103
Gruhl, H.　209
ギルビッチ（Gurvitch）, G.　125
Habermas, J.　189, 205
長谷川如是閑　21
ヘーゲル（Hegel）, G. W. F.　34, 196
Heidegger, M.　78
Heilbroner, R. L.　205
日高六郎　111
ヒラリー（Hillery）, G. A.　86
堀耕　76
ハワード（Howard）, E.　25, 27, 103, 139, 197
飯嶋孝　200
イリッチ（Illich, I.）　26
今橋映子　149
稲上毅　11
井上達央　125
色川大吉　168, 169
ジャノウィッツ（Janowitz）, M.　5, 19, 31
神島二郎　115
金子勇　44
カッツ（Katz）, E.　158
川島武宜　121
久野収　160
倉沢進　33, 113
ラスキ（Laski）, H. J.　124
Lefevre, H.　137
MacIver, R. M.　32, 123, 179
牧里毎治　30
丸山真男　149
増田四郎　122
松下圭一　112, 122

人名索引

マートン (Merton), R. K.　5, 82, 83, 153
Mill, J. S.　122
Mills, W.　37, 145
見田宗介　213
三橋良士明　174
宮本憲一　33, 83
宮崎勇　112
モリス (Morris), D.　42, 203, 211
マンフォード (Mumford), L.　27, 43, 123, 197
内藤辰美　15, 18, 32, 87, 147, 165, 179, 212
中村八郎　30
中澤高志　127
Neder, R.　12, 114, 193
ネグリ (Negri), A.　44
根本嘉昭　7
羽仁五郎　30
越智昇　20, 42, 113
Odum, H.　181
緒方正人　200
Ogburn, W. H.　175
小倉和夫　181
岡村重夫　7
大塚久雄　111
Oretega, Y. G.　204
パーク (Park), R. E.　15, 45, 124, 168
ピンカー (Pinker), R.　30, 32
ポラニー, K.　26
チトマス (Titmuss), R.　209
Riesman, D.　141
Rosenbaum, R.　140, 144
蝋山政道　122
ロールズ (Rowls), J.　36

シューマッハー (Schumacher), E. F.　26
シューマッハー (Schumacher), J.　206
Senett, R.　66, 141
清水幾太郎　196
新明正道　212
シュムペーター (Shumpeter), J. A.　36
Stein, M. R.　105
杉岡直人　29
祐成保志　127
鈴木栄太郎　37, 179
鈴木広　15, 104, 121, 167, 189
鈴木貴宇　127
高田保馬　30, 99, 179
高橋勇悦　43, 167
田村明　12, 135, 136
田中研之輔　127
田中義久　121, 154
谷川雁　201
Tawney, R.　43
テンニース (Tönnies), F.　31, 78, 166, 196, 211
トフラー (Toffler), A.　25, 31, 100, 139
富永健一　4, 31, 106
富田富士ū　16, 33, 50
鶴見俊輔　160
梅棹忠夫　32, 87, 165, 208
ヴェブレン (Veblen), T. B.　192
Warren, R. E.　105
ウェーバー (Weber), M.　113, 124
Whyte, W. F.　143
ワース (Wirth), L.　124
柳田国男　122
吉原直樹　44, 100

内藤辰美（ないとう・たつみ）

1941 年	茨城県に生まれ福島県で育つ
1971 年	日本大学大学院博士課程単位取得退学
現在	山形大学名誉教授
専攻	都市社会学

主要著書

『青年の地域リアリティ感覚』（恒星社厚生閣）1990 年（共編著）.
『市民文化と地方都市―自立的地方都市の可能性―』（恒星社厚生閣）2001 年.
『地域再生の思想と方法―コミュニティとリージョナリズムの社会学―』（恒星社厚生閣）2001 年.
『地域社会の新しい〈共同〉と地域リーダー』（恒星社厚生閣）2009 年（共編著）.

版権所有
検印省略

生命化社会の探求とコミュニティ
――明日の福祉国家と地域福祉

2011 年 11 月 15 日　初版 1 刷発行

内藤辰美　著

発　行　者　片　岡　一　成
印刷所・製本所　㈱シナノ
発　行　所　㈱恒星社厚生閣

〒160-0008　東京都新宿区三栄町 8
TEL：03(3359)7371（代）
FAX：03(3359)7375
http://www.kouseisha.com

（定価はカバーに表示）

ISBN978-4-7699-1240-8　C3036